CB120967

DIREITO ADMINISTRATIVO

QUESTÕES OBJETIVAS E DISCURSIVAS COMENTADAS PARA AGU, PFN E PGF

abdr
ASSOCIAÇÃO BRASILEIRA DE DIREITOS REPROGRÁFICOS
Respeite o direito autoral

MATHEUS CARVALHO

RAPHAEL SANTANA

DIREITO ADMINISTRATIVO

QUESTÕES OBJETIVAS E DISCURSIVAS COMENTADAS PARA AGU, PFN E PGF

2023

EDITORA JusPODIVM

www.editorajuspodivm.com.br

EDITORA *Jus*PODIVM
www.editorajuspodivm.com.br

Rua Canuto Saraiva, 131 – Mooca – CEP: 03113-010 – São Paulo – São Paulo
Tel: (11) 3582.5757
• Contato: https://www.editorajuspodivm.com.br/central-de-relacionamento

Copyright: Edições *Jus*PODIVM

Diagramação: Equipe *Jus*PODIVM

Capa: Ana Caquetti

C331d Carvalho, Matheus

Direito Administrativo - Questões Objetivas e Discursivas Comentadas para AGU, PFN e PGF / Matheus Carvalho e Raphael Santana – São Paulo: Editora JusPodivm, 2023.

400 p.

Inclui Bibliografia
ISBN: 978-85-442-4329-9

1. Direito Administrativo. I. Carvalho, Matheus. II. Santana, Raphael III. Título.

CDD 341.3

BIBLIOTECÁRIO RESPONSÁVEL

Ana Carolina Ribeiro Mois – CRB7 – RJ 007348/0

Todos os direitos desta edição reservados a Edições *Jus*PODIVM.

É terminantemente proibida a reprodução total ou parcial desta obra, por qualquer meio ou processo, sem a expressa autorização do autor e das Edições *Jus*PODIVM. A violação dos direitos autorais caracteriza crime descrito na legislação em vigor, sem prejuízo das sanções civis cabíveis.

APRESENTAÇÃO

Nesta obra, o leitor poderá iniciar, de forma imediata, a sua preparação para os concursos da AGU, PFN e PGF. O livro apresenta questões nas modalidades objetivas e discursivas, com comentários aprofundados sobre os diversos pontos do Direito Administrativo.

Em razão da importância da disciplina, o intuito é permitir o raciocínio da matéria diante dos concursos da AGU, PFN e PGF.

Seguindo a dinâmica do *Manual de Direito Administrativo*, do professor Matheus Carvalho, este livro foi escrito de forma simples, analisando cada uma das questões com uma abordagem teórica, que permite ao leitor aprender, de fato, o assunto.

A ideia é demonstrar como as questões podem ludibriar o candidato. Com isso, o estudante poderá entender como isso acontece e como evitar o erro no momento da prova.

Diante disso, esperamos que gostem da leitura e que ao final dos estudos tenham a certeza de que estão preparados para enfrentar as questões dos concursos públicos, em busca do almejado sonho da aprovação.

OS AUTORES

SUMÁRIO

PARTE I

QUESTÕES **OBJETIVAS**

> **QUESTÃO 1.** De acordo com o texto a seguir o direito público tem como objetivo primordial o atendimento ao bem-estar coletivo.

> [...] em primeiro lugar, as normas de direito público, embora protejam reflexamente o interesse individual, têm o objetivo primordial de atender ao interesse público, ao bem-estar coletivo. Além disso, pode-se dizer que o direito público somente começou a se desenvolver quando, depois de superados o primado do Direito Civil (que durou muitos séculos) e o individualismo que tomou conta dos vários setores da ciência, inclusive a do Direito, substituiu-se a ideia do homem como fim único do direito (própria do individualismo) pelo princípio que hoje serve de fundamento para todo o direito público e que vincula a Administração em todas as suas decisões [...].
>
> DI PIETRO, Maria Sylvia Zanella. *Direito Administrativo.* 30. ed. São Paulo: Atlas, 2017, p 96.

Diante disso, as "pedras de toque" do regime jurídico-administrativo são

a) a supremacia do interesse público sobre o interesse privado e a impessoalidade do interesse público.

b) a supremacia do interesse público sobre o interesse privado e a indisponibilidade do interesse público.

c) a indisponibilidade do interesse público e o princípio da legalidade.

d) a supremacia da ordem pública e o princípio da legalidade..

e) a supremacia do interesse público e o interesse privado e o princípio da legalidade.

RESPOSTA:

O interesse público é supremo sobre o interesse particular, e todas as condutas estatais têm como finalidade a satisfação das necessidades coletivas. Nesse sentido, os interesses da sociedade devem prevalecer diante das necessidades específicas dos indivíduos, havendo a sobreposição das garantias do corpo coletivo, quando em conflito com as necessidades de um cidadão isoladamente. Em razão desta busca pelo interesse público, a Administração se põe em situação privilegiada, quando se relaciona com os particulares.

Neste sentido, considera-se a supremacia do interesse público uma pedra fundamental na noção de Estado organizado, sendo relevante para a formação de qualquer estrutura organizacional de poder público, como condição de convívio social no bojo da sociedade organizada. Não se trata de princípio expresso, ou seja, não está escrito no texto constitucional, embora existam inúmeras regras que impliquem em suas manifestações de forma concreta; para isso podemos nos referir a institutos correlatos dispostos na Constituição da República, como a possibilidade de desapropriação (5º, XXIV), a requisição administrativa (5º, XXV) entre outras prerrogativas que submetem os direitos do cidadão às restrições impostas pelo Estado.

De outro giro, a indisponibilidade do interesse público, define os limites da atuação administrativa e decorre do fato de que a impossibilidade de abrir mão do interesse público deve estabelecer ao administrador os seus critérios de conduta. De fato, o agente estatal não pode deixar de atuar, quando as necessidades da coletividade assim exigirem, uma vez que suas atividades são necessárias à satisfação dos interesses do povo.

Desta forma e por fim, verifica-se que destes dois princípios acima referidos decorrem todos os demais, sendo eles, portanto, as "pedras de torque" do regime jurídico-administrativo.

> **QUESTÃO 2.** São fontes do Direito Administrativo:

I. lei.

II. razoabilidade.

III. moralidade.

IV. jurisprudência.

V. proporcionalidade.

Está correto o que consta APENAS em

a) I e II.

b) II e IV.

c) I e IV.

d) III e V.

e) IV e V.

RESPOSTA:

Inicialmente, são consideradas fontes do direito aqueles comportamentos que ensejam a criação de uma norma imperativa posto que o Direito Administrativo, no Brasil, não se encontra codificado, isto é, os textos administrativos não estão reunidos em um só corpo de leis, como ocorre com outros ramos como o Direito Processual, o Direito Penal e o Direito Civil.

As normas administrativas estão espelhadas, tanto no texto da Constituição Federal como em diversas leis ordinárias e complementares e em outros diplomas normativos como decretos-leis, medidas provisórias, regulamentos e decretos do Poder Executivo, circunstância que dificulta um conhecimento abrangente, bem como a formação de uma visão sistemática, orgânica desse ramo do Direito.

Dessa forma, a doutrina costuma apontar a existência de seis fontes principais deste ramo do Direito, quais sejam, a lei, a jurisprudência, a doutrina, os princípios gerais, os costumes e os tratados internacionais.

De outro giro, a razoabilidade, moralidade e proporcionalidade não são fontes do Direito Administrativo e sim, princípios do Direito Administrativo de suma relevância para a definição da atuação estatal atuando como normas orientadoras das condutas do agente público, de forma a buscar a satisfação dos interesses da coletividade.

› **QUESTÃO 3.** Em face da formação histórica do Direito Administrativo e do modelo de Estado vigente, é correto afirmar que:

a) a noção de coisa julgada nas esferas administrativa e judicial tem a mesma dimensão e conteúdo.

b) as decisões proferidas por órgãos públicos de natureza superior não podem ser revistas pelo Poder Judiciário

c) o processo administrativo somente pode ser instaurado mediante provocação do interessado, por representação escrita endereçada ao agente competente para a solução da controvérsia.

d) o regime jurídico juspublicista, no todo ou em parte, somente pode ser aplicado às pessoas jurídicas de direito público.

e) tem por objeto os órgãos, agentes e pessoas jurídicas administrativas que integram a Administração Pública, a atividade não contenciosa que exerce e os bens de que se utiliza para a consecução de seus fins, de natureza pública.

RESPOSTA:

O direito administrativo se baseia em um conjunto harmônico de princípios e regras, visando a satisfação dos interesses de toda a coletividade, mesmo que isso justifique a restrição de direitos individuais, disciplinando as atividades administrativas, ou seja, excluindo-se a função jurisdicional e legislativa, respeitando os direitos fundamentais dos cidadãos, postos na ordem jurídica e disciplinando o conjunto de órgãos públicos e entidades que compõem sua estrutura organizacional.

A Profa. Maria Sylvia Zanella Di Pietro, define o Direito Administrativo como *"o ramo do direito público que tem por objeto os órgãos, agentes e pessoas jurídicas administrativas que integram a administração pública, a atividade jurídica não contenciosa que exerce e os bens de que se utiliza para a consecução de seus fins de natureza pública"*.

Dessa forma, a assertiva encontra-se correta e em consonância com os conceitos doutrinários.

› **QUESTÃO 4.** Sobre os Princípios do Direito Administrativo, assinale a afirmativa que NÃO encontra amparo na doutrina pátria.

a) A Constituição Federal traz os princípios da Legalidade, Impessoalidade, Moralidade, Publicidade e Eficiência, sendo estes os únicos princípios aplicáveis à Administração Pública previstos na Lei Maior.

b) No Direto Administrativo brasileiro, alguns autores defendem que a Supremacia do Interesse Público sobre o interesse privado e a Indisponibilidade do Interesse Público são considerados supraprincípios ou superprincípios.

c) Ofende tanto o princípio da Moralidade quanto o da Impessoalidade, a nomeação de parente, até o terceiro grau, da autoridade nomeante, por usa influência, para exercício de cargo em comissão na Administração Pública.

d) A lei que regula o processo administrativo federal, define Razoabilidade e Proporcionalidade como a "adequação entre meios e fins, vedada a imposição de obrigações, restrições e sanções em medida superior àquelas estritamente necessárias ao atendimento do interesse público".

RESPOSTA:

A alternativa "A" é incorreta, pois além dos princípios citados, alguns outros princípios decorrem expressamente da Carta Magna, como a isonomia, o contraditório e a ampla defesa. Na Constituição Federal, ainda se encontram princípios implícitos e expressos em disposições infraconstitucionais, como ocorre com a continuidade, a motivação e a autotutela etc.

> **QUESTÃO 5.** Nos contratos administrativos, a interpretação favorável ao interesse público primário diz respeito àquela em que, cabendo mais de uma interpretação sobre determinado princípio contratual, deve ser adotada

a) aquela em que qualquer cláusula que contrarie o interesse público deve ser considerada não escrita quando da avença entre Administração e contratado.

b) a solução que restrinja os interesses do particular, aplicando interpretação literal e restritiva aos dispositivos contratuais que lhes consagrem benefícios.

c) a solução mais favorável aos interesses da coletividade, o que, necessariamente, não significa dever de optar pela melhor interpretação conforme o interesse patrimonial da Administração contratante.

d) a que confira presunção relativa de legitimidade, considerando-se, até prova em contrário, que as cláusulas estão sendo praticadas conforme as disposições legais.

e) a solução que permita a alteração unilateral pela Administração Pública sempre que um motivo superveniente de interesse público ocorra, afetando as disposições do contrato inicialmente avençado.

RESPOSTA:

O interesse primário é composto pelas necessidades da sociedade, ou seja, dos cidadãos enquanto partícipes da coletividade, não se confundindo com a vontade da máquina estatal, a qual configura o interesse secundário. Isso decorre do fato de que, não obstante sempre atue visando satisfazer as necessidades da coletividade, o poder público tem personalidade jurídica própria e, por isso, tem os seus interesses individuais.

› **QUESTÃO 6.** À luz do sistema jurídico brasileiro, assinale a alternativa INCORRETA.

a) A publicidade pode ser empregada como instrumento de propaganda pessoal dos agentes públicos.

b) A Lei de Acesso à informação pública (Lei nº 12.527/2011) prevê a publicidade como regra, mas admite exceções quando houver: ofensa à intimidade ou privacidade do titular da informação ou quando for indispensável à segurança da sociedade e do Estado.

c) O tombamento incide sobre bens móveis e imóveis.

d) A desapropriação-confisco (conforme denominação doutrinária) tem como pressupostos: cultura ilegal de substância psicotrópica ou exploração de trabalho escravo na propriedade rural ou urbana.

e) O município tem competência privativa para promover a desapropriação urbanística sancionatória.

RESPOSTA:

O art. 37, §1º, da Constituição Federal, estabelece que "*A publicidade dos atos, programas, obras, serviços e campanhas dos órgãos públicos deverá ter caráter educativo, informativo ou de orientação social, dela não podendo constar nomes, símbolos ou imagens que caracterizem promoção pessoal de autoridades ou servidores públicos*". De fato, caso se admitisse a realização de propaganda pessoal, estar-se-ia atribuindo a conduta estatal ao próprio agente público, o que não se pode admitir, uma vez que atuou investido de *munus* público para o exercício de atividade do Estado.

Com efeito, a utilização de símbolos ou imagens, ou até mesmo de nomes que liguem a conduta estatal à pessoa do agente público, desvirtua o exercício da função pública, tornando pública a conduta do administrador e não do ente estatal.

> **QUESTÃO 7.** De acordo com a Constituição Federal, são princípios expressos que regem a Administração pública direta e indireta:

a) legalidade, impulso oficial, moralidade, publicidade e eficiência.

b) legalidade, impessoalidade, moralidade, publicidade e eficiência.

c) supremacia do interesse público, moralidade, legalidade, publicidade e eficiência.

d) impessoalidade, eticidade, socialidade, publicidade e eficiência.

e) legalidade, impulso oficial, eticidade, socialidade e operabilidade.

RESPOSTA:

Os princípios serão relevantes para a definição da atuação estatal como normas orientadoras das condutas do agente público, de forma a buscar a satisfação dos interesses da coletividade. Além dos princípios da supremacia do interesse público sobre o interesse privado e da indisponibilidade do interesse público, como norteadores de todo o regime jurídico administrativo, primordialmente, no artigo 37, *caput*, da Constituição Federal, estão expressos cinco princípios, quais sejam: **L**egalidade, **I**mpessoalidade, **M**oralidade, **P**ublicidade e **E**ficiência.

> **QUESTÃO 8.** De acordo com o art. 54 da Lei n.º 9.784/1999, o direito da administração de anular os atos administrativos de que decorram efeitos favoráveis para os destinatários decai em cinco anos, contados da data em que foram praticados, salvo comprovada má-fé. Trata-se de hipótese em que o legislador, em detrimento da legalidade, prestigiou outros valores. Tais valores têm por fundamento o princípio administrativo da

a) presunção de legitimidade.

b) autotutela.

c) segurança jurídica.

d) continuidade do serviço público.

RESPOSTA:

A Segurança Jurídica representa um de princípio geral do direito, base do Estado de Direito que garante aos cidadãos não serem surpreendidos por alterações repentinas na ordem jurídica posta. Configura corolário do direito como norma de pacificação social.

Assim sendo, as modificações supervenientes de normas jurídicas não devem retroagir para atingir situações pretéritas, sob pena de se tornar instável o sistema de regras imposto pelo Poder Público, causando transtorno social.

Ainda em respeito à segurança jurídica, em determinadas situações, a retirada do ato com efeitos pretéritos enseja prejuízos aos cidadãos que, atuando de boa-fé, se valeram das disposições ali apresentadas - as quais gozavam, inclusive, de presunção de legitimidade. Assim, em algumas situações, devem ser mantidos todos os efeitos produzidos pelo ato, ainda que esse sofra de nulidade insanável. Em outros casos, o próprio ato deve ser mantido no ordenamento jurídico a despeito de sua ilegalidade, como forma de proteção ao cidadão e a outros princípios constitucionais aplicáveis ao caso.

Não importa analisar se a nulidade do ato é sanável ou insanável, conforme dispõe Celso Antônio Bandeira de Mello, ao definir que *"atos nulos e anuláveis sujeitam-se a regime igual quanto à persistência de efeitos em relação a terceiros de boa-fé, bem como de efeitos patrimoniais pretéritos concernentes ao administrado que foi parte na relação jurídica, quando forem necessários para evitar enriquecimento sem causa da Administração e dano injusto ao administrado, se estava de boa-fé e não concorreu para o vício do ato"*.

É o que a doutrina define como **estabilização de efeitos** dos atos administrativos. Assim, vale ainda ressaltar que em determinadas situações, a estabilização dos efeitos decorre do decurso de tempo, consolidando uma expectativa legítima aos destinatários do ato. Neste sentido, a aplicação das regras de decadência, estampados no art. 54 da lei 9.784/99 é uma forma de estabilização de efeitos de ato nulo e não de convalidação.

> **QUESTÃO 9.** O conteúdo jurídico do princípio da moralidade administrativa pode ser conceituado como

a) aquele referido na ética da legalidade ou, em outros termos, os valores éticos que ela consagra sem espaços para outros juízos axiológicos senão aqueles objetivados e explicitados nas normas-regras e, portanto, sem autonomia específica.

b) aquele que vincula a administração pública a um comportamento ético, conforme discurso da modernidade, com dimensão autônoma em relação ao princípio da legalidade.

c) a resultante da moral social de uma época a vincular a atuação da Administração pública.

d) referente às regras da boa administração e às regras internas visando normatizar o poder disciplinar da Administração.

RESPOSTA:

O Princípio da Moralidade exige a honestidade, lealdade, boa-fé de conduta no exercício da função administrativa – ou seja, a atuação não corrupta dos gestores públicos, ao tratar com a coisa de titularidade do Estado. Esta norma estabelece a obrigatoriedade de observância a padrões éticos de conduta, para que se assegure o exercício da função pública de forma a atender às necessidades coletivas.

É importante que, interpretando a Constituição Federal como uma norma posta integrante do ordenamento jurídico nacional, se admita que a atuação em desconformidade aos padrões de moralidade enseja uma violação ao princípio da legalidade, amplamente considerado, por abranger, inclusive, os princípios e regras constitucionais.

Sendo assim, por ser a moralidade um conceito jurídico indeterminado, normalmente a jurisprudência aplica a sua violação como vício de legalidade da atuação administrativa.

No entanto, a moralidade deve ser analisada como princípio autônomo, sendo possível a retirada de um ato administrativo imoral, ainda que não haja direta violação ao princípio da legalidade.

Neste sentido, Maria Sylvia Zanella di Pietro[1] dispõe que *"embora não se identifique com a legalidade (porque a lei pode ser imoral e a moral pode ultrapassar o âmbito da lei), a imoralidade administrativa produz efeitos jurídicos, porque acarreta a invalidade do ato, que pode ser decretada pela própria Administração ou pelo Poder Judiciário. A apreciação judicial da imoralidade ficou consagrada pelo dispositivo concernente à ação popular".*

> **QUESTÃO 10.** O Direito Administrativo, em sentido amplo, pode ser entendido como o conjunto de princípios e normas jurídicas que regem a atuação administrativa do Estado. Sobre esse assunto, analise as afirmativas abaixo.

I. Pode-se resumir o Direto Administrativo às atividades exercidas pelo poder Executivo.

II. Do ponto de vista científico o Direito Administrativo pode ser compreendido como um ramo específico, pois organizado a partir do objeto e princípios próprios.

a) As afirmativas I e II estão corretas

b) As afirmativas I e II estão incorretas

c) Apenas a afirmativa II está correta

d) Apenas a afirmativa I está correta

1. DI PIETRO, Maria Sylvia Zanella. Direito Administrativo. São Paulo: Atlas, 21ª ed. 2008.

RESPOSTA:

Ao contrário do que afirma o item I, o Direito Administrativo não pode ser resumido às atividades exercidas pelo poder executivo. A Profa. Maria Sylvia Zanella Di Pietro, por sua vez, define o Direito Administrativo como "*o ramo do direito público que tem por objeto os órgãos, agentes e pessoas jurídicas administrativas que integram a administração pública, a atividade jurídica não contenciosa que exerce e os bens de que se utiliza para a consecução de seus fins de natureza pública*". A sua aplicação pode ser verificada no âmbito do Poder Executivo, Legislativo e Judiciário. Nestes dois últimos Poderes, de forma atípica.

Já em relação ao item II, o mesmo está correto, pois o Direito Administrativo é um dos ramos do Direito Público, com objeto e princípios próprios, uma vez que rege a organização e o exercício de atividades do Estado e se direciona na busca dos interesses da coletividade.

> **QUESTÃO 11.** O Estado é formado pela junção de três elementos originários e indissociáveis, que são

a) território, autonomia e Constituição Federal.

b) autonomia, povo e governo.

c) Constituição Federal, governo e autonomia.

d) território, povo e governo.

e) povo, Constituição Federal e território.

RESPOSTA:

O Estado é uma instituição organizada política, social e juridicamente, dotada de personalidade jurídica própria de Direito Público, submetida às normas estipuladas pela lei máxima que, no Brasil, é a

Constituição escrita e dirigida por um governo que possui soberania reconhecida tanto interna como externamente. Um Estado soberano possui, como regra geral, um governo que é o elemento condutor, um povo, que representa o componente humano e um território que é o espaço físico que ocupa.

Ressalte-se que o Estado pode atuar no direito público ou no direito privado; no entanto, sempre ostenta a qualidade de Pessoa Jurídica de Direito Público. Com efeito, a teoria da dupla personalidade do Estado encontra-se totalmente superada.

O surgimento e a evolução da noção do Estado fazem aparecer a figura do Estado de Direito, que representa a ideia de que a Administração Pública se submete ao direito posto, assim como os demais sujeitos de direitos da sociedade. Ou seja, o Estado de Direito é aquele que se submete ao direito que ele mesmo instituiu.

> **QUESTÃO 12.** O direito administrativo é um conjunto de normas e princípios que rege a atuação da administração pública. Assinale a opção que indica apenas as fontes do direito administrativo.

a) lei, jurisprudência, normas e regras

b) costumes, regras, jurisprudência e normas

c) jurisprudência, costumes, lei e doutrina

d) normas, lei, doutrina e regras

e) lei, normas, jurisprudência e doutrina

RESPOSTA:

A doutrina costuma apontar a existência de seis fontes principais deste ramo do Direito, quais sejam, a lei, a jurisprudência, a doutrina, os princípios gerais, os costumes e os tratados internacionais. Nessa questão, a banca examinadora apontou as principais fontes.

Como já afirmado alhures, as normas administrativas estão espalhadas, tanto no texto da Constituição Federal como em diversas leis ordinárias e complementares e em outros diplomas normativos como decretos-leis, medidas provisórias, regulamentos e decretos do Poder Executivo, circunstância que dificulta um conhecimento abrangente, bem como a formação de uma visão sistemática, orgânica desse ramo do Direito.

> **QUESTÃO 13.** Em tema de princípios da Administração Pública, assinale a alternativa *incorreta*:

a) Os princípios da Administração Pública, explícitos e implícitos, são, no Estado Democrático de Direito, importante instrumento normativo de controle jurisdicional dos atos administrativos.

b) Numa leitura denominada de "juridicidade administrativa", para a validação da ação administrativa, não basta que seja esta formalmente conforme a lei, sendo necessário, também, que se apresente em conformidade com os princípios da Administração Pública.

c) A publicidade se distingue da publicação dos atos administrativos, sendo esta apenas um dos meios de concretização daquele princípio.

d) Entende o Supremo Tribunal Federal que o limite de idade para inscrição em concurso público apenas se legitima, à vista do art. 7°, XXX (proibição de diferença de salários, de exercício de funções e de critério de admissão por motivo de sexo, idade, cor ou estado civil), da Constituição Federal, quando possa ser justificado pela natureza das atribuições do cargo a ser preenchido.

e) Segundo a jurisprudência do Supremo Tribunal Federal, o rigor do dispositivo constitucional que assegura o princípio da impessoalidade vincula a publicidade ao caráter educativo, informativo ou de orientação social, sendo incompatível com a menção de nomes, símbolos ou imagens, aí não incluídos slogans, que caracterizem promoção pessoal ou de servidores públicos.

RESPOSTA:

Em sentido contrário ao apresentado pela assertiva incorreta, vale destacar a jurisprudência do Supremo Tribunal Federal, o qual definiu o entendimento de que estão incluídos os slogans na vedação exposta no art. 37, §1º, da Constituição Federal. Vejamos:

> EMENTA: AGRAVO REGIMENTAL EM RECURSO EXTRAORDINÁRIO. DIREITO ADMINISTRATIVO. IMPROBIDADE ADMINISTRATIVA. PROPAGANDA INSTITUCIONAL. CARACTERIZAÇÃO DE PROPAGANDA PESSOAL. VEDAÇÃO. PRECEDENTES. SÚMULA 279/STF. O Supremo Tribunal Federal, interpretando o disposto no art. 37, § 1º, da Constituição Federal, assentou que o "rigor do dispositivo constitucional que assegura o princípio da impessoalidade vincula a publicidade ao caráter educativo, informativo ou de orientação social é incompatível com a menção de nomes, símbolos ou imagens, **aí incluídos slogans,** que caracterizem promoção pessoal ou de servidores públicos" (RE 191.668, Rel. Min. Menezes Direito). Dessa orientação não divergiu o acórdão do Tribunal de origem. Hipótese em que a resolução da controvérsia demandaria o reexame dos fatos e provas constantes dos autos, o que é vedado em recurso extraordinário, nos termos da Súmula 279/STF. Agravo regimental a que se nega provimento.

Desta maneira, verifica-se que o erro da questão foi a exclusão dos slogans da proibição contida no art. 37, §1º, da CF. Este dispositivo constitucional define a ideia de que a publicidade realizada pelo Poder Público deve possuir caráter educativo, informativo ou de orientação social e que a utilização de símbolos ou imagens, ou até mesmo de nomes que liguem a conduta estatal à pessoa do agente público, desvirtua o exercício da função administrativa, tornando pública a conduta do administrador e não do ente estatal.

› **QUESTÃO 14.** O estudo do artigo 5º da Constituição Federal e do Título em que inserido permite concluir:

a) é inconstitucional o compartilhamento dos relatórios de inteligência financeira da UIF e da íntegra do procedimento fiscalizatório da Receita Federal do Brasil, que define o lançamento do tributo, com os órgãos de persecução penal para fins criminais, sem prévia autorização judicial, por ofensa ao direito ao sigilo fiscal e financeiro.

b) é compatível com a Constituição Federal o reconhecimento às entidades paraestatais dos privilégios processuais concedidos à Fazenda Pública, em execução de pagamento de quantia.

c) não ofende o princípio da igualdade o estabelecimento de grupos excluídos da possibilidade de doação de sangue, considerando o risco decorrente da orientação sexual para a saúde dos possíveis receptores.

d) a isonomia formal assegurada pelo artigo 5º, I, CRFB, exige tratamento equitativo entre homens e mulheres. Revela-se inconstitucional, por ofensa ao princípio da isonomia, cláusula de contrato de previdência complementar que, ao prever regras distintas entre homens e mulheres para cálculo e concessão da complementação de aposentadoria, estabelece valor inferior do benefício para as mulheres, tendo em conta seu menor tempo de contribuição.

RESPOSTA:

A isonomia, analisada formalmente, veda tratamento diferenciado às pessoas por motivos de índole pessoal, de forma a garantir-se uma padronização de condutas do Estado em relação aos cidadãos.

O gabarito da questão teve como base o julgado do STF (RE 639.138/RS), no qual ficou estabelecido que a utilização de percentuais diferenciados para cálculo de aposentadoria complementar de seguros dos sexos masculino e feminino caracteriza ofensa ao princípio da isonomia, previsto no art. 5º, I, da CF.

> **QUESTÃO 15.** Antônio exerceu o cargo eletivo de Vereador junto ao Legislativo municipal durante dezesseis anos. No Município em análise, existe lei municipal dispondo que a pessoa que tiver exercido o cargo de Vereador durante quatro Legislaturas ou dezesseis anos de vereança faz jus, a título de pensão, após o término do mandato, a um subsídio mensal e vitalício igual parte fixa da remuneração dos membros da edilidade. No caso em tela, de acordo com o entendimento do Supremo Tribunal Federal, a mencionada lei municipal:

a) não é harmônica com a Constituição da República de, pois configura tratamento privilegiado em favor de ex-membro do Legislativo municipal, que não mais é agente político, com violação aos princípios da moralidade e da isonomia;

b) não é harmônica com a Constituição da República de 1988, pois os ocupantes de cargos eletivos não contribuem com qualquer regime de previdência social durante seus mandatos, pela natureza da função exercida;

c) é harmônica com a Constituição da República de 1988, desde que o valor a ser pago seja proporcional ao tempo de contribuição e o valor a ser pago a título de pensão seja oriundo do regime próprio de previdência social;

d) é harmônica com a Constituição da República de 1988, desde que o valor a ser pago a título de pensão previsto em lei seja oriundo do regime próprio de previdência social, diante da natureza do cargo eletivo ocupado pelo Vereador;

e) é harmônica com a Constituição da República de 1988, desde que o valor a ser pago a título de pensão seja oriundo do regime geral de previdência social, pois ocupante de cargo eletivo não se sujeita a regime próprio de previdência social.

RESPOSTA:

A Suprema Corte Federal já definiu jurisprudência no sentido de ser inconstitucional lei municipal versando sobre subsídio vitalício considerando o exercício de mandatos de vereador, por ofensa aos princípios da igualdade, moralidade e impessoalidade, bem como à submissão obrigatória ao RGPS de todos os ocupantes de cargos temporários, inclusive eletivos.

Assim, conforme o entendimento firmado no julgamento da ADPF nº 764/CE (Rel. Min. Gilmar Mendes, j. em 30/08/2021), não se revela compatível com o princípio republicano e o princípio da igualdade a outorga de tratamento diferenciado a terminado indivíduo, sem que não mais esteja presente o fator de diferenciação que justificou a sua concessão na origem.

› **QUESTÃO 16.** Assinale a alternativa correta sobre os princípios da Administração Pública.

a) Os cinco princípios constitucionais explícitos arrolados no art. 37, *caput*, da Constituição Federal de 1988 estão previstos desde a promulgação da carta constitucional e exigem juízo de ponderação para sua aplicação aos casos concretos.

b) Os princípios constitucionais explícitos arrolados no art. 37, *caput*, da Constituição Federal de 1988 são de aplicação obrigatória para a administração pública direta, não se aplicando à administração pública indireta.

c) Os princípios administrativos da finalidade e do interesse público são de fonte doutrinária e jurisprudencial, não estando previstos explicitamente no texto da Constituição Federal de 1988 ou em texto de legislação ordinária federal.

d) A publicidade dos atos, programas, obras, serviços e campanhas dos órgãos públicos deverá ter caráter educativo, informativo ou de orientação social, dela não podendo constar nomes, símbolos ou imagens que caracterizem promoção pessoal de autoridades ou servidores públicos.

e) Os princípios constitucionais da legalidade, da imperatividade, da moralidade, da publicidade e da eficiência estão explicitamente previstos no texto da Constituição Federal de 1988.

RESPOSTA:

A impessoalidade deve ser enxergada também sob a ótica do agente. Nesse sentido, quando o agente público atua, não é a pessoa do agente quem pratica o ato, mas o Estado - órgão que ele representa. Corresponde, portanto, à já conhecida teoria do órgão (ou teoria da imputação volitiva), utilizada pelo direito brasileiro. Assim sendo, a vontade do agente público se confunde com a da própria pessoa jurídica estatal, não se admitindo a responsabilização do administrador pelos danos causados a terceiros, ou mesmo seu reconhecimento pelos benefícios gerados à coletividade.

Com efeito, a utilização de símbolos ou imagens, ou até mesmo de nomes que liguem a conduta estatal à pessoa do agente público, desvirtua o exercício da função pública, tornando pública a conduta do administrador e não do ente estatal.

> **QUESTÃO 17.** Com relação aos princípios da administração pública, assinale a opção correta.

a) Em observância à autonomia da vontade, respeitada a prevalência do interesse público, os acordos entre particulares e a administração pública afastam a incidência de normas de direito público.

b) Na doutrina, prevalece o entendimento de que a falta de publicação dos atos administrativos não impede que eles adquiram eficácia, embora o agente público responsável por essa omissão possa responder por ato de improbidade administrativa.

c) O princípio da eficiência foi introduzido na Constituição Federal de 1988 como parte do esforço para a reforma gerencial da administração pública.

d) O princípio da impessoalidade não impede que um agente público eleito insira, em propaganda oficial da administração pública, o *slogan* da sua candidatura ou do seu partido, porquanto esses dizeres se referem ao projeto político vencedor das eleições.

e) A moralidade administrativa não se distingue da moralidade comum, porquanto a sua preocupação central é a distinção entre o bem e o mal.

RESPOSTA:

O princípio da eficiência se tornou expresso com o advento da EC 19/98, a qual modificou o regime e tratou dos princípios e normas da Administração Pública, servidores e agentes políticos, controle de despesas e finanças públicas e custeio de atividades a cargo do Distrito Federal, entre outros pontos.

Nesse sentido, Eficiência é produzir bem, com qualidade e com menos gastos. Uma atuação eficiente da atividade administrativa é aquela realizada com presteza e, acima de tudo, um bom desempenho funcional. Buscam-se sempre melhores resultados práticos e menos desperdício, nas atividades estatais, uma vez que toda a coletividade se beneficia disso.

> **QUESTÃO 18.** Considerando os princípios constitucionais e legais, implícitos e explícitos, que regem a atividade da administração pública, assinale a opção correta.

a) Os princípios da legalidade e da indisponibilidade do interesse público guiam a atuação do administrador, de modo que apenas o juízo discricionário excepciona-se ao controle judicial.

b) Em decorrência do princípio da reserva legal, a administração pública está autorizada a fazer apenas aquilo que não seja legalmente proibido.

c) De acordo com o STJ, o princípio da continuidade dos serviços públicos não impede a interrupção do fornecimento de energia elétrica para município inadimplente, ainda que o valor cobrado esteja sob questionamento em sede administrativa.

d) Em virtude dos princípios da proteção à confiança e da segurança jurídica, entende o STF que podem ser considerados válidos os atos praticados por agente público ilegalmente investido.

e) Por ser um princípio estruturante implícito da atuação da administração pública, na prática, a supremacia do interesse público é um conceito jurídico indeterminável.

RESPOSTA:

Caso o concurso público para provimento de cargos ou de empregos na Administração Pública sofra de alguma irregularidade, a sua invalidação induz à invalidação da nomeação efetivada ou da contratação feita. Sendo assim, o agente público investido no exercício de suas funções em virtude de procedimento seletivo inválido, não tem legitimidade para o exercício das suas funções e deve ser desligado dos quadros do órgão público.

Com efeito, acerca do tema, a doutrina e jurisprudência não admitem a aplicação da teoria do fato consumado, haja vista a impossibilidade de se convalidar procedimento irregular, em respeito aos princípios da isonomia, impessoalidade e moralidade administrativa. Dessa forma, não obstante trate-se de matéria em que há divergência entre os estudiosos, em decorrência do princípio da segurança jurídica a proteger os particulares de boa-fé, o entendimento dominante é de que o particular deverá ser afastado das funções e declarada a nulidade do ato de nomeação baseado no concurso irregularmente conduzido.

Importa ainda ressaltar que, a despeito de não se poder convalidar o ato de nomeação decorrente de concurso ilegal, os atos praticados por este agente irregularmente investido, por se revestirem de legalidade aparente, devem ser mantidos para se evitar prejuízos a terceiros que acreditaram na atuação estatal.

De fato, neste sentido, aplica-se a teoria do funcionário de fato ou a **teoria da aparência** que, em nome da boa-fé de terceiros que travaram relações com a Administração Pública, mantém válidos os efeitos produzidos pelos atos praticados por estes agentes putativos, que ostentavam aparência de agente público, no exercício da atividade.

› **QUESTÃO 19.** O Presidente do Tribunal de Justiça do Estado de Rondônia editou a Resolução nº 184/2021-TJRO, que estabelece o horário de expediente e a jornada de trabalho nos órgãos do Poder Judiciário do Estado de Rondônia e dá outras providências. De acordo com a doutrina de Direito Administrativo, o citado ato praticado pelo chefe do Judiciário estadual está calcado no chamado poder:

a) de polícia administrativa, que disciplina a atividade dos servidores públicos.

b) de discricionariedade, que permite ao Presidente do Tribunal inovar no ordenamento jurídico.

c) normativo, que visa regulamentar situação de caráter geral e abstrato.

d) disciplinar, que autoriza o Presidente do Tribunal a estabelecer rotinas administrativas internas.

e) hierárquico, que confere ao Presidente do Tribunal a prerrogativa de editar normas concretas.

RESPOSTA:

O Poder Normativo se traduz no poder conferido à Administração Pública de expedir normas gerais, ou seja, atos administrativos gerais e abstratos com efeitos *erga omnes*. Não se trata de poder para a edição de leis, mas apenas um mecanismo para a edição de normas complementares à lei. Trata-se de prerrogativa dada à Administração

Pública de editar esses atos e permitir sua efetiva aplicação sempre limitada pela lei. Na observação de José dos Santos Carvalho Filho[2], *"ao poder regulamentar não cabe contrariar a lei (contra legem) sob pena de sofrer invalidação. Seu exercício somente pode dar-se secundum legem, ou seja, em conformidade com o conteúdo da lei e nos limites que esta impuser."*

O poder normativo facilita a compreensão do texto legal. Os seus atos são sempre inferiores à lei e visam regulamentar determinada situação de caráter geral e abstrato, pois facilitam a execução da lei, minudenciando seus termos.

› **QUESTÃO 20.** Recentemente, o Supremo Tribunal Federal enfrentou um dos temas mais controversos no âmbito do Direito Administrativo, tendo fixado algumas balizas sobre a delegação do poder de polícia, fixando tese de Repercussão Geral a respeito, em Recurso Extraordinário ajuizado pela Empresa de Transportes e Trânsito de Belo Horizonte S/A – BHTRANS (Tema 532 – RE 633782, Relator: Luiz Fux, Tribunal Pleno, julgado em 26/10/2020). Por meio deste precedente, o STF consolidou o entendimento no sentido de que a competência administrativa relativa ao poder de polícia é

a) delegável a pessoas jurídicas de direito privado integrantes da Administração pública, desde que limitado às fases do ciclo de polícia administrativa relativas ao consentimento e à fiscalização, excluída a fase sancionatória.

b) delegável, por lei, a pessoas jurídicas de direito privado não integrantes da Administração pública, inclusive no tocante à fase sancionatória do ciclo de polícia, contanto que no exercício sejam observados os princípios do devido processo legal, da ampla defesa e do contraditório.

2. CARVALHO FILHO, José dos Santos. *Curso de Direito Administrativo*. Rio de Janeiro, Editora Lumen Juris, 23ª ed., 2012.

c) indelegável, sendo reservado apenas aos órgãos da Administração direta, dada a natureza de potestade pública da atividade.

d) delegável, por lei, a pessoas jurídicas de direito privado integrantes da Administração pública indireta, desde que sejam de capital social majoritariamente público e prestem exclusivamente serviço público de atuação própria do Estado, em regime não concorrencial.

e) delegável, por lei, apenas às pessoas jurídicas de direito público integrantes da Administração pública indireta, visto que o regime jurídico estatutário de seus servidores lhes confere a estabilidade indispensável ao exercício da atividade.

RESPOSTA:

O Supremo Tribunal Federal, em 2020, firmou tese no sentido de que as entidades privadas da Administração Indireta que atuam na prestação de serviços públicos em regime não concorrencial podem executar atividade de polícia mediante delegação. Vejamos o entendimento apresentado no RE 633782 em sede de repercussão geral:

> *"É constitucional a delegação do poder de polícia, por meio de lei, a pessoas jurídicas de direito privado integrantes da Administração Pública indireta de capital social majoritariamente público que prestem exclusivamente serviço público de atuação própria do Estado e em regime não concorrencial".*

> **QUESTÃO 21.** João, delegado titular de certa delegacia, editou uma ordem de serviço, com a finalidade de distribuir e ordenar o serviço interno da DP, definindo que o setor X, composto pelos agentes de Polícia Civil A, B, C e D, é responsável por determinadas atividades.

De acordo com a doutrina de Direito Administrativo, o citado ato administrativo ordinatório praticado por João decorre do poder administrativo:

a) disciplinar, que lhe permite praticar atos normativos internos com eficácia restrita àquela delegacia.

b) hierárquico, que é um poder de estruturação interna da atividade pública.

c) disciplinar, que lhe permite inovar no ordenamento jurídico no âmbito de sua circunscrição.

d) de polícia, que lhe permite organizar as rotinas administrativas necessárias à investigação criminal.

e) de polícia, que lhe permite organizar as rotinas operacionais próprias de polícia judiciária.

RESPOSTA:

O Poder Hierárquico representa a atribuição concedida ao administrador para organizar, distribuir e principalmente escalonar as funções de seus órgãos, sendo o Poder que a Administração tem de se estruturar internamente determinando uma relação de hierarquia e subordinação entre seus órgãos e agentes. Para José dos Santos Carvalho Filho[3] *"hierarquia é o escalonamento no plano vertical dos órgãos e agentes da Administração que tem como objetivo a organização da função administrativa."*

Saliente-se que o Poder Hierárquico configura um poder de estruturação INTERNA da atividade pública. Dessa forma, não existe manifestação de hierarquia EXTERNA, ou seja, entre pessoas jurídicas diferentes. A hierarquia só se manifesta dentro de uma mesma Pessoa Jurídica, definindo a competência entre os órgãos e agentes públicos integrantes dessa entidade. Sendo assim, o controle exercido entre pessoas jurídicas diferentes não decorre do Poder Hierárquico nem retira dele seu fundamento.

3. CARVALHO FILHO, José dos Santos. Manual de Direito Administrativo. Rio de Janeiro: Editora Lumen Juris, 23ª Ed. 2012.

› **QUESTÃO 22.** Considerando a temática do Direito Administrativo, assinale a alternativa INCORRETA.

a) Consoante a Teoria dos Motivos Determinantes, os motivos apresentados como justificadores da prática do ato administrativo vinculam esse ato e, caso os motivos apresentados sejam viciados, o ato será ilegal.

b) A Lei nº 9.784/1999, especialmente no que diz respeito ao prazo decadencial para a revisão de atos administrativos no âmbito da Administração Pública federal, pode ser aplicada, de forma subsidiária, aos estados e municípios, se inexistente norma local e específica que regule a matéria.

c) O poder hierárquico caracteriza um poder de estruturação interna da atividade pública. Sendo assim, não há manifestação de hierarquia externa, isto é, entre pessoas jurídicas diversas.

d) O poder disciplinar do Estado é o poder de aplicação de sanções por parte do Poder Público, sendo que essas sanções decorrem de vinculação especial entre o sancionado e o Estado, notadamente, a relação hierárquica e a relação contratual.

e) A polícia administrativa incide sobre bens e direitos e os condiciona à busca pelo interesse da coletividade, bem como também recai sobre as pessoas, de forma ostensiva ou investigativa, evitando e punindo infrações às normas penais.

RESPOSTA:

O Poder de Polícia, objeto de estudo do Direito Administrativo, não se confunde, em nenhum momento, com a polícia judiciária que visa à prevenção e à repressão à prática de ilícitos criminais e que tem seu estudo situado nas disciplinas de Direito Penal e Direito Processual Penal.

Com efeito, a polícia judiciária incide sobre pessoas, de forma ostensiva ou investigativa, evitando e punindo infrações às normas penais. Por sua vez, a polícia administrativa incide sobre bens (uso da propriedade) e direitos (exercício de liberdades), condicionando esses bens e direitos à busca pelo interesse da coletividade.

> **QUESTÃO 23.** O Tribunal de Justiça do Estado de Rondônia, após regular processo licitatório, contratou a sociedade empresária Alfa para prestar serviços de jardinagem e paisagismo no canteiro existente ao redor do prédio do fórum central. Ocorre que a contratada deu causa à inexecução parcial do contrato. Após regular processo administrativo, o contratante aplicou-lhe a sanção administrativa da advertência, pois não se justificou a imposição de penalidade mais grave.

Com base na doutrina de Direito Administrativo, o poder administrativo que embasou diretamente a aplicação da mencionada sanção é o poder:

a) hierárquico, que consiste na superioridade contratual da Administração Pública contratante em relação à sociedade contratada, em razão das cláusulas limitantes.

b) regulamentar, que consiste na possibilidade de a Administração Pública contratante impor unilateralmente penalidades, com base na supremacia do interesse público.

c) disciplinar, que consiste em um sistema punitivo interno a que se sujeita a contratada que tem um vínculo com a Administração Pública contratante.

d) de polícia, que consiste na necessidade vinculante de a Administração Pública contratante condicionar e limitar a propriedade da sociedade contratada em prol do interesse público.

e) de justiça, que consiste na superioridade e na imperatividade das decisões jurisdicionais proferidas pela Administração Pública contratante em face da sociedade contratada, que deve se sujeitar às sanções impostas.

RESPOSTA:

O Poder Disciplinar trata da atribuição pública de aplicação de sanções àqueles que estejam sujeitos à disciplina do ente estatal. Com efeito, é o poder de aplicar sanções e penalidades, apurando infrações dos servidores ou outros que são submetidos à disciplina da Administração, ou seja, a todos aqueles que tenham **vínculo de natureza especial** com o Estado, como é o exemplo daqueles particulares que celebraram contratos com o Poder Público. A função deste poder é sempre aprimorar a prestação do serviço público punindo a malversação do dinheiro público ou atuação em desconformidade com a lei.

> **QUESTÃO 24.** Assinale a alternativa INCORRETA quanto ao poder de polícia.

a) É constitucional a atribuição às guardas municipais do exercício do poder de polícia de trânsito, inclusive para a imposição de sanções administrativas previstas em lei.

b) As atribuições da guarda municipal previstas na Constituição da República são definidas em sentido exemplificativo, e não exaustivo.

c) O poder de polícia se manifesta exclusivamente por intermédio de deveres de abstenção ou obrigações de não fazer acometidas aos particulares.

d) O poder de polícia não se limita à atuação do Estado no concernente à prestação de segurança pública direcionada à coletividade.

e) Até mesmo instituições policiais podem cumular funções típicas de segurança pública com exercício de poder de polícia.

RESPOSTA:

Com o intuito de realizar a devida análise acerca das alternativas apresentadas pela questão, primeiramente, mostra-se ideal a realização da análise da assertiva incorreta, que representa o gabarito da questão.

A alternativa mostra-se incorreta, pois apesar da doutrina tradicional apontar o poder de polícia como um **poder negativo**, haja vista o fato de que os atos decorrentes dessa atividade encerram a exigência de abstenções a particulares; modernamente, vêm-se admitindo atos positivos decorrentes do exercício do poder de polícia, ou seja, em determinadas situações, com previsão legal expressa, o Poder Público determina obrigações de fazer aos particulares em decorrência dos atos de polícia.

Noutro giro, constata-se que a banca examinadora elaborou as alternativas corretas com base no seguinte julgamento, de repercussão geral, proferido pelo Supremo Tribunal Federal (Informativo 802). Vejamos.

> EMENTA: DIREITO ADMINISTRATIVO. RECURSO EXTRAORDINÁRIO. PODER DE POLÍCIA. IMPOSIÇÃO DE MULTA DE TRÂNSITO. GUARDA MUNICIPAL. CONSTITUCIONALIDADE.
>
> 1. **Poder de polícia não se confunde com segurança pública.** O exercício do primeiro não é prerrogativa exclusiva das entidades policiais, a quem a Constituição outorgou, com exclusividade, no art. 144, apenas as funções de promoção da segurança pública.
>
> 2. A fiscalização do trânsito, com aplicação das sanções administrativas legalmente previstas, embora possa se dar ostensivamente, constitui mero exercício de poder de polícia, não havendo, portanto, óbice ao seu exercício por entidades não policiais.
>
> 3. O Código de Trânsito Brasileiro, observando os parâmetros constitucionais, estabeleceu a competência comum dos entes da federação para o exercício da fiscalização de trânsito.
> 4. Dentro de sua esfera de atuação, delimitada pelo CTB, os Municípios podem determinar que o poder de polícia que lhe compete seja exercido pela guarda municipal.
>
> 5. **O art. 144, §8º, da CF, não impede que a guarda municipal exerça funções adicionais à de proteção dos bens, serviços e instalações do Município. Até mesmo instituições**

> **policiais podem cumular funções típicas de segurança pública com exercício de poder de polícia.** Entendimento que não foi alterado pelo advento da EC nº 82/2014.
>
> 6. Desprovimento do recurso extraordinário e fixação, em repercussão geral, da seguinte tese: **é constitucional a atribuição às guardas municipais do exercício de poder de polícia de trânsito, inclusive para imposição de sanções administrativas legalmente previstas.**
>
> RE 658570/MG, rel. orig. Min. Marco Aurélio, red. p/ o acórdão Min. Roberto Barroso, 6.8.2015.

› **QUESTÃO 25.** Sobre o exercício do poder disciplinar da Administração Pública, é correto afirmar que tal poder

a) é exercido somente em face de servidores regidos pelas normas estatutárias, não se aplicando aos empregados públicos, regidos pela Consolidação das Leis do Trabalho.

b) admite a aplicação de sanções de maneira imediata, desde que tenha havido prova inconteste da conduta ou que ela tenha sido presenciada pela autoridade superior do servidor apenado.

c) é aplicável aos particulares, sempre que estes descumpram normas regulamentares legalmente embasadas, tais como as normas ambientais, sanitárias ou de trânsito.

d) é extensível a sujeitos que tenham um vínculo de natureza especial com a Administração, sejam ou não servidores públicos.

e) não contempla, em seu exercício, a possibilidade de afastamentos cautelares de servidores antes que haja o prévio exercício de ampla defesa e contraditório.

RESPOSTA:

A doutrina costuma apontar que o Poder Disciplinar pode decorrer do Poder Hierárquico, haja vista tratar-se a hierarquia de uma espécie de vinculação especial, mas também pode decorrer dos contratos celebrados pela Administração Pública, sejam regidos pelo direito público ou pelo direito privado.

Explique-se, nesta esteira, que a sanção aplicada em razão do exercício deste Poder não é uma sanção comum porque, em verdade, estar-se-á diante do poder de aplicar uma sanção decorrente de um vínculo especial entre a administração pública e o indivíduo que está sendo penalizado. O Poder Disciplinar consiste em um sistema punitivo interno e por isso não se pode confundir com o sistema punitivo exercido pela justiça penal muito menos com o exercício do Poder de Polícia. As pessoas que são atingidas por esse Poder possuem uma sujeição especial, um vínculo com a Administração Pública.

Por exemplo, ao estacionar em local proibido, um particular pode sofrer a penalidade de multa. A multa aplicada, neste caso, é penalidade que não guarda relação com o poder disciplinar. Não há, afinal, qualquer vínculo especial entre a Administração e o particular infrator. Esta multa decorre do poder geral da Administração e encerra prerrogativa decorrente do exercício do Poder de Polícia Administrativa.

É oportuno ressaltar que essas sanções - decorrentes do Poder Disciplinar - não podem ser impostas aos particulares, já que estes não possuem o vínculo já mencionado e, portanto, não estão sujeitos à disciplina interna do Estado.

› **QUESTÃO 26.** A administração pública de determinado município brasileiro constatou o funcionamento irregular de um estabelecimento que comercializava refeições. Nessa hipótese,

I. se houver tentativa do proprietário para impedir o fechamento do estabelecimento, a administração poderá utilizar-se da força pública, independentemente de decisão liminar.

II. a administração, com a utilização de seus próprios meios, poderá impedir o funcionamento do estabelecimento.

III. a administração estará impedida de utilizar o critério da discricionariedade para impedir o funcionamento do estabelecimento.

IV. a administração deverá utilizar a polícia judiciária para executar o ato de impedir o funcionamento do estabelecimento.

Estão certos apenas os itens

a) I e II.

b) I e III.

c) III e IV

d) I, II e IV.

e) II, III e IV.

RESPOSTA:

Item I: correto; nesta assertiva, a banca examinadora faz referência ao atributo do poder de polícia denominado de autoexecutoriedade, o qual está frequentemente presente nas medidas de polícia onde a Administração pode executar suas próprias decisões sem interferência do Poder Judiciário.

Tal atributo apenas existe quando há lei permitindo ou situações urgentes, a exemplo de apreensão de alimentos inviáveis ao consumo. Em tais situações emergenciais, a doutrina admite, inclusive, a figura do **contraditório diferido**. Explique-se. Diante de uma situação extraordinária, para garantia do interesse público, compete à administração a prática do ato de polícia, de forma a impedir o prejuízo à coletividade, conferindo o direito de defesa após a prática do ato.

Item II: correto; pois trata do atributo do poder de polícia denominado de coercibilidade, o qual torna o ato obrigatório, devendo este ser obedecido independente da vontade do administrado, caso em que a Administração pode usar meios indiretos de coerção para cumprir a determinação. São inseparáveis a Autoexecutoriedade e a Coercibilidade.

Item III: incorreto; no caso apresentado pela questão não há impedimento para a utilização do atributo da discricionariedade do poder de polícia, a qual é compreendida como a liberdade estabelecida em lei ao administrador para decidir perante o caso concreto.

Item IV: incorreto; a situação exposta no enunciado da questão não enseja a utilização, por parte da Administração Pública, da polícia judiciária para executar o ato de impedir o funcionamento do estabelecimento.

Na verdade, verifica-se a necessidade da incidência do denominado Poder de polícia administrativo que tem por característica ser uma atividade tipicamente administrativa, de forma que já existe em lei quando o Administrador assim as impõe e que têm por fim o interesse público, através de restrições ao exercício de liberdades individuais e o uso, gozo e disposição da propriedade privada.

Com efeito, a polícia judiciária incide sobre pessoas, de forma ostensiva ou investigativa, evitando e punindo infrações às normas penais. Por sua vez, a polícia administrativa incide sobre bens (uso da propriedade) e direitos (exercício de liberdades), condicionando esses bens e direitos à busca pelo interesse da coletividade.

Nesse sentido, o poder de polícia administrativa se manifesta por meio de atos preventivos ou repressivos para alcançar o seu mister, qual seja, adequar os direitos dos particulares ao interesse geral.

> **QUESTÃO 27.** Os poderes administrativos são prerrogativas outorgadas aos agentes públicos para a consecução dos interesses da coletividade. A respeito desses poderes, assinale a opção correta.

a) O pagamento de multa aplicada em decorrência do poder de polícia não pode configurar condição para que a administração pratique outro ato em favor do interessado.

b) O poder restritivo da administração, consubstanciado no poder de polícia, não se limita pelos direitos individuais.

c) O poder vinculado refere-se à faculdade de agir atribuída ao administrador.

d) Entre os poderes administrativos incluem-se o poder disciplinar, o poder regulamentar e o poder jurídico.

e) Poder regulamentar é a prerrogativa concedida à administração pública de editar atos gerais para complementar as leis e permitir a sua efetiva aplicação.

RESPOSTA:

O poder regulamentar ou normativo se traduz no poder conferido à Administração Pública de expedir normas gerais, ou seja, atos administrativos gerais e abstratos com efeitos *erga omnes*. Não se trata de poder para a edição de leis, mas apenas um mecanismo para a edição de normas complementares à lei. Trata-se de prerrogativa dada à Administração Pública de editar esses atos e permitir sua efetiva aplicação sempre limitada pela lei.

O poder normativo facilita a compreensão do texto legal. Os seus atos são sempre inferiores à lei e visam regulamentar determinada situação de caráter geral e abstrato, pois facilitam a execução da lei, minudenciando seus termos.

Nesse sentido, somente a lei é capaz de inovar no ordenamento jurídico, criando ou extinguindo direitos e obrigações a todos os cidadãos. A lei é a fonte primária do Direito Administrativo e somente ela estabelece regras, em caráter inicial que obrigam toda a atuação do administrador público.

> **QUESTÃO 28.** Sobre o poder de polícia, assinale a alternativa incorreta.

a) Segundo o STF, o art. 144, § 8º, da CF ("Os Municípios poderão constituir guardas municipais destinadas à proteção de seus bens, serviços e instalações, conforme dispuser a lei"), não impede que a guarda municipal exerça funções adicionais à de proteção dos bens, serviços e instalações do Município, incluindo o exercício do poder de polícia para fiscalização do trânsito, que não é prerrogativa exclusiva das entidades policiais.

b) Segundo o STF, a taxa de renovação de licença de funcionamento é constitucional, desde que haja o efetivo exercício do poder de polícia, não bastando para sua demonstração a mera existência de órgão administrativo que possua estrutura e competência para a realização da atividade de fiscalização.

c) A edição de atos normativos pode caracterizar a atuação de polícia administrativa, por exemplo, quando impõe limitações administrativas ao exercício dos direitos e de atividades individuais.

d) Atos de polícia administrativa podem ser expedidos no exercício de competência discricionária ou vinculada, conforme o caso.

RESPOSTA:

Conforme o entendimento do Supremo Tribunal Federal é constitucional a taxa de renovação de licença para localização de estabelecimento, sendo necessária apenas a mera existência de órgão administrativo que possua estrutura e competência para a realização da atividade de fiscalização. Vejamos.

> EMENTA: DIREITO TRIBUTÁRIO. AGRAVO REGIMENTAL EM RECURSO EXTRAORDINÁRIO. TAXA DE LICENÇA PARA LOCALIZAÇÃO DE ESTABELECIMENTO. CONSTITUCIONALIDADE. BASE DE CÁLCULO. PROPORCIONALIDADE COM O CUSTO DA ATIVIDADE ESTATAL DE FISCALIZAÇÃO. PRECEDENTES.

1. Nos termos da jurisprudência da Corte, a taxa de renovação de licença de funcionamento é constitucional, desde que haja o efetivo exercício do poder de polícia, **o qual é demonstrado pela mera existência de órgão administrativo que possua estrutura e competência para a realização da atividade de fiscalização.** 2. A base de cálculo da taxa de fiscalização e funcionamento fundada na área de fiscalização é constitucional, na medida em que traduz o custo da atividade estatal de fiscalização. Quando a Constituição se refere às taxas, o faz no sentido de que o tributo não incida sobre a prestação, mas em razão da prestação de serviço pelo Estado. A área ocupada pelo estabelecimento comercial revela-se apta a refletir o custo aproximado da atividade estatal de fiscalização. 3. Agravo regimental a que se nega provimento.

RE 856185 AgR/PR – PARANÁ. AG.REG. NO RECURSO EXTRAORDINÁRIO. **Relator(a): Min. ROBERTO BARROSO. Julgamento: 04/08/2015. Órgão Julgador: Primeira Turma.**

> **QUESTÃO 29.** Com relação aos Poderes da Administração, marque a opção correta.

a) O supremo Tribunal Federal decidiu que os conselhos reguladores de profissão têm natureza de autarquia. Tal decisão se fundamentou no fato de que elas atuam no exercício regular do poder de polícia, sendo este poder indelegável ao particular.

b) O poder de polícia poderá ser exercido pela administração indireta, dentre elas as autarquias e as sociedades de economia mista.

c) O poder de polícia é sempre discricionário, cabendo ao executor do ato de polícia decidir pela conveniência e oportunidade.

d) Não há contraditório quando o Estado age revestido do poder de polícia. No momento em que os agentes de vigilância sanitária apreendem mercadorias impróprias para o consumo, diante da flagrância, afasta-se o contraditório, por expressa determinação constitucional.

e) A sanção de polícia prescreve em 3 anos, contados da data do ato, ou no caso de infrações permanentes, do dia em que tiver cessado.

RESPOSTA:

É pacífico o entendimento da doutrina e jurisprudência que os atos que manifestem expressão do Poder Público, de autoridade pública, como a Polícia Administrativa, não podem ser delegados porque ofenderiam o equilíbrio entre os particulares em geral e colocariam em risco a ordem social. De fato, o Poder de Polícia é considerado atividade típica de Estado e, portanto, **somente pode ser exercido pelas pessoas jurídicas de direitos público componentes da Administração Direta ou da Administração Indireta.**

No que tange à possibilidade de delegação, o Supremo Tribunal Federal, ao julgar a Ação Direta de Inconstitucionalidade n. 1717, que analisava a constitucionalidade do art. 58, da Lei 9.649/98, declarou que os conselhos reguladores de profissão têm natureza jurídica de autarquia, uma vez que atuam no exercício do poder de polícia, ao estabelecer restrições ao exercício da liberdade profissional e que tal poder é indelegável a particulares. É fato que tais Conselhos de Profissão atuam no exercício do poder de polícia pelo fato de limitarem e definirem o contorno para o exercício das profissões e ofícios por eles regulados, exigindo licenças para o exercício da atividade e aplicando penalidades, pelo que, não podem ostentar a qualidade de particulares.

> QUESTÃO 30.

"Afirmar que o poder de polícia não pode ser delegado por ser uma atividade adstrita à soberania estatal e o Estado não pode delegar aquilo que é ligado a sua soberania, trata-se de um posicionamento superado. Nem tudo ligado ao poder de polícia é vinculado à soberania do Estado, ou seja, ao poder de império, pois existem atividades ligadas ao poder de polícia que correspondem ao poder de gestão, que são justamente aquelas praticadas sem que o Estado utilize de sua supremacia sobre os destinatários". (PINHEIRO MADEIRA. 2014)

Assinale a alternativa em que se encontram as fases que podem ser delegadas a entidades privadas.

a) Sanção de polícia e consentimento de polícia.

b) Ordem de polícia e sanção de polícia.

c) Ordem de polícia e fiscalização de polícia.

d) Consentimento polícia e fiscalização de polícia.

e) Ordem de polícia e consentimento de polícia.

RESPOSTA:

A questão aborda o tema referente aos ciclos de polícia e delegação. Assim, considerando que o poder de polícia é parcialmente delegável, alguns autores nacionais divide a atividade em quatro ciclos: 1º- ordem de polícia, 2º- consentimento de polícia, 3º-fiscalização de polícia e 4º- sanção de polícia.

Desta forma, a ordem de polícia decorre do atributo da imperatividade, impondo restrições aos particulares, dentro dos limites da lei, independentemente de sua concordância, como ocorre, por exemplo, nos casos em que se veda a aquisição de armas de fogo, se proíbe o estacionamento de veículos em determinada avenida, entre outros.

O consentimento de polícia está presente nas hipóteses em que a lei autoriza o exercício de determinada atividade condicionada à aceitabilidade estatal. Pode se manifestar por meio de autorizações e licenças.

O terceiro ciclo decorre da possibilidade conferida ao ente estatal de controlar as atividades submetidas ao poder de polícia, com o intuito de verificar seu cumprimento, podendo, para tanto, se valer de inspeções, análise de documentos, entre outras formas.

Por fim, a atividade de polícia administrativa pode ensejar a aplicação de penalidades, notadamente, nas situações em que se verifica o descumprimento das normas impostas pelo poder público, justificando a culminação de sanções, como multas e embargos de obras, por exemplo.

Considerando a divisão da atividade de polícia administrativa em 4 momentos diversos, portanto, o gabarito da questão aponta, justamente, que os 2° e 3° ciclos seriam delegáveis, pois estariam ligadas ao poder de gestão do Estado, enquanto que os 1° e 4° ciclos seriam indelegáveis por retratarem atividade de império, típicas das Pessoas Jurídicas de Direito Público.

> **QUESTÃO 31.** Relativamente ao poder regulamentar, à regulação e ao poder de polícia administrativa, assinale a opção correta.

a) O regulamento autônomo diferencia-se do regulamento de execução porque, enquanto este é editado com fundamento na lei, aquele possui fundamento direto na Constituição, sendo possível, portanto, que inove na ordem jurídica.

b) Nem todos os atos de polícia são autoexecutórios, mas todos possuem o atributo da coercibilidade na medida em que impõem restrições ou condições que devem ser obrigatoriamente cumpridas pelos particulares.

c) No âmbito federal, adota-se o limite temporal de três anos para o exercício de ação punitiva pela administração pública no exercício do poder de polícia, objetivando apurar infração à legislação em vigor.

d) No exercício do poder regulamentar, compete ao presidente da República sancionar, promulgar e fazer publicar as leis e as propostas de emenda à Constituição, bem como expedir decretos e regulamentos que disciplinem sua execução.

e) O poder regulamentar exercido pelo chefe do Poder Executivo não se confunde com o poder regulatório atribuído a certas entidades administrativas. Ambos possuem, porém, conteúdo eminentemente técnico e englobam o exercício de atividades normativas, executivas e judicantes.

RESPOSTA:

Os regulamentos de execução são aqueles editados para a fiel execução da lei. Este regulamento não pode inovar o ordenamento jurídico, mas somente pode complementar a lei. Caso inove o ordenamento jurídico haverá violação ao Princípio da legalidade. Trata-se, portanto, de atos normativos que complementam os dispositivos legais, não trazendo inovação na ordem jurídica, com a criação de direitos e obrigações. A submissão à lei é inerente a esses atos, inclusive, em respeito ao disposto no art. 5º, II, da Carta Magna, que proíbe a qualquer ato normativo, que não a lei, a inovação jurídica com a criação e extinção de direitos.

Já os regulamentos autônomos atuam substituindo a lei e têm o condão de inovar o ordenamento jurídico, determinando normas sobre matérias não disciplinadas em lei. São substitutos da lei e não seus facilitadores, uma vez que são expedidos sem contemplar qualquer lei anterior (art. 84, VI, da Constituição Federal).

> **QUESTÃO 32.** Assinale a opção correta com relação ao poder regulamentar e ao poder de polícia administrativa.

a) O poder de polícia administrativa tem como uma de suas características a autoexecutoriedade, entendida como sendo a prerrogativa de que dispõe a administração para praticar atos e colocá-los em imediata execução sem depender de autorização judicial.

b) O exercício do poder de polícia administrativa é sempre discricionário, caracterizando-se por conferir ao administrador liberdade para escolher o melhor momento de sua atuação ou a sanção mais adequada no caso concreto, por exemplo, quando houver previsão legal de duas ou mais sanções para determinada infração.

c) No exercício da atividade de polícia, a administração atua por meio de atos concretos e impositivos que geram deveres e obrigações aos indivíduos, não sendo possível considerar que a edição de atos normativos caracterize atuação de polícia administrativa.

d) O poder regulamentar é prerrogativa concedida textualmente pela CF ao chefe do Poder Executivo federal que não se estende aos governadores e aos prefeitos.

e) No exercício do poder regulamentar, o presidente da República pode dispor, mediante decreto, sobre a organização e o funcionamento da administração federal, quando tal ato administrativo não implicar aumento de despesa; sobre a criação e extinção de órgãos públicos; sobre a extinção de funções ou cargos públicos, quando estes estiverem vagos.

RESPOSTA:

A autoexecutoriedade pode ser verificada com frequência nas medidas de polícia onde a Administração pode executar suas próprias decisões sem interferência do Poder Judiciário. A existência deste atributo depende de permissão legal ou do surgimento de uma situação urgente. Neste último caso, a doutrina admite, inclusive, a figura do **contraditório diferido**.

Assim, em determinada situação extraordinária, para garantia do interesse público, compete à administração a prática do ato de polícia, de forma a impedir o prejuízo à coletividade, conferindo o direito de defesa após a prática do ato. É o caso de um prédio que está prestes a ruir, configurando perigo à sociedade. O ente estatal pode determinar e executar a demolição do prédio, adiando o exercício do contraditório por parte do proprietário.

› **QUESTÃO 33.** Assinale a alternativa correta sobre o poder de polícia:

a) Ele é passível de delegação a particulares.

b) Tem, como atributos exclusivos, a discricionariedade e a coercibilidade.

c) Inexiste vedação constitucional para que pessoas administrativas de direito privado possam exercê-lo na sua modalidade fiscalizatória.

d) Qualifica-se como atividade positiva da Administração.

e) Os atos a ele inerentes não se sujeitam ao princípio da anterioridade.

RESPOSTA:

O exercício do poder de polícia na modalidade fiscalizatória é admitido pela doutrina. Assim, a doutrina majoritária considera a impossibilidade da delegação do poder de polícia, propriamente dito, inclusive para as pessoas jurídicas de direito privado da administração indireta. Contudo, em tais casos, é possível transferir a esses entes somente o poder de fiscalizar e de emanar atos de consentimentos (como carteiras de habilitação), não podendo legislar acerca da matéria ou aplicar sanções a particulares.

Por fim, vale a pena ressaltar que, o Supremo Tribunal Federal, em 2020, firmou tese no sentido de que as entidades privadas da Administração Indireta que atuam na prestação de serviços públicos em regime não concorrencial podem executar atividade de polícia mediante delegação. Vejamos o entendimento apresentado no RE 633782 em sede de repercussão geral:

> *"É constitucional a delegação do poder de polícia, por meio de lei, a pessoas jurídicas de direito privado integrantes da Administração Pública indireta de capital social majoritariamente público que prestem exclusivamente serviço público de atuação própria do Estado e em regime não concorrencial".*

> **QUESTÃO 34.** Entre as alternativas abaixo apresentadas, aponte aquela que não representa um vício de desvio de poder na atividade administrativa:

a) A exoneração, de ofício, de ocupante de cargo comissionado ao qual se atribui a prática de falta grave.

b) A remoção de servidor fundada em justificativa genérica e subjetiva da presença de interesse público.

c) A remoção desmotivada de servidor concursado, pelo administrador público.

d) A concessão de alvará à casa de prostituição para funcionamento como discoteca ou danceteria.

e) A concessão de uso especial para fins de moradia a possuidor que é proprietário de outro imóvel urbano ou rural.

RESPOSTA:

O **desvio de poder** ocorre quando o agente do Estado pratica determinado ato, dentro dos limites da competência a ele conferida, mas visando alcançar certa finalidade que não possui previsão legal. O art. 2º, parágrafo único, "e", da Lei n. 4.717/65 denomina essa situação de **desvio de finalidade** e também enseja a nulidade do ato administrativo, em virtude de vício em um dos seus elementos, qual seja a finalidade. Trata-se de vício subjetivo do agente e sempre de difícil comprovação para o sujeito prejudicado pelo ato viciado, uma vez que o ato goza de aparente legalidade.

O gabarito da questão aponta uma situação que envolve determinado **cargo em comissão.** Este tipo de cargo representa uma unidade indivisível de atribuições, prevista na estrutura organizacional do estado, para execução de atribuições de direção, chefia ou assessoramento, ou seja, funções que exigem a confiança direta e pessoal da autoridade pública. Em virtude desta situação, tais cargos podem ser preenchidos por quaisquer pessoas, integrantes ou não dos quadros da

Administração Pública, mediante nomeação livre, sem a necessidade de prestação de concurso público ou qualquer procedimento seletivo, ainda que simplificado.

Por se tratar de relação de confiança entre agentes, a exoneração do servidor ocupante deste cargo é de livre iniciativa de sua chefia, sem a necessidade de qualquer motivação ou garantia de contraditório. A doutrina costuma designar como exoneração *ad nutum* a dispensa do servidor comissionado. Nestes casos, não há nenhuma garantia ao agente público detentor do cargo que poderá, a qualquer tempo, ser destituído do vínculo que possui com o poder público. Em resumo, os cargos em comissão são cargos de livre nomeação e livre exoneração pela autoridade nomeante.

Com isso, verifica-se que o gabarito da questão indica que a exoneração, de ofício, de servidor público ocupante de cargo comissionado, em razão de falta grave, não representa vício de desvio de poder.

> **QUESTÃO 35.** Sobre o poder de polícia, assinale a alternativa correta.

a) O poder de polícia é um poder discricionário por natureza, destinado à defesa da segurança nacional.

b) A licença é um ato de consentimento administrativo plenamente vinculado por meio do qual se faculta ao particular o exercício de uma atividade.

c) O poder de polícia consiste na imposição de restrições, condicionamentos e conformações a direitos individuais, mas não a imposição de deveres aos particulares.

d) O exercício do poder de polícia configura fato gerador do tributo denominado contribuição social.

e) A delegação de atos de polícia administrativa a particulares é, em regra, admitida no Direito brasileiro.

RESPOSTA:

Segundo a doutrina tradicional, a discricionariedade pode ser apontada como uma das características do Poder de Polícia. Assim, o entendimento doutrinário aponta que os atos de polícia possuem a discricionariedade como regra.

Com efeito, **não** se pode dizer que o poder de polícia é **sempre discricionário**, porque ele também se pode manifestar por atos vinculados, como, por exemplo, as licenças para construção. Nesses casos, a lei estabelece requisitos objetivos para a concessão da licença e, uma vez cumpridos os requisitos legais, o particular terá direito subjetivo à concessão do alvará pleiteado, sem que o agente público tenha qualquer margem de escolha.

Portanto, importante ter em mente a leitura da assertiva, em provas objetivas de concursos. Caso estabeleça a discricionariedade como atributo ou característica do Poder de Polícia, pode ser considerada verdadeira, mas não será verdadeira se estabelecer que o poder de polícia é sempre discricionário.

> **QUESTÃO 36.** O regime jurídico administrativo compreende um conjunto de prerrogativas e sujeições aplicáveis à Administração e expressa-se sob a forma de princípios informativos do Direito Público, bem como pelos poderes outorgados à Administração, entre os quais se insere o poder normativo, que

a) não se restringe ao poder regulamentar, abarcando também atos originários relativos a matéria de organização administrativa.

b) permite a edição de atos discricionários, com base em critérios de conveniência e oportunidade e afasta a vinculação a requisitos formais.

c) autoriza a Administração a impor limites às atividades privadas em prol do interesse público.

d) é o instrumento pelo qual a Administração disciplina a execução da lei, editando normas que podem inovar em relação ao texto legal para a criação de obrigações aos administrados.

e) compreende a aplicação de sanções àqueles ligados à Administração por vínculo funcional ou contratual.

RESPOSTA:

A doutrina tradicional refere-se a poder regulamentar como sinônimo de poder normativo. Ocorre que, modernamente, por se tratar de conceituação restrita (uma vez que abarca a edição de regulamentos apenas, excluindo os outros atos normativos próprios da atuação do Estado), o Poder Regulamentar vem sendo tratado como espécie do Poder Normativo. Afinal, além da edição de regulamentos, o Poder Normativo abarca a edição de outros atos normativos, tais como deliberações, instruções, resoluções.

Dessa forma, pode-se afirmar que o poder normativo não se restringe ao poder regulamentar, pois não se limita à edição de regulamentos, abrangendo a expedição de diversos atos normativos, tais como as deliberações, instruções normativas entre outros.

> **QUESTÃO 37.** No âmbito de certo município, pretende-se delegar o poder de polícia de trânsito para determinada sociedade de economia mista de capital majoritariamente público, prestadora exclusiva de serviço público em regime não concorrencial, integrante da administração pública indireta municipal.

Nessa situação hipotética, consoante a Constituição Federal de 1988 e a jurisprudência do STF, a delegação pretendida

a) é possível e poderá ser formalizada por meio de decreto da prefeitura local.

b) não é possível, porquanto a atividade de polícia de trânsito consiste em atuação típica do Estado.

c) não é possível, considerada a incompatibilidade existente entre o regime celetista das estatais prestadoras de serviços públicos e o exercício de atividade de polícia administrativa.

d) é possível quanto aos atos fiscalizatórios da polícia de trânsito, assim como em relação à aplicação de multas de trânsito.

e) é possível desde que a sociedade de economia mista preste exclusivamente serviço público de atuação própria do Estado, ainda que em regime concorrencial.

RESPOSTA:

A doutrina entende ser possível a delegação dessas atividades de mera execução do poder de polícia. São os chamados **aspectos materiais** do poder de polícia que podem ser delegados aos particulares. A colocação dos radares e encaminhamento das multas ao ente público não se configuram atos de polícia propriamente ditos. Nesse caso, a justificativa é de que a medida assegura igualdade de tratamento aos administrados, não provocando nenhum tipo de desequilíbrio. Em suma, delega-se apenas a execução, mas não o poder de polícia em si.

No mesmo sentido, os atos de execução sucessivos aos atos de polícia e que decorram de uma ordem emanada pelo Estado. Por exemplo, ao determinar a demolição de um logradouro privado, prestes a ruir, o ente público está atuando no exercício do poder de polícia. Depois de emanado o ato que determina a demolição, é possível a contratação de uma empresa que ficaria responsável pela execução.

> **QUESTÃO 38.** A respeito do uso e do abuso de poder, assinale a opção correta.

a) O abuso de poder somente pode revestir-se de forma comissiva.

b) A prática de ato administrativo com abuso de poder será sempre passível de convalidação.

c) Incorrerá em excesso de poder o administrador público que, buscando prestigiar interesse particular, decretar a desapropriação de determinado imóvel rural sob a alegação de interesse social.

d) A invalidação da conduta abusiva deve ser realizada por meio de ação judicial, não cabendo a autotutela da administração pública.

e) A falta de motivo de ato administrativo revela elemento indiciário do desvio de poder.

RESPOSTA:

O desvio de poder estará presente sempre que o agente do Estado praticar o ato, até mesmo dentro dos limites da competência a ele conferida, mas visando a alcançar outra finalidade que não aquela prevista em lei. O art. 2º, parágrafo único, "e" da Lei n. 4.717/65 denomina essa situação de **desvio de finalidade** e também enseja a nulidade do ato administrativo, em virtude de vício em um dos seus elementos, qual seja a finalidade. Trata-se de vício subjetivo do agente e sempre de difícil comprovação para o sujeito prejudicado pelo ato viciado, uma vez que o ato goza de aparente legalidade.

O desvio de poder pode manifestar-se em duas situações diferentes, a saber.

- O agente público pratica um ato visando interesses individuais, de caráter pessoal, sem atentar para o interesse público. Isso pode ser feito em benefício próprio ou de um amigo ou até mesmo na intenção de causar transtornos a um desafeto seu ou de sua família. Nesse caso, há clara violação ao princípio da impessoalidade.

- A autoridade pública pratica o ato respeitando a busca pelo interesse público, mas não respeitando a finalidade especificada por lei para aquele determinado ato. Por exemplo, a exoneração é a perda do cargo de um servidor público sem finalidade punitiva, enquanto a demissão tem essa finalidade. Não é lícito ao administrador exonerar um servidor subordinado que cometeu infração, porque foi desrespeitada a finalidade legal para a prática do ato.

> QUESTÃO 39. Na seara dos poderes administrativos, o poder de polícia é instituto de grande relevância na sistemática do Direito Administrativo. Sobre a matéria, assinale a alternativa correta.

a) O fundamento jurídico para o exercício do poder de polícia é o princípio da preponderância do interesse público sobre o particular, que dá à Administração posição de hegemonia sobre os administrados.

b) São exemplos de atos da polícia administrativa fiscalizadora, a dissolução de uma reunião subversiva e o fechamento de estabelecimento comercial aberto sem observância das regras sanitárias.

c) No tocante aos atributos do poder de polícia, pode-se dizer que são vinculados e que possuem autoexecutoriedade e coercibilidade.

d) Os atos expressivos do Poder Público, dentre eles a polícia administrativa, podem ser delegados a particulares, em decorrência da aplicação do princípio do equilíbrio social.

e) A polícia administrativa repressiva pode ser exercida por meio de atos normativos, como regulamentos e portarias, que são disposições que delimitam a atividade do particular.

RESPOSTA:

É evidente que o Estado deve atuar à sombra do Princípio da Supremacia do Interesse Público e, na busca incessante pelo atendimento do interesse coletivo, pode estipular restrições e limitações ao exercício de liberdades individuais e, até mesmo, ao direito de propriedade do particular. Neste contexto, nasce o Poder de Polícia, decorrente da supremacia geral da Administração Pública, ou seja, aplicando-se a todos os particulares, sem a necessidade de demonstração de qualquer vínculo de natureza especial.

Isso porque, não obstante a Carta Magna e a legislação infraconstitucional definam direitos e garantias aos particulares, o exercício desses direitos deve ser feito em adequação ao interesse público. Dessa forma, na busca do bem-estar da sociedade, o Estado pode definir os contornos do exercício do direito de propriedade e, até mesmo, de liberdades e garantias fundamentais, criando-lhes restrições e adequações.

A definição do Poder de Polícia tem base legal e doutrinária ricas. Para conceituar Poder de Polícia ficaremos com as palavras de Fernanda Marinela[4] *"uma atividade da Administração Pública que se expressa por meio de seus atos normativos ou concretos, com fundamento na supremacia geral e, na forma da lei, de condicionar a liberdade e a propriedade dos indivíduos mediante ações fiscalizadoras, preventivas e repressivas"*.

> **QUESTÃO 40.** É correto afirmar sobre a organização da Administração Pública.

a) As sociedades de economia mista são pessoas jurídicas de direito privado, que possuem na sua composição societária a participação exclusiva de capital do ente público que a criou.

b) O órgão público é criado para o desempenho de funções públicas essenciais e integra a estrutura da administração pública indireta do Poder Executivo.

c) Haverá descentralização por outorga, quando o Município criar uma entidade e lhe transferir a titularidade do serviço a ser prestado.

4. MARINELA, Fernanda. Direito Administrativo, Niterói, Editora Impetus, 6ª Ed. 2012.

d) Em decorrência da aplicação do princípio do controle administrativo, as autarquias deverão prestar contas à entidade administrativa que lhe transferiu a execução de determinado serviço público.

e) São pessoas jurídicas de direito público a União, os Estados e os Municípios, e, de direito privado, as autarquias, as agências reguladoras e as sociedades de economia mista.

RESPOSTA:

A doutrina preconiza que a descentralização pode ser feita mediante **outorga** ou **delegação** de serviços. Na outorga, é transferida a titularidade e a execução do serviço público, à pessoa jurídica diversa do Estado, ao passo que, na delegação, apenas a execução é transferida, permanecendo com o Estado a titularidade do serviço.

Para a doutrina majoritária, a **outorga** é conferida, somente, para pessoas jurídicas de direito público, como as autarquias ou fundações públicas de direito público, as quais se tornam titulares do serviço a elas transferido, executando essas atividades por sua conta e risco, sem, contudo, excluir o controle dos entes federativos. A outorga, também denominada de **descentralização por serviço ou descentralização funcional**, é feita sempre mediante edição de lei específica que cria essas entidades e a elas transfere a atividade pública. Deve ser ressaltado, contudo, que mesmo quando o estado transfere a titularidade do serviço, ele se mantém responsável pelos danos decorrentes da atividade, de forma subsidiária.

Por sua vez, a **delegação** é feita para particulares, mediante a celebração de contratos ou aos entes da Administração Indireta regidos pelo direito privado, tais como as empresas públicas e as sociedades de economia mista, que se tornam executoras do serviço, mantendo-se a titularidade de tais atividades nas mãos do ente delegante.

> **QUESTÃO 41.** A respeito do instituto jurídico das autarquias, é correto afirmar:

a) em razão da descentralização que enseja a criação da autarquia, fica afastada a responsabilidade do Estado por eventuais danos gerados por essas pessoas jurídicas.

b) os contratos realizados pela autarquia seguem o regime jurídico administrativo, razão pela qual gozam da prerrogativa das cláusulas exorbitantes, não extensíveis aos contratados.

c) as autarquias desenvolvem atividades típicas de Estado e são criadas por lei ordinária específica, podendo ser extintas por ato normativo editado pelo Poder Executivo.

d) o controle externo sobre uma autarquia não pode ser feito pela entidade da Administração Direta que a criou, pois não é subordinada a nenhum órgão do Estado.

e) as autarquias submetem-se ao controle externo realizado pelos Tribunais de Contas e pelo Poder Judiciário, mas não podem ser objeto de controle externo pelo cidadão, via ação popular.

RESPOSTA:

Os contratos firmados pelas autarquias são administrativos, possuem as conhecidas cláusulas exorbitantes e garantem à administração prerrogativas que o contratado não possui, logo, dependem de prévia licitação, ressalvadas as hipóteses de dispensa ou inexigibilidade, e precisam respeitar as normas da lei de licitações e contratos administrativos.

Isso decorre do fato de que, por ostentarem qualidade de pessoas jurídicas de direito público, as entidades autárquicas se relacionam com particulares com grau de supremacia, gozando de todas as prerrogativas estatais.

Dessa forma, dispõe a nova Lei de Licitações, em seu artigo 104, que o regime jurídico dos contratos administrativos confere à Administração, em relação a eles, a prerrogativa de modificá-los, unilateralmente, no que tange ao projeto ou ao valor contratado, para melhor adequação às finalidades de interesse público, respeitados os direitos do contratado; rescindi-los, unilateralmente, por motivo de interesse público, ou por inadimplemento do particular contratado; fiscalizar-lhes a execução; aplicar sanções motivadas pela inexecução total ou parcial do ajuste, mediante processo administrativo em que se respeite o contraditório e a ampla defesa e, nos casos de serviços essenciais, ocupar provisoriamente bens móveis, imóveis, pessoal e serviços vinculados ao objeto do contrato, na hipótese da necessidade de acautelar apuração administrativa de faltas contratuais pelo contratado, bem como na hipótese de rescisão do contrato administrativo.

Por sua vez, por exigência expressa do art. 37, XXI da CF, esses contratos serão precedidos de licitação, salvo as hipóteses legais em que seja admitida a contratação direta, devidamente fundamentada.

> **QUESTÃO 42.** Submetem-se ao regime jurídico próprio das empresas privadas, inclusive no que tange aos direitos e às obrigações de natureza civil, comercial, tributária e trabalhista,

a) sociedades de economia mista exploradoras de atividade econômica.
b) sociedades de economia mista prestadoras de serviços públicos.
c) fundações públicas.
d) autarquias.
e) agências reguladoras.

RESPOSTA:

Caso as sociedades de economia mistas sejam exploradoras de atividades econômicas, essas empresas terão seu regime mais aproximado do direito privado, sendo aplicado o direito público somente em caráter excepcional, definindo obrigações a serem seguidas pelas entidades, com a intenção de resguardar o interesse público.

A título de exemplo, se forem exploradoras de atividade econômica, aplica-se o art. 150, §3º da CR/88, que não admite privilégios tributários a essas entidades. Vejamos.

> § 3º - As vedações do inciso VI, "a", e do parágrafo anterior não se aplicam ao patrimônio, à renda e aos serviços, relacionados com exploração de atividades econômicas regidas pelas normas aplicáveis a empreendimentos privados, ou em que haja contraprestação ou pagamento de preços ou tarifas pelo usuário, nem exonera o promitente comprador da obrigação de pagar imposto relativamente ao bem imóvel.

› **QUESTÃO 43.** Relativamente às empresas públicas e sociedades de economia mista, é correto afirmar que

a) estão sujeitas ao mesmo regime jurídico das autarquias, inclusive quanto aos seus direitos e obrigações civis, comerciais, trabalhistas e tributários.

b) terão os seus procedimentos licitatórios e contratos regidos pela Lei Federal de Licitações e contratos administrativos.

c) não poderão gozar de privilégios fiscais não extensivos às empresas do setor privado.

d) terão no Conselho de Administração um representante do órgão regulador da sua área de atuação.

e) poderão alterar unilateralmente seus contratos, quando houver modificação do projeto ou das especificações, para melhor adequação técnica aos seus objetivos.

RESPOSTA:

Na definição do gabarito desta questão, a banca examinadora utilizou o art. 173, 2º, da Constituição Federal, o qual dispõe que "as empresas públicas e as sociedades de economia mista não poderão gozar de privilégios fiscais não extensivos às do setor privado".

Sendo assim, se o ramo de atividade econômica que é objeto de exploração da empresa estatal gozar de isenção legal de tributo, esta isenção será estendida a esta entidade, todavia, não pode gozar de qualquer privilégio fiscal diferenciado, pelo fato de ser uma empresa estatal.

Ainda que a empresa estatal atue na prestação de serviços públicos, por se submeter a regime jurídico próprio das empresas privadas, não é possível a concessão de imunidade tributária.

> **QUESTÃO 44.** Em seu sentido subjetivo, o termo Administração pública designa os entes que exercem a atividade administrativa. Desse modo, a Defensoria Pública do Estado do Paraná,

a) é pessoa jurídica de direito público e possui capacidade processual, podendo ser configurada como autarquia *sui generis* – sociedade pública de advogados, embora não seja instituição autônoma com sede constitucional.

b) possui capacidade processual para ingressar com ação para a defesa de suas funções institucionais por expressa previsão legal, embora não seja pessoa jurídica de direito público.

c) é pessoa jurídica de direito público e possui capacidade processual, podendo, caso haja expressa previsão legal, integrar a pessoa jurídica "Estado do Paraná" por ser instituição autônoma com sede constitucional.

d) integra a pessoa jurídica de direito público "Estado do Paraná" e possui capacidade jurídica, sendo representada, em juízo, pela Procuradoria do Estado em toda espécie de processo judicial de seu interesse.

e) integra a pessoa jurídica de direito público "Estado do Paraná" e possui capacidade jurídica, sendo representada, em juízo, pela Procuradoria do Estado em toda espécie de processo judicial de seu interesse, exceto ações trabalhistas que tramitarem na Justiça do Trabalho.

RESPOSTA:

Para entender o gabarito desta questão é necessário compreender inicialmente que órgão público não tem personalidade jurídica, logo, não tem vontade própria. Todos eles são meros instrumentos de ação do Estado, não podendo ser sujeitos de direitos e obrigações. Pode-se dizer que são centros de competência especializada, dispostos, na intimidade de uma pessoa jurídica, com a intenção de garantir especialização nas atividades prestadas e, consequentemente, maior eficiência.

Ainda na mesma esteira, o art. 1º, §2º, I da Lei 9.784/99 defende que o órgão público é somente uma unidade integrante de pessoa jurídica.

Além disso, é importante entender que a doutrina brasileira contempla a **teoria da institucionalização** que dispõe que, não obstante não tenham personalidade jurídica própria, determinados órgãos, em virtude de sua atuação, podem ganhar vida própria, por conta de sua história existencial. O exemplo clássico apontado pela doutrina é o exército brasileiro que exerce função estatal de defesa da soberania nacional e que reconhecidamente é titular de bens e pode atuar na vida jurídica mediante celebração de contratos e prática de atos administrativos. Essa posição doutrinária não depende de lei e se configura uma das manifestações de costume como fonte do Direito Administrativo.

Outrossim, não obstante não possuam, em nenhuma situação, personalidade jurídica própria, determinados órgãos públicos gozam de capacidade processual ativa, tais como os órgãos independentes e autônomos. Nesses casos, terão capacidade postulatória para agirem judicialmente, em nome próprio. Pode-se citar como exemplos a competência conferida ao Ministério Público e à Defensoria Pública para proporem ações civis públicas, nos moldes da Lei 7.347/85. É que eles agem em defesa de prerrogativas institucionais e sua capacidade decorre sempre da legislação aplicável.

O mesmo se pode dizer em relação à Câmara Municipal, órgão público que possui capacidade processual. Inclusive, acerca disso, dispõe o STJ, na Súmula 525, que "a Câmara de Vereadores não possui personalidade jurídica, somente podendo demandar em juízo para defender os seus direitos institucionais".

> **QUESTÃO 45.** Analise as assertivas abaixo:

I - A Administração Pública direta compreende os serviços imediatamente integrados na estrutura administrativa do chefe do Poder Executivo, a qual, no caso da esfera federal, é dirigida pelo Presidente da República, com auxílio dos Ministros de Estado, por aquele livremente escolhidos e exonerados. Na Administração Pública direta da esfera federal são ainda incluídos o Conselho da República e o Conselho de Defesa Nacional, órgãos consultivos do Presidente da República e constituídos exclusivamente por autoridades públicas.

II - A Administração Pública indireta dos entes federados pode compreender as seguintes entidades: autarquias; empresas públicas, sociedades de economia mista e fundações públicas.

III - Não integra a Administração Pública indireta da esfera federal a Ordem dos Advogados do Brasil, que é um serviço público independente, categoria ímpar no elenco das personalidades jurídicas existentes no direito brasileiro.

IV - A exploração direta de atividade econômica pelo Estado somente será permitida quando necessária aos imperativos da segurança nacional ou a relevante interesse coletivo, ressalvados casos previstos na Constituição da República. Em todos os casos, a exploração direta de atividade econômica pelo Estado será exclusivamente realizada mediante empresa pública, sociedade de economia mista e suas subsidiárias.

Assinale a alternativa CORRETA:

a) Todas as assertivas estão corretas.

b) Apenas as assertivas I e IV estão corretas.

c) Apenas as assertivas II, III e IV estão corretas.

d) Apenas as assertivas I, III e IV estão corretas.

e) Não respondida.

RESPOSTA:

Item I: incorreto; o erro da assertiva consiste no fato de que, com base no art. 89, da Carta Magna, o Conselho da República, órgão superior de consulta do Presidente da República, também possui participação de seis cidadãos brasileiros natos, respeitados determinados requisitos.

Item II: correto; assim como afirmado pela questão, vale ressaltar que são entes da Administração Indireta: 1. Autarquias, inclusive as associações públicas. 2. Fundações públicas. 3. Empresas públicas. 4. Sociedades de economia mista.

Item III: correto; a Ordem dos Advogados do Brasil não ostenta a qualidade de autarquia, destacando-se dos demais conselhos de profissão, sendo um serviço público independente, nas próprias palavras do Supremo Tribunal Federal, uma "***categoria ímpar no elenco das personalidades jurídicas existentes no direito brasileiro***".

Insta salientar que a matéria é controversa e enseja discussões doutrinárias, sendo a decisão analisada divergente do que vinham decidindo os tribunais superiores acerca da matéria. Inclusive, é pacífico o entendimento de que as ações propostas em face da Ordem dos Advogados do Brasil devem ser propostas na Justiça Federal, consoante disposição do art. 109, I, não obstante não se tenha definido a natureza jurídica desta entidade.

Item IV: correto; dispõe o art. 173, da Constituição Federal que, *"ressalvados os casos previstos nesta Constituição, a exploração direta de atividade econômica pelo Estado só será permitida quando necessária aos imperativos da segurança nacional ou a relevante interesse coletivo, conforme definidos em lei"*. De fato, mesmo naquelas hipóteses em que as empresas do estado executam atividades de cunho econômico, o fazem na busca do interesse da coletividade, ou visando à segurança nacional.

Além disso, o art. 2º, da Lei 13.303/16, preconiza que "a exploração de atividade econômica pelo Estado será exercida por meio de empresa pública, de sociedade de economia mista e de suas subsidiárias".

> **QUESTÃO 46.** Sobre as agências reguladoras, é correto afirmar:

a) embora possuam natureza jurídica de autarquia, são dotadas de regime especial, consistente em alto grau de autonomia, mandado fixo e estabilidade de seus dirigentes e poder de regulação mediante a edição de normas gerais e abstratas de natureza infralegal, em matérias de suas competências, e subordinada ao princípio da legalidade.

b) possuem natureza jurídica de autarquia – o que impõe criação e extinção por lei – e desenvolvem, sob regime jurídico de direito público, atividades próprias do Estado e com certa autonomia em relação à administração central, não diferindo, portanto, de suas congêneres.

c) por sua conformação constitucional distinta, não se subordinam ao modelo das autarquias, uma vez que possuem alto grau de autonomia que se expressa no mandato fixo e estabilidade de seus dirigentes e, no poder normativo, com possibilidade de inovar na ordem jurídica com edição de normas abstratas e gerais nas matérias de suas competências.

d) são dotadas de autonomia administrativa e financeira e hierárquica em relação à Administração Direta, como os demais entes autárquicos, mas dotadas de regime especial que se expressa na previsão de mandatos fixos e estabilidade de seus dirigentes.

RESPOSTA:

A agência reguladora é uma espécie de autarquia criada em regime especial para fiscalizar, regular, normatizar a prestação de serviços públicos por particulares, evitando a busca desenfreada pelo lucro dentro do serviço público.

A doutrina aponta que o regime diferenciado das agências reguladoras decorre da maior independência e autonomia que esta entidade goza em relação aos entes da Administração Direta, executando suas atividades com maior liberdade de atuação, embora ainda sujeita à supervisão ministerial.

Ademais as Agências Reguladoras possuem autonomia financeira, consoante entendimento de Marçal Justen Filho[5] que dispõe que *"o modelo de agências reguladoras comporta a atribuição de autonomia financeira, por meio de garantia de receitas vinculadas. Isso significaria a possibilidade de manutenção de sua estrutura e de seu funcionamento sem dependência de disputas políticas sobre a distribuição de verbas orçamentárias"*.

Ainda como garantia inerente ao seu regime especial, as Agências Reguladoras gozam de **poder normativo**, ou seja, podem regulamentar e normatizar diversas atividades de interesse social, criando normas que obrigam os prestadores de serviços, a fim de adequar a prestação do serviço ao interesse público.

› **QUESTÃO 47.** O Estatuto Jurídico das Empresas Públicas e Sociedades de Economia Mista e suas subsidiárias foi instituído com a Lei nº 13.303, de 30.06.16. Marque a opção correta:

5. JUSTEN FILHO, Marçal – Curso de Direito Administrativo. São Paulo: Editora Forum, 14ª ed.2009

a) Depende de lei específica a constituição da empresa pública ou de sociedade de economia mista. A lei, desde que presente justificativa plausível, pode delegar ao Executivo a definição do relevante interesse coletivo que justifica a criação do ente e, em tal caso, o fará de modo claro e transparente.

b) É vedada a participação das entidades da administração indireta no capital das empresas públicas.

c) A Lei nº 13.303 traz forte preocupação com a governança corporativa e impõe que o Conselho de Administração seja integralmente compostos por membros independentes.

d) Os membros do Conselho de Administração e os diretores são administradores e submetem-se às normas da Lei nº 6.404/76 (Lei das S.A.).

e) As empresas públicas e sociedades de economia mista não estão submetidas à disciplina da Lei de Falências e nem às normas da Comissão de Valores Mobiliários.

RESPOSTA:

O gabarito da questão aponta a previsão legal do art. 16, da Lei 13.303/16, *literis.*

Art. 16. Sem prejuízo do disposto nesta Lei, o administrador de empresa pública e de sociedade de economia mista é submetido às normas previstas na Lei nº 6.404, de 15 de dezembro de 1976.

Parágrafo único. Consideram-se administradores da empresa pública e da sociedade de economia mista os membros do Conselho de Administração e da diretoria.

› **QUESTÃO 48.** Assinale a opção correta a respeito das autarquias federais e de seus regimes jurídicos.

a) Os conselhos profissionais de caráter nacional passaram a ser reconhecidos como autarquias federais por meio da Lei n.° 9.649/1998. Entretanto, por essa lei ter sido declarada inconstitucional pelo STF, tais conselhos são atualmente entes privados que prestam serviços públicos delegados pela União.

b) As autarquias federais gozam de privilégios processuais como prazo em dobro para contestação, isenção de custas processuais, duplo grau de jurisdição obrigatório e dispensa do depósito prévio no ajuizamento de ação rescisória.

c) O regime de pessoal das autarquias federais é o regime jurídico único, sendo o quadro de pessoal dessas entidades composto por agentes políticos sujeitos a regras como exigência de concurso público, vedação à acumulação, teto remuneratório e estabilidade.

d) A elaboração e o controle de orçamentos e balanços das autarquias federais são regulados pela Lei n° 4.320/1964 e pelas regras de responsabilidade fiscal da Lei Complementar n° 101/2000. As autarquias federais também estão sujeitas à fiscalização do TCU.

e) As autarquias federais gozam de imunidade tributária sobre seu patrimônio, renda e serviços, e, sobre estes mesmos elementos, de imunidade fiscalizatória, o que impede que outras pessoas jurídicas de direito público lhes imponham multas administrativas.

RESPOSTA:

A elaboração e o controle de orçamentos e balanços das autarquias federais são regulados pela Lei 4.320/1964 e pelas regras de responsabilidade fiscal da Lei Complementar 101/2000.

Assim como os demais entes da Administração Indireta, as autarquias são controladas pelo ente da Administração Direta responsável pela sua criação. Vale destacar que esse controle decorre do chamado poder de supervisão ou tutela administrativa, não se configurando manifestação do Poder hierárquico.

Ademais, as autarquias se sujeitam ao controle financeiro exercido pelo Tribunal de Contas, conforme disposto no art. 70 e seguintes da carta Magna. Nessa esteira, o art. 71, II, define que os entes da Administração Indireta se sujeitam a este controle, dispondo que compete ao Tribunal de Contas da União *"julgar as contas dos administradores e demais responsáveis por dinheiros, bens e valores públicos da* ***administração direta e indireta,*** *incluídas as fundações e sociedades instituídas e mantidas pelo Poder Público federal, e as contas daqueles que derem causa a perda, extravio ou outra irregularidade de que resulte prejuízo ao erário público".*

> **QUESTÃO 49.** A empresa Eletropubli S/A é uma sociedade de economia mista controlada pelo Estado X, criada no ano de 2000, com a finalidade de atuar na área de geração de energia hidrelétrica. Baseado nessas informações, é correto afirmar que se trata de

a) órgão estatal, que atua por meio de desconcentração, não havendo delegação no caso em tela.

b) pessoa jurídica de direito público, havendo no caso descentralização por delegação da União, titular do serviço em questão.

c) pessoa jurídica de direito privado, havendo no caso descentralização por meio de delegação da União, titular do serviço em questão.

d) pessoa jurídica de direito público, havendo no caso descentralização por outorga legal dada pelo Estado- membro, titular do serviço em questão.

e) pessoa jurídica de direito privado, havendo no caso descentralização por outorga legal dada pelo Estado- membro, titular do serviço em questão.

RESPOSTA:

O próprio enunciado da questão apresenta a empresa Eletropubli S/A, Sociedade de Economia Mista, criada coma finalidade de atuar na área de geração de energia hidrelétrica.

De maneira inicial, a resolução da questão requer o conhecimento de que as Sociedades de Economia Mista são pessoas jurídicas de direito privado.

Além do mais, a partir dos dados ofertados pela banca examinadora, podemos afirmar que esta criação foi dada através da chamada **descentralização administrativa.**

A descentralização administrativa é visualizada nas situações em que se busca uma maior eficiência do Estado e, com isso, visando à especialização, o ente estatal descentraliza a prestação de serviços públicos para entes da administração indireta (autarquias, fundações públicas, empresas públicas e sociedades de economia mista) ou a particulares, mediante contratos administrativos.

A doutrina preconiza que a descentralização pode ser feita mediante **outorga** ou **delegação** de serviços. Na outorga, é transferida a titularidade e a execução do serviço público, a pessoa jurídica diversa do Estado, ao passo que, na delegação, apenas a execução é transferida, permanecendo com o Estado a titularidade do serviço.

Para a doutrina majoritária, a **outorga** é conferida, somente, para pessoas jurídicas de direito público, como as autarquias ou fundações públicas de direito público, as quais se tornam titulares do serviço a elas transferido, executando essas atividades por sua conta e risco, sem, contudo, excluir o controle dos entes federativos. A outorga, também denominada de **descentralização por serviço ou descentralização funcional**, é feita sempre mediante edição de lei específica que cria essas entidades e a elas transfere a atividade pública. Deve ser ressaltado, contudo, que mesmo quando o estado transfere a titularidade do serviço, ele se mantém responsável pelos danos decorrentes da atividade, de forma subsidiária.

Por sua vez, a **delegação** é feita para particulares, mediante a celebração de contratos ou aos entes da Administração Indireta regidos pelo direito privado, tais como as empresas públicas e as sociedades de economia mista, que se tornam executoras do serviço, mantendo-se a titularidade de tais atividades nas mãos do ente delegante.

A delegação, chamada de **descentralização por colaboração**, pode ser efetivada por meio da edição de lei – no caso de entes da Administração Indireta de direito privado – ou mediante contratos de concessão e permissão de serviços públicos, quando a delegação é realizada a particulares, previamente existentes.

Com isso, a descentralização verificada no enunciado da questão foi feita mediante delegação, pois, no caso apresentado, não houve a transferência da titularidade do serviço, mas apenas a sua execução, permanecendo a União como titular do serviço em questão.

> **QUESTÃO 50.** Quanto ao tema da administração pública, assinale a alternativa CORRETA:

a) Pelo princípio da imputação volitiva, característica da teoria do órgão, a atividade exercida por agente que não tenha investidura legítima não pode ser imputada à pessoa jurídica de direito público.

b) O órgão, por ser despersonalizado, apenas integra a pessoa jurídica de direito público, razão pela qual não pode, em nenhuma hipótese, figurar em qualquer dos polos de uma relação processual.

c) As decisões prolatadas pelas agências reguladoras, a despeito da autonomia decisória no exercício da função do controle de determinadas atividades públicas e privadas de interesse social, devem indicar os motivos de fato e de direito que as determinam, inclusive quanto à edição ou não de atos normativos.

d) As autarquias, conquanto dotadas de personalidade jurídica de direito público, praticam atos administrativos de direito privado, os quais são considerados atos de autoridade para fins de controle de legalidade por mandado de segurança.

RESPOSTA:

A agência reguladora deverá observar, em suas atividades, a devida adequação entre meios e fins, vedada a imposição de obrigações, restrições e sanções em medida superior àquela necessária ao atendimento do interesse público.

O art. 5º, da Lei 13.848/19, define que a agência reguladora deverá indicar os pressupostos de fato e de direito que determinarem suas decisões, inclusive a respeito da edição ou não de atos normativos.

> **QUESTÃO 51.** Assinale a alternativa incorreta:

a) As sociedades de economia mista, por lei, estão subordinadas ao primado de governança corporativa que impõe a elaboração e divulgação do planejamento de suas atividades, o qual deverá ser submetido anualmente e aprovado por seu corpo de diretores.

b) A adoção formal de *compliance* para as empresas públicas está expressa na obrigação legal de que elas devam criar e aderir às melhores práticas de gestão e controle interno, o que inclui a formação e a mantença de comitê de auditoria e a elaboração de código para disciplinar a conduta e a integridade de seus membros.

c) As hipóteses remanescentes de licitações a serem conduzidas por empresas públicas, mesmo após o advento da recente lei de licitações e contratos administrativos, mantém o cabimento de ação mandamental para controle de ato coator eventualmente produzido no aludido certame.

d) Mesmo após o advento da recente lei de licitações e contratos públicos, as subsidiárias de empresas públicas mantiveram um regime próprio e especial de contratação.

e) Empresas públicas podem lançar debêntures para captar recursos no mercado, embora não possam admitir que esses papéis sejam conversíveis em futura participação acionária de seu adquirente na qualidade de acionistas preferenciais.

RESPOSTA:

O art. 8º, da Lei 13.303/16, define alguns requisitos de transparência que devem ser observados pelas empresas públicas e as sociedades de economia mista.

O inciso VII, do referido dispositivo legal, prevê que deve haver a elaboração e divulgação da política de transações com partes relacionadas, em conformidade com os requisitos de competitividade, conformidade, transparência, equidade e comutatividade, que deverá ser revista, no mínimo, anualmente e aprovada pelo Conselho de Administração.

Sendo assim, o erro da assertiva foi indicar que a aprovação deveria ser efetiva pelo "corpo de diretores".

> **QUESTÃO 52.** Quanto à organização administrativa brasileira, assinale a alternativa correta.

a) As autarquias possuem personalidade jurídica de direito público e são criadas mediante decreto do Chefe do Poder Executivo da respectiva unidade federativa.

b) Compete à justiça comum julgar as causas em que é parte sociedade de economia mista e os crimes praticados em seu detrimento.

c) As sociedades de economia mista e as empresas públicas devem promover licitações como requisito à validade de seus contratos administrativos.

d) Uma vez que exercem atividade administrativa descentralizada, os concessionários de serviço público e os delegados de ofício público compõem a Administração Indireta.

e) A qualificação de agência executiva pode ser outorgada a autarquias e empresas públicas, desde que apresentem plano de planejamento estratégico e firmem contrato de gestão com a Administração Direta.

RESPOSTA:

Nessa questão, a banca examinadora estabeleceu o gabarito com base na súmula 556, do STF, bem como, com base na súmula 42, do STJ, a qual prevê que compete à Justiça Comum Estadual processar e julgar as causas cíveis em que é parte sociedade de economia mista e os crimes praticados em seu detrimento.

› QUESTÃO 53. Quanto às agências reguladoras independentes, assinale a alternativa correta.

a) São a expressão contemporânea do poder de polícia administrativo, visto que se destinam a limitar o exercício de liberdades por parte das pessoas privadas.

b) São desdobramentos (desconcentração) da organização político-administrativa nacional, sendo imediatamente subordinadas à União, aos Estados, ao Distrito Federal ou aos Municípios.

c) Um dos itens que caracteriza a independência das agências reguladoras federais é a possibilidade de conceder diárias e passagens em deslocamentos nacionais e internacionais e autorizar afastamentos do País a servidores da agência.

d) São autarquias especiais caracterizadas pela tutela, pela autonomia funcional, decisória, administrativa e financeira e pela investidura derivada de seus dirigentes, que contam com estabilidade durante os mandatos.

e) Compete à Agência Estadual de Regulação dos Serviços Públicos Delegados do Rio Grande do Sul – AGERGS a regulação de serviços públicos delegados, dentre eles, o transporte ferroviário.

RESPOSTA:

Inicialmente, a doutrina aponta que o regime diferenciado das agências reguladoras decorre da maior independência e autonomia que esta entidade goza em relação aos entes da Administração Direta, executando suas atividades com maior liberdade de atuação, embora ainda sujeita à supervisão ministerial.

Diante dessa autonomia administrativa, a agência pode conceder diárias e passagens em deslocamentos nacionais e internacionais e autorizar afastamentos do País a servidores da agência e celebrar contratos administrativos e prorrogar contratos em vigor relativos a atividades de custeio, independentemente do valor.

› **QUESTÃO 54.** Leia atentamente as assertivas abaixo sobre as agências reguladoras e executivas, e assinale apenas a alternativa CORRETA:

a) Os dirigentes das agências reguladoras são demissíveis ad nutum pela autoridade máxima do ente da Administração Pública Direta que as instituiu.

b) As agências reguladoras têm personalidade jurídica própria em decorrência do fenômeno da "desconcentração" dos órgãos da estrutura da União, dos Estados, do Distrito Federal e dos Municípios.

c) No Brasil, as agências reguladoras surgiram no contexto do Plano Nacional de Desestatização.

d) Podem ser qualificadas como agências executivas as associações civis que celebrem contrato de gestão com o Ministério supervisor.

e) No exercício da atividade regulatória, todas as agências reguladoras limitam-se a exigir dos agentes econômicos a estrita observância das leis aprovadas pelo Poder Legislativo.

RESPOSTA:

A criação das Agências Reguladoras se deu com o Programa Nacional de Desestatização. Com o objetivo de reduzir o déficit público, passou-se à iniciativa privada atividades que eram dispendiosas para o Estado, transferindo a prestação de serviços a entidades privadas, com a intenção de reduzir gastos e buscar uma maior eficiência na execução destas atividades. Ocorre que esse afastamento do Estado passou a demandar a existência de órgãos reguladores, nascendo, assim, a necessidade da criação desta espécie de autarquia. Ela é criada em regime especial para fiscalizar, regular, normatizar a prestação de serviços públicos por particulares, evitando a busca desenfreada pelo lucro dentro do serviço público.

Nesse sentido, o art. 21, XI da Carta Magna estabelece que compete à União "*explorar, diretamente ou mediante autorização, concessão ou permissão, os serviços de telecomunicações, nos termos da lei, que disporá sobre a organização dos serviços, a criação de um órgão regulador e outros aspectos institucionais*". Sendo assim, o próprio texto constitucional passou a expressar a necessidade de regulação das atividades públicas.

Com efeito, as agências vêm cumprindo papel fundamental na garantia dos interesses da coletividade, controlando e fiscalizando as atividades de interesse da sociedade executada por particulares ou até mesmo por entidades privadas da Administração Indireta. Em algumas situações, desde que com previsão expressa na lei de criação, as agências reguladoras têm assumido o papel de poder concedente em contratos de concessão de serviços públicos, como ocorre, por exemplo, com a ANEEL (Agência Nacional de Energia Elétrica).

> **QUESTÃO 55.** Considerando a disciplina legal acerca das agências reguladoras e das agências executivas, assinale a opção correta.

a) Apenas as autarquias podem, mediante iniciativa do advogado- geral da União, ser qualificadas como agências executivas, desde que possuam um plano estratégico de reestruturação e de desenvolvimento institucional que definam diretrizes, políticas e medidas voltadas para a racionalização de sua estrutura.

b) A qualificação de uma entidade como agência reguladora é efetivada por meio de decreto do chefe do Poder Executivo, a partir do que deverá assinar contrato de gestão com o respectivo ministério ao qual é subordinada.

c) A agência executiva deve celebrar contrato de gestão com o respectivo ministério supervisor, com periodicidade mínima de um ano, no qual se estabelecerão os objetivos, metas e indicadores de desempenho da entidade, bem como os recursos necessários e os critérios e instrumentos para a avaliação do seu cumprimento.

d) Pela técnica da deslegalização, mediante a qual o próprio legislador retirou certas matérias do domínio da lei, as agências reguladoras podem editar atos normativos dotados de conteúdo técnico que disciplinem matérias que deveriam ser reguladas por lei ordinária e por lei complementar, desde que expressamente autorizadas pela legislação pertinente.

e) As agências reguladoras são autarquias com regime jurídico especial, dotadas de autonomia em relação ao ente central, razão pela qual não se admite a interposição de recurso hierárquico impróprio contra suas decisões nem a demissão de seus dirigentes, salvo mediante sentença transitada em julgado.

RESPOSTA:

As Autarquias e as Fundações Públicas, mediante iniciativa da Administração Direta, podem receber status de agências executivas, e, por estarem sempre ineficientes, celebram contrato de gestão com o Ministério Supervisor.

A Lei 9.649/98 estabelece a possibilidade de criação das Agências Executivas ao definir que, para isso, devem estar presentes dois requisitos, quais sejam, a autarquia ou fundação pública ter um plano estratégico de reestruturação e de desenvolvimento institucional em andamento e ter celebrado Contrato de Gestão com o respectivo Ministério supervisor. Tais contratos devem ser celebrados com periodicidade mínima de um ano e estabelecerão os objetivos, metas e respectivos indicadores de desempenho da entidade, bem como os recursos necessários e os critérios e instrumentos para a avaliação do seu cumprimento.

> **QUESTÃO 56.** Observe as seguintes características:

I. tem como forma obrigatória a de sociedade anônima.

II. são qualificadas como tal por ato do Presidente da República.

III. trata-se de entidade criada diretamente por lei, desnecessário o registro de seus atos constitutivos.

Tais atributos são aplicáveis, respectivamente:

a) empresas públicas; organizações sociais; autarquias.

b) sociedades de economia mista; fundações governamentais de direito público; agências executivas.

c) consórcios públicos; agências reguladoras; serviços sociais autônomos.

d) sociedades de economia mista; agências executivas; agências reguladoras.

e) subsidiárias estatais; organizações da sociedade civil de interesse público; empresa pública.

RESPOSTA:

O primeiro item apresenta uma das características que envolvem a Sociedade de Economia Mista, pessoa jurídica cuja criação é autorizada por lei, constituída sob forma de sociedade anônima, cujas ações em sua maioria pertencem ao ente político ou entidade da Administração Indireta. Assim, como ocorre com as empresas públicas, em sua finalidade, podem, além de prestar serviços públicos, explorar atividades econômicas de interesse da Administração Pública.

O segundo item apresenta umas das características que envolvem a Agência executiva. Conforme o art. 51, §§ 1º e 2º, da Lei 9.649/98, cumpridos os requisitos legais, a qualificação como Agência Executiva será feita em ato do Presidente da República e o Poder Executivo editará medidas de organização administrativa específicas, visando assegurar a sua autonomia de gestão, bem como a disponibilidade de recursos orçamentários e financeiros para o cumprimento dos objetivos e metas definidos nos Contratos de Gestão; também definirá os critérios e procedimentos para a elaboração e o acompanhamento desses Contratos de Gestão e dos programas estratégicos de reestruturação e de desenvolvimento institucional daquelas Agências Executivas.

Ademais, dispõe, ainda o art. 52, da Lei 9.649/98, que "*Os planos estratégicos de reestruturação e de desenvolvimento institucional definirão diretrizes, políticas e medidas voltadas para a racionalização de estruturas e do quadro de servidores, a revisão dos processos de trabalho, o desenvolvimento dos recursos humanos e o fortalecimento da identidade institucional da Agência Executiva*".

Por fim, o terceiro item expõe uma das características que envolvem a Agência Reguladora, espécie de autarquia em regime especial, cuja criação é dada por lei, sendo, desta maneira, o registro dos atos constitutivos não se faz necessário à sua existência no mundo jurídico. Assim, resta suficiente a publicação da lei para que esteja regularmente constituída. Este entendimento é fundamentado pelo art. 37, XIX, da Constituição Federal.

> **QUESTÃO 57.** A denominada Administração pública indireta compreende, entre outras entidades,

a) concessionárias de serviços públicos, que exercem a descentralização de serviços por colaboração.

b) empresas públicas, sendo a elas equiparadas as fundações instituídas ou mantidas pelo poder público.

c) sociedades de economia mista, que podem ser prestadoras de serviço público ou exploradoras de atividade econômica.

d) organizações sociais que celebrem contratos de gestão com a Administração direta.

e) autarquias, sujeitas ao regime jurídico de direito privado, salvo em matéria de pessoal.

RESPOSTA:

A Administração Pública Indireta decorre da descentralização de serviços (descentralização administrativa). Consiste na instituição, pelo Estado, por meio de lei, de uma pessoa jurídica de direito público ou privado à qual se atribui a titularidade e execução de determinado serviço público, consoante dispõe o art. 4º do Decreto-lei n. 200/67.

Os entes da Administração Indireta serão divididos, conforme a natureza jurídica disposta na legislação. Com efeito, no dizer de José dos Santos Carvalho Filho, "*não é o fim a que se destina a entidade que a qualifica como participante da Administração Indireta, mas sim a natureza de que se reveste.*"

São entes da Administração Indireta: 1. Autarquias, inclusive as associações públicas. 2. Fundações públicas. 3. Empresas públicas. 4. Sociedades de economia mista.

O gabarito da questão aponta a Sociedade de Economia Mista, pessoa jurídica cuja criação é autorizada por lei, constituída sob forma de sociedade anônima, cujas ações em sua maioria pertencem ao ente político ou entidade da Administração Indireta. Assim, como ocorre com as empresas públicas, em sua finalidade, podem, além de prestar serviços públicos, explorar atividades econômicas de interesse da Administração Pública.

Por fim, visando esclarecer as demais alternativas que apresentam entes da Administração Pública Indireta, podemos esclarecer o seguinte.

O erro da alternativa "b" é verificado pelo fato de que as Autarquias e as Fundações representam entes diversos da Administração Pública Indireta, conforme a explicação exposta acima.

Já o erro da alternativa "e" pode ser constatado pelo fato de que as Autarquias são pessoas jurídicas de direito público.

› **QUESTÃO 58.** Nos termos da Lei Complementar n° 101/2000 (Lei de Responsabilidade Fiscal):

I. É vedada a realização de operação de crédito diretamente entre um ente da Federação e outro.

II. É vedado o recebimento antecipado de valores de empresa em que o Poder Público detenha, direta ou indiretamente, a maioria do capital social com direito a voto, salvo lucros e dividendos, na forma da legislação.

III. São permitidas as operações entre instituição financeira estatal e outro ente da Federação, inclusive suas entidades da administração indireta, que não se destinem a: a) financiar, direta ou indiretamente, despesas correntes; b) refinanciar dívidas não contraídas junto à própria instituição concedente.

IV. É proibida a operação de crédito entre uma instituição financeira estatal e o ente da Federação que a controle, na qualidade de beneficiário do empréstimo.

V. É permitido à instituição financeira controlada adquirir, no mercado, títulos da dívida pública para atender investimento de seus clientes, ou títulos da dívida de emissão da União para aplicação de recursos próprios.

Está correto apenas o contido em:

a) I, II e IV.

b) I, II, III e IV.

c) I, II, III e V.

d) II, III e IV.

e) Todos os itens estão corretos.

RESPOSTA:

Item I: correto; as chamadas "operações de crédito" correspondem aos compromissos financeiros assumidos com credores, pelo Poder Público, em razão alguns tipos de operações, a exemplo do recebimento antecipado de valores provenientes da venda a termo de bens e serviços, dentre outros.

Nesse sentido, a Lei de Responsabilidade Fiscal em seu art. 35, com o intuito de eliminar refinanciamento ou postergações indevidas, vedou a realização de operação de crédito diretamente entre um ente da Federação e outro.

Item II: correto; a assertiva encontra-se correta e em consonância com o que o art. 37, II da citada lei, que dispõe que é vedado o recebimento antecipado de valores de empresa em que o Poder Público detenha, direta ou indiretamente, a maioria do capital social com direito a voto, salvo lucros e dividendos, na forma da legislação.

Item III: correto; as operações de crédito entre instituição financeira estatal e outro ente da Federação, inclusive suas entidades da administração indireta, são permitidas, desde que não se destinem a: a) financiar, direta ou indiretamente, despesas correntes; b) refinanciar dívidas não contraídas junto à própria instituição concedente. Estes são os preceitos encontrados no art. 35, § 1º, I e II da Lei de Responsabilidade Fiscal.

Item IV: correto; a vedação da realização de operação de crédito entra uma instituição financeira estatal e o ente federativo que a controle, na qualidade de beneficiário do empréstimo visa coibir financiamentos de despesas correntes. Pela doutrina, é a regra matriz da matéria orçamentária, prevista no art. 36 da Lei 101/00.

Item V: correto; novamente, a assertiva encontra-se correta, visto que se trata exatamente do que dispõe o art. 36, parágrafo único, da legislação citada.

> **QUESTÃO 59.** Sobre as fundações instituídas e mantidas pelo Poder Público, é correto afirmar que:

a) estão sujeitas ao controle administrativo e financeiro pelos órgãos da Administração Direta, pelo que são alcançadas pelo instituto da tutela.

b) podem ser extintas ou transformadas por meio de decreto.

c) possuem o respaldo da responsabilidade solidária do Estado em razão dos atos que pratica.

d) não se sujeitam ao controle do Tribunal de Contas e do Ministério Público.

e) por serem pessoas jurídicas de direito privado, não podem figurar como sujeito passivo de atos de improbidade administrativa.

RESPOSTA:

O Decreto-lei 200/67, alterado pela Lei 7.596/87, conceitua, em seu art. 5º, IV, fundação pública como a "*entidade dotada de personalidade jurídica de direito privado, sem fins lucrativos, criada em virtude de autorização legislativa, para o desenvolvimento de atividades que não exijam execução por órgãos ou entidades de direito público, com autonomia administrativa, patrimônio próprio gerido pelos respectivos órgãos de direção, e funcionamento custeado por recursos da União e de outras fontes*".

Esta alternativa aponta o gabarito da questão, tratando da regra que é aplicável a todos os entes descentralizados, inclusive as fundações. Assim, estas pessoas jurídicas são controladas pelo ente da Administração Direta responsável pela sua criação, em decorrência da tutela administrativa que enseja a sua vinculação.

> **QUESTÃO 60.** Durante atividade de fiscalização, um agente público municipal, em regular atividade, se depara com estabelecimento comercial sem alvará de localização e sob funcionamento irregular. Diante disso, procedeu o agente ao estrito cumprimento dos atos administrativos previstos na lei municipal para tanto. Em contrapartida, a pessoa que se apresentou como titular do estabelecimento contestou o fiscal, asseverando que qualquer medida somente poderia ser ali tomada tão somente mediante prévia autorização judicial, inclusive quanto à aplicação de eventual penalidade, não podendo a Administração Pública estabelecer qualquer ônus por si só. Ciente da situação retro, assinale o atributo do ato administrativo que se contrapõe diretamente à assertiva do titular do estabelecimento.

a) Finalidade.

b) Motivação.

c) Autoexecutoriedade.

d) Presunção de veracidade.

RESPOSTA:

A autoexecutoriedade está frequentemente presente nas medidas de polícia onde a Administração pode executar suas próprias decisões sem interferência do Poder Judiciário. Tal atributo apenas existe quando há lei permitindo ou situações urgentes, a exemplo de apreensão de alimentos inviáveis ao consumo. Em tais situações emergenciais, a doutrina admite, inclusive, a figura do **contraditório diferido**.

Explique-se. Diante de uma situação extraordinária, para garantia do interesse público, compete à administração a prática do ato de polícia, de forma a impedir o prejuízo à coletividade, conferindo o direito de defesa após a prática do ato. É o caso de um prédio que está prestes a ruir, configurando perigo à sociedade. O ente estatal pode determinar e executar a demolição do prédio, adiando o exercício do contraditório por parte do proprietário.

Cite-se, como exemplo, a ANATEL que, ao fiscalizar empresa que atua no serviço de radiodifusão sonora e, após verificar irregularidade em seu funcionamento, determinou sua interdição. O Superior Tribunal de Justiça entendeu que a referida Agência Reguladora agiu no pleno exercício do poder de polícia, não praticando nenhuma ilegalidade ou abuso de poder. Isso, porque, "*inexistindo a regular autorização do Poder Público para a exploração do serviço de radiodifusão, ressai perfeitamente legal, a despeito da abertura ou não de processo administrativo, a interrupção e lacre das transmissões*"[6].

Desta forma, as medidas de polícia praticada pela ANATEL foram consideradas de acordo com a estrita legalidade, com fundamento na supremacia estatal, condicionando de forma lícita a liberdade e a propriedade dos particulares (rádio comunitária).

6. (AgRg no REsp 1.074.432/MG , 1ª Turma, Rel. Min. Francisco Falcão, DJe de 17.11.2008).

› **QUESTÃO 61.** Acerca dos atos administrativos em espécie, assinale a opção correta.

a) Licença é o ato administrativo unilateral e vinculado pelo qual a administração pública faculta àquele que preencha os requisitos legais o exercício de uma atividade.

b) Visto é o ato unilateral e vinculado pelo qual a administração pública reconhece a legalidade de um ato jurídico administrativo.

c) Admissão é o ato bilateral e vinculado pelo qual a administração pública reconhece ao particular que preencha os requisitos legais o direito à prestação de um serviço público.

d) Homologação é o ato pelo qual os órgãos consultivos da administração pública emitem opinião sobre assuntos técnicos ou jurídicos de sua competência.

e) Aprovação é um ato bilateral e vinculado pelo qual se exerce o controle *a priori* ou *a posteriori* do ato administrativo.

RESPOSTA:

A licença é ato de polícia; aquele por meio de que o Poder Público permite a realização de determinada atividade sujeita à fiscalização do Estado. Trata-se de ato vinculado e é concedida desde que cumpridos os requisitos objetivamente definidos em lei. Com efeito, por se tratar de ato vinculado, caso o particular preencha os requisitos legais, adquire o direito subjetivo à concessão da licença. Podem ser citados como exemplos a licença para construir e reformar e a licença para o exercício de atividade profissional.

› **QUESTÃO 62.** Acerca dos atos administrativos, assinale a alternativa correta:

a) A autoexecutoriedade é um atributo universal, pois está presente em todos os atos administrativos.

b) A imperatividade é um atributo universal, pois está presente em todos os atos administrativos.

c) A autoexecutoriedade é o atributo dos atos administrativos de serem executados como estão, independentemente de qualquer outra regulamentação ou disposição.

d) O atributo da imperatividade dos atos administrativos decorre do poder extroverso da Administração Pública.

e) A autoexecutoriedade é um mecanismo de coerção indireta.

RESPOSTA:

Todo ato administrativo que cria obrigação ao particular (os chamados atos restritivos), encerra um poder dado à administração pública de, unilateralmente, estabelecer uma obrigação aos particulares – desde que, obviamente, dentro dos limites da lei. Essa imposição de obrigações, independente da vontade do particular, configura o atributo da imperatividade.

Sendo assim, nos atos administrativos restritivos, as determinações impostas pelo poder público têm de ser cumpridas, sendo este atributo da imperatividade designado como **poder extroverso** por alguns doutrinadores da matéria. Pode-se citar como exemplo o ato imperativo, impondo obrigação de não fazer, como a proibição de estacionar em determinada via pública, exposto por meio de uma sinalização de trânsito, ou uma obrigação de fazer como uma notificação expedida, nos moldes da lei, para que o particular dê função social à sua propriedade, por meio de parcelamento do terreno ou edificação.

> **QUESTÃO 63.** É correto afirmar sobre o ato administrativo

a) É nulo o ato administrativo praticado sob o fundamento de um motivo inexistente.

b) O parecer é um ato administrativo vinculado, não podendo a autoridade administrativa deixar de acatá-lo.

c) O ato administrativo praticado com desvio de finalidade será considerado válido se, ainda que por outro motivo, atingir um interesse público.

d) Os atributos da presunção de veracidade e de legalidade impedem que o ato administrativo seja anulado pelo Poder Judiciário.

e) Presentes a oportunidade e conveniência, a Administração Pública poderá revogar todos os atos administrativos que não lhe interessem mais.

RESPOSTA:

A **Teoria dos Motivos Determinantes**, apontada pela doutrina brasileira, define que os motivos apresentados como justificadores da prática do ato administrativo vinculam este ato e, caso os motivos apresentados sejam viciados, o ato será ilegal. O motivo deve ser verdadeiro e compatível com a lei que, em regra, estabelece os seus limites.

Neste sentido, o Superior Tribunal de Justiça já se manifestou estabelecendo que:

> ADMINISTRATIVO. EXONERAÇÃO POR PRÁTICA DE NEPOTISMO. INEXISTÊNCIA. MOTIVAÇÃO. TEORIA DOS MOTIVOS DETERMINANTES.
>
> 1. **A Administração, ao justificar o ato administrativo, fica vinculada às razões ali expostas, para todos os efeitos jurídicos, de acordo com o preceituado na teoria dos motivos determinantes.** A motivação é que legitima e confere validade ao ato administrativo discricionário. Enunciadas pelo agente as causas em que se pautou, mesmo que a lei não haja imposto tal dever, o ato só será legítimo se elas realmente tiverem ocorrido.
>
> 2. Constatada a inexistência da razão ensejadora da demissão do agravado pela Administração (prática de nepotismo)

e considerando a vinculação aos motivos que determinaram o ato impugnado, este deve ser anulado, com a consequente reintegração do impetrante. Precedentes do STJ.

3. Agravo Regimental não provido.

AgRg no RMS 32437 / MG

AGRAVO REGIMENTAL NO RECURSO EM MANDADO DE SEGURANÇA 2010/0118191-3. Julgamento em 22/02/2011.

> **QUESTÃO 64.** A proibição de a administração anular os atos administrativos de que decorram efeitos favoráveis para os destinatários, após o prazo legal, está ligada ao princípio do(a)

a) segurança jurídica.

b) razoabilidade.

c) moralidade.

d) proporcionalidade.

e) indisponibilidade.

RESPOSTA:

Com o intuito de evitar que a revisão de alguns atos possa ser mais nociva do que a sua permanência no ordenamento jurídico, alguns limites foram criados para a Autotutela no que tange à anulação de atos viciados, em observância ao Princípio da Segurança Jurídica. Nestes casos, é relevante analisar a boa-fé dos destinatários da conduta ilícita.

No âmbito da administração pública federal, a Lei 9.784/99 prevê um prazo de cinco anos para rever os atos que sejam favoráveis a particulares, salvo má-fé do beneficiado. Se não o fizer, a situação jurídica anterior se torna legítima. Para a doutrina majoritária, trata-se de prazo decadencial imposto ao poder público. Sendo assim, o texto legal define que *"O direito da Administração de anular os atos administrativos de que decorram efeitos favoráveis para os destinatários decai em cinco anos, contados da data em que foram praticados, salvo comprovada má-fé"*.

O poder de controle da atuação estatal é designado, por Diogo de Figueiredo Moreira Neto[7] como **princípio da sindicabilidade**. De fato, a amplitude do conceito abrange o controle efetivado pela própria Administração Pública e também o controle jurisdicional, exercido nos limites da Carta Magna. Neste sentido, dispõe o autor que *"A sindicabilidade é, portanto, a possibilidade jurídica de submeter-se efetivamente qualquer lesão a direito e, por extensão, as ameaças de lesão de direito a algum tipo de controle"*.

> **QUESTÃO 65.** Sobre atos administrativos, é correto afirmar:

a) a delegação e avocação se caracterizam pela excepcionalidade e temporariedade, sendo certo que é proibida avocação nos casos de competência exclusiva.

b) a renúncia é instituto afeto tanto aos atos restritivos quanto aos ampliativos.

c) as deliberações e os despachos são espécies da mesma categoria de atos administrativos normativos.

d) é ilegítima a exigência de depósito prévio para admissibilidade de recurso administrativo; salvo quando se tratar de recurso hierárquico impróprio.

e) nos processos perante o Tribunal de Contas da União asseguram-se o contraditório e ampla defesa, a qualquer tempo, quando a decisão

7. MOREIRA NETO, Diogo de Figueiredo – Curso de Direito Administrativo. Rio de Janeiro: Forense, 15ª ed. 2009.

puder resultar anulação ou revogação de ato administrativo, de qualquer natureza, que beneficie o interessado.

RESPOSTA:

Conforme a Lei 9.784/99, a delegação e a avocação de competências são permitidas desde que de forma temporária e excepcional.

Além disso, a lei expressamente proíbe a delegação de competência (e consequentemente a avocação) nos seguintes casos:

- competência exclusiva, definida em lei;
- decisão de recurso hierárquico;
- edição de atos normativos.

Ressalte-se que a legislação proíbe a delegação de competências definidas como exclusivas, sendo admitida a delegação para a prática de atos decorrentes de competências privativas de determinado agente público.

› **QUESTÃO 66.** Com base na Lei n.º 9.784/1999, assinale a opção correta acerca da revogação e dos elementos dos atos administrativos.

a) A revogação de um ato administrativo deve apresentar os seus motivos devidamente externados, com indicação dos fatos e dos fundamentos jurídicos.

b) O ato de delegação pode ser revogado a qualquer tempo pela autoridade delegante ou pela autoridade delegada.

c) O ato de delegação deve ser publicado no meio oficial, mas não o de sua revogação.

d) Caso um ato administrativo esteja eivado de vício de legalidade, o Poder Judiciário terá de revogá-lo.

RESPOSTA:

Pela Lei 9.784/99, conforme disposto em seu art. 50, a motivação é obrigatória para todos os atos administrativos que neguem, limitem ou afetem direitos ou interesses, imponham ou agravem deveres, encargos ou sanções, decidam processos administrativos de concurso ou seleção pública, dispensem ou declarem a inexigibilidade de processo licitatório, decidam recursos administrativos, decorram de reexame de ofício, deixem de aplicar jurisprudência firmada sobre a questão ou discrepem de pareceres, laudos, propostas e relatórios oficiais e para os atos que importem anulação, revogação, suspensão ou convalidação de ato administrativo.

Delegar competência é estender temporariamente a outro agente público subordinado ou de mesma hierarquia a competência, consoante expressamente definido na Lei 9.784/99.

Assim, diante desta lógica, a autoridade delegante é a única que pode revogar o ato de delegação. Nesta senda, o art. 14, § 2º, da Lei 9.784/99, define que o ato de delegação é revogável a qualquer tempo pela autoridade delegante.

Noutro giro, segundo o art. 14, *caput*, da Lei 9.784/99, o ato de delegação e sua revogação deverão ser publicados no meio oficial.

Por fim, o controle judicial é realizado pelo Poder Judiciário, mediante provocação de qualquer interessado que esteja sofrendo lesão ou ameaça de lesão em virtude de conduta ou omissão administrativa que o atinja direta ou indiretamente. Nestes casos, o controle será exercido somente no que tange aos aspectos de legalidade dos atos administrativos, ainda que se trate de ato praticado no exercício da competência discricionária, haja vista a impossibilidade de substituição do mérito administrativo pela opção do julgador.

Neste sentido, ao Poder Judiciário cabe anular ato eivado de ilegalidade, desde que seja provocado.

> **QUESTÃO 67.** Acerca dos atos administrativos, assinale a alternativa INCORRETA:

a) É correto definir ato administrativo como aquele editado no exercício de função administrativa, sob o regime de direito público e traduzindo uma manifestação de vontade do Estado.

b) A doutrina administrativista majoritária considera a imperatividade e a autoexecutoriedade como elementos, pressupostos ou requisitos do ato administrativo.

c) A lei, ao definir a atuação do Poder Público, determinará se a atuação administrativa será vinculada ou discricionária, pois, consoante o princípio da legalidade estrita aplicado ao Direito Administrativo, a lei poderá estipular a atuação vinculada do agente de forma objetiva, ou ao agente conceder algum espaço discricionário de escolha, neste caso também observando os limites legais.

d) A motivação é a exteriorização dos motivos do ato administrativo e, uma vez realizada, passa a integrá-lo, ou seja, caso os motivos apresentados sejam viciados, o ato será ilegal. Trata-se da teoria dos motivos determinantes.

e) Não respondida.

RESPOSTA:

A imperatividade e a autoexecutoriedade não são consideradas como elementos, pressupostos ou requisitos do ato administrativo. Na realidade, são exemplos de atributos do ato administrativo.

Os atributos, conferidos por lei, são as prerrogativas de poder público presentes no ato administrativo, em decorrência do princípio da supremacia do interesse público sobre o interesse privado.

Essas regras diferenciam os atos administrativos dos demais atos praticados pelo poder público e das atividades de particulares regulamentadas pelo direito privado, sendo também designados como "características dos atos", por parte da doutrina.

Não obstante a inexistência de uma definição uniforme acerca destas características, a doutrina majoritária costuma apontar a presunção de legitimidade e de veracidade dos atos, a imperatividade, coercibilidade e autoexecutoriedade como atributos dos atos administrativos, assim como a tipicidade, também definida por alguns estudiosos da matéria.

› **QUESTÃO 68.** Decreto de um governador estadual estabeleceu que determinado tema fosse regulamentado mediante portaria conjunta das secretarias estaduais A e B. Um ano depois de editada a portaria conjunta, nova portaria, editada apenas pela secretaria A, revogou a portaria inicial.

Nessa situação, considerando-se o entendimento do STJ,

I – a segunda portaria não poderia gerar efeitos revocatórios.

II – a revogação de ato complexo, ou seja, ato formado pela manifestação de dois ou mais órgãos, demanda a edição de ato igualmente complexo; vale dizer, formado pela manifestação dos mesmos órgãos subscritores do ato a ser revogado.

A respeito das asserções I e II, assinale a opção correta.

a) A asserção I é falsa, e a II é verdadeira.

b) As asserções I e II são falsas.

c) As asserções I e II são verdadeiras, e a II é uma justificativa correta da I.

d) As asserções I e II são verdadeiras, mas a II não é uma justificativa correta da I.

RESPOSTA:

O ato complexo é formado pela soma de vontades de órgãos públicos independentes, em mesmo nível hierárquico, de forma que tenham a mesma força, não se podendo imaginar a dependência de uma em relação à outra. Neste caso, os atos que formarão o ato complexo serão expedidos por órgãos públicos diferentes, não havendo subordinação entre eles.

O enunciado exposto pela questão estabelece que o Decreto de um governador estadual estabeleceu que determinado tema fosse regulamentado mediante portaria conjunta das secretarias estaduais A e B. Sendo assim, a referida portaria é um ato complexo, pois é formado pela soma de vontades de diversos órgãos públicos.

Posteriormente, a questão esclarece que um ano depois de editada a portaria conjunta (ato complexo), nova portaria, editada apenas pela secretaria A, revogou a portaria inicial. Desta maneira, constata-se que a nova portaria é um ato simples, visto que, para sua formação, dependeu de única manifestação de vontade, da secretaria A.

Com isso, em consonância com o entendimento do Superior Tribunal de Justiça, a segunda portaria, por representar um ato simples, não poderia gerar efeitos revocatórios no que diz respeito ao primeiro ato, pois este representa um ato complexo.

Diante do exposto, o gabarito da questão foi fixado com base no entendimento de que a revogação de ato complexo demanda a edição de ato igualmente complexo, formado pela manifestação dos mesmos órgãos subscritores do ato a ser revogado. Assim, com base no caso concreto exposto, a ausência de manifestação da secretaria B não torna completa a desconstituição da primeira portaria.

› **QUESTÃO 69.** Assinale a opção correta com referência aos atos administrativos.

a) A finalidade reflete o fim mediato dos atos administrativos, enquanto o objeto, o fim imediato, ou seja, o resultado prático que deve ser alcançado.

b) O silêncio administrativo consubstancia ato administrativo, ainda que não expresse uma manifestação formal de vontade.

c) Autorização é o ato pelo qual a administração concorda com um ato jurídico já praticado por particular em interesse próprio.

d) O objeto dos atos administrativos normativos é equivalente ao dos atos administrativos enunciativos.

e) Motivação e motivo são juridicamente equivalentes.

RESPOSTA:

A finalidade é o resultado mediato, ou seja, é o escopo do ato. É tudo aquilo que se busca proteger com a prática do ato administrativo. Por exemplo, na aplicação da penalidade de demissão a um determinado servidor, a finalidade é punir o agente pelo cometimento de determinada infração administrativa, contrária ao interesse público, ou também a desapropriação de um terreno, cuja finalidade é construir uma estrada para ligação de dois municípios vizinhos.

Por seu turno, o objeto é o resultado imediato, ou seja, é aquilo que o ato dispõe, é o efeito causado pelo ato administrativo no mundo jurídico, em virtude de sua prática. Nesse sentido, pode-se definir o objeto como a disposição da conduta estatal, ou seja, aquilo que fica decidido pela prática do ato. Por exemplo, pode-se definir que, na desapropriação, o objeto é a perda do bem a ser utilizado para fins de utilidade pública, assim como no ato administrativo de aplicação da penalidade de multa, o objeto é a efetiva punição imposta ao particular.

› **QUESTÃO 70.** Quanto aos requisitos do ato administrativo, responda a alternativa correta.

a) A forma é elemento vinculado do ato administrativo, decorrente do princípio da solenidade, podendo ser exteriorizado de forma escrita, que é a regra, por sinal luminoso e mesmo por sons e gestos.

b) A lei deverá determinar a forma de exteriorização do ato, podendo prever mais de uma forma, sendo que a ausência de forma do ato administrativo importa na sua ineficácia, embora seja perfeito ou existente e válido.

c) A forma é elemento essencial ao ato, uma vez sendo desrespeitada a forma prescrita em lei o ato é inexistente.

d) A forma do ato administrativo decorre do princípio da liberdade das formas, trazido do direito civil.

e) A forma é elemento não essencial ao ato administrativo, sendo o seu vício sempre insanável.

RESPOSTA:

A forma é a exteriorização do ato, determinada por lei. Sem forma não pode haver ato. Logo, a ausência de forma importa a inexistência do ato administrativo, isso porque a forma é instrumento de projeção do ato, fazendo parte do seu próprio ciclo de existência, sendo elemento constitutivo da atuação.

Sendo assim, para que o ato seja praticado regularmente, deve-se apresentar de alguma forma para os interessados. Ocorre que não basta essa manifestação de vontade. É necessário que a formalização do ato respeite os critérios previamente definidos em lei, sob pena de irregularidade da conduta. Portanto, o desrespeito a estas formalidades específicas definidas em lei não gera a inexistência do ato, mas sim a sua ilegalidade, devendo ser anulado por desatendidas as regras que compõem sua apresentação.

A exigência de forma para a prática dos atos da Administração Pública decorre do **princípio da solenidade**, inerente à atuação estatal, como garantia dos cidadãos que serão atingidos por esta conduta. Explique-se.

Nas condutas dos particulares, regidas pelo direito privado, vige o princípio da liberdade das formas, decorrentes da autonomia da vontade, justificada pelo fato de que estas atividades não decorrem de prerrogativas específicas e são praticadas com a finalidade de satisfazer as necessidades do sujeito que pratica o ato.

Por seu turno, as condutas estatais são regidas pelo direito público, mediante prerrogativas inseridas como forma de garantia dos interesses da coletividade, sendo os atos praticados com a intenção de satisfazer os interesses de toda a sociedade, vigendo, por esses motivos, o princípio da solenidade das formas.

Desse modo, os atos administrativos devem ser praticados por escrito, ainda que não haja determinação legal neste sentido, e, em vernáculo, ou seja, em língua portuguesa. É cediço que esta regra geral admite exceções estabelecidas por leis específicas que podem estipular outras formas de práticas das condutas estatais, como é o caso de um semáforo que se manifesta por meio de sinais, sendo amplamente divulgado que o acendimento da luz vermelha significa uma imposição de parar aos condutores de veículos.

Do mesmo jeito que se exige a formalização para a regular prática dos atos administrativos, deve-se ter em mente que a forma não configura a essência do ato, ou seja, a finalidade estatal, mas tão somente o instrumento necessário para que a conduta administrativa alcance os seus objetivos. Nesse sentido, a doutrina costuma apontar o princípio da **instrumentalidade das formas**, dispondo que a forma não é essencial à prática do ato, mas tão somente o meio, definido em lei, pelo qual o poder público conseguirá alcançar seus objetivos.

› **QUESTÃO 71.** A lei federal X, dotada de vigência e eficácia, estabeleceu normas regulatórias que condicionaram e limitaram o exercício de atividades típicas para determinado setor econômico. Posteriormente, promulgou-se a lei federal Y, a qual revogou expressamente a lei federal X. Por meio da nova lei, determinada autarquia federal em regime especial foi criada com a função de estabelecer padrões para o exercício do setor econômico em questão. Assim, a nova autarquia assumiu as competências para regular esse setor de forma ampla, como a edição de normas, o exercício do poder de polícia e a aplicação de penalidades, as quais eram anteriormente exercidas diretamente pela União.

Em face dessa situação hipotética e das discussões doutrinárias e jurisprudenciais a respeito da regulação e das agências reguladoras, assinale a opção correta.

a) Os atos normativos expedidos pelos entes reguladores têm natureza de atos administrativos, não podendo modificar, suspender, suprimir ou revogar disposição legal, nem tampouco inovar na ordem jurídica. O poder normativo dos entes reguladores está limitado à complementação e à suplementação normativa da lei.

b) A lei federal Y, que promoveu a delegação legislativa, deve ser declarada inconstitucional, pois é inadmissível, no sistema jurídico vigente, o esvaziamento das competências exclusivas do Poder Legislativo por meio de sua transferência ao Poder Executivo.

c) A transferência, ao ente administrativo, da competência para dispor sobre matéria anteriormente disciplinada por lei em sentido estrito, fundamentada no rebaixamento da valoração objetiva das atividades reguladas, é um fenômeno conhecido como degradação hierárquica.

d) A transferência da competência normativa da União para uma autarquia federal ofendeu os princípios da tipicidade, da preeminência de lei, da legalidade e da separação dos poderes.

e) A transferência das competências tipicamente legislativas para o novo ente administrativo, que passou a exercer a atividade regulatória, é um fenômeno conhecido como deslegalização ou como congelamento do grau hierárquico.

RESPOSTA:

Inicialmente, vale esclarecer que a criação das Agências Reguladoras se deu com o Programa Nacional de Desestatização. Com o objetivo de reduzir o déficit público, passou-se à iniciativa privada atividades que eram dispendiosas para o Estado, transferindo a prestação de serviços a entidades privadas, com a intenção de reduzir gastos e buscar uma maior eficiência na execução destas atividades. Ocorre que esse afastamento do Estado passou a demandar a existência de órgãos reguladores, nascendo, assim, a necessidade da criação desta espécie de autarquia. Ela é criada em regime especial para fiscalizar, regular, normatizar a prestação de serviços públicos por particulares, evitando a busca desenfreada pelo lucro dentro do serviço público.

A questão trata, especificamente, da criação, por meio de lei, de determinada agência reguladora (espécie de autarquia em regime especial) com a função de estabelecer padrões para o exercício do setor econômico em questão.

Assim, o enunciado da questão também indica que a nova agência reguladora assumiu as competências para regular esse setor de forma ampla, como a edição de normas, o exercício do poder de polícia e a aplicação de penalidades, as quais eram anteriormente exercidas diretamente pela União.

Por seu turno, o gabarito trata do Poder Normativo concedido a estas entidades para execução de sua função de controle e regulação. É cediço que este Poder não poderá extrapolar os limites da lei, substituindo-se ao texto legal, devendo ater-se a orientações de natureza técnica e providências inferiores e obedientes à lei, por meio de resoluções.

Assim, pode-se afirmar que o ato normativo é considerado ato geral e abstrato que gera obrigações a uma quantidade indeterminada de pessoas, dentro dos limites da lei. O ato normativo enseja a produção de normas gerais, sempre inferiores aos comandos legais, não podendo inovar no ordenamento jurídico. Tais atos são decorrência do Poder Normativo do Estado, editados para a fiel execução das leis.

Por fim, resta apontar que Lei 9.986/00 estabelece as normas gerais aplicáveis às Agências Reguladoras no âmbito federal, no entanto, admite-se a criação destas entidades pelos demais entes da Federação. Sendo assim, é possível, mediante lei específica, a criação de agências reguladoras estaduais e municipais, para regulação dos serviços de interesse destes entes.

› **QUESTÃO 72.** Sobre a Teoria do Ato Administrativo, assinale a alternativa correta

a) Todo ato administrativo é dotado de executoriedade, é dizer, goza do atributo de se concretizar, coativamente, dispensando a intervenção do Poder Judiciário.

b) Os elementos de validade do ato administrativo são competência, forma, objeto, motivo e finalidade.

c) Segundo a Lei de Processo Administrativo, Lei nº 9.784, de 1999, admite-se a delegação para a prática do ato administrativo de decisão sobre recursos administrativos.

d) A competência para a prática do ato deve ser exercida pelos órgãos administrativos a que foi atribuída como própria, ressalvada a hipótese de renúncia.

RESPOSTA:

Existem vários elementos do ato administrativo, enunciados de forma distinta pelos autores que tratam do assunto. Diante disso, novamente, em atenção ao entendimento mais aceito pelos estudiosos, adotaremos a posição de que todo ato administrativo possui cinco elementos, elencados no art. 2º, da Lei 4.717/65 (Lei de Ação Popular).

Desta forma, tomando como referência a lei de ação popular, são 5 (cinco) os elementos do ato administrativo: competência, finalidade, forma, motivo e objeto.

Ressalte-se, ainda, que Celso Antônio Bandeira de Mello[8] não concorda com este entendimento, por entender que a expressão elemento é utilizada para definir o componente de um todo, o que não se compatibiliza com alguns dos requisitos legais, assim considerados, como é o caso do motivo e da finalidade que são aspectos exteriores ao ato e não integrantes da conduta. Sendo assim, alguns destes elementos são tratados pelo autor como pressupostos que podem ser de existência ou de validade do ato administrativo.

> **QUESTÃO 73.** Acerca dos atos administrativos, assinale a opção correta.

a) Sempre que o poder público não responder, em prazo razoável, a solicitação formulada por um cidadão, considerar-se-á deferido o requerimento do particular.

b) A usurpação de função pública é causa de anulabilidade de ato administrativo emitido pelo usurpador, ficando o ato passível de convalidação pelo agente público que teria originalmente a competência para realizá-lo.

c) Nos atos discricionários, a competência, o motivo e o objeto são elementos vinculados, enquanto a forma e a finalidade são elementos discricionários.

d) A convalidação é um ato administrativo discricionário.

8. MELLO, Celso Antônio Bandeira de, Curso de Direito Administrativo. Ed. Malheiros. 26ª ed.2009.

e) A presunção de legitimidade de que goza o ato administrativo é relativa, já que pode ser superada caso o interessado consiga demonstrar a ilegalidade do ato ou a não ocorrência dos seus pressupostos fáticos.

RESPOSTA:

A Presunção de legitimidade e de veracidade das condutas estatais representa um princípio que define características aos atos administrativos, em decorrência da supremacia do interesse público sobre o interesse privado.

Desta feita, até que o particular atingido pela atuação estatal prove em contrário – uma vez que as presunções são relativas ou *juris tantum* –, o ato administrativo estampa uma situação de fato real, ou seja, o ato goza de fé pública e os fatos apresentados em sua prática presumem-se verdadeiros, em conformidade com os fatos efetivamente ocorridos.

> **QUESTÃO 74.** Quanto ao controle judicial dos atos administrativos, assinale a alternativa correta.

a) Os atos administrativos discricionários devem ser motivados e ficam vinculados aos motivos de fato e de direito expostos, que integram o juízo de validade do ato.

b) Os atos administrativos discricionários são insuscetíveis de controle por parte do Poder Judiciário.

c) Como a discricionariedade envolve a edição da melhor decisão possível para o caso concreto, o Poder Judiciário pode se substituir à Administração e proferir decisão de controle positivo, que melhore o ato administrativo.

d) Controvérsia sobre matéria de direito em atos discricionários impede a concessão de mandado de segurança pela ausência de direito líquido e certo comprovável independentemente de prova pré-constituída.

e) Na medida em que a sanção administrativa é um ato vinculado e que este aplica preceito legal expresso, ela dispensa fundamentação.

RESPOSTA:

Inicialmente, é importante ressaltar que o entendimento majoritário define que a motivação é obrigatória para os atos vinculados e discricionários. É certo que a motivação no ato vinculado se resume à apresentação do dispositivo legal que determinava a atuação do Estado, enquanto nos atos discricionários, há uma necessidade de se detalhar as razões que justificaram a conduta pública.

Ademais, a motivação é a exteriorização dos motivos e, uma vez realizada, passa a fazer parte do ato administrativo, vinculando, portanto, a validade do ato. Diante disso, os motivos expostos devem corresponder à realidade, sob pena de nulidade do ato. A **Teoria dos Motivos Determinantes**, apontada pela doutrina brasileira, define que os motivos apresentados como justificadores da prática do ato administrativo vinculam este ato e, caso os motivos apresentados sejam viciados, o ato será ilegal.

> **QUESTÃO 75.** Quanto aos atos administrativos, assinale a alternativa correta.

a) O ato discricionário se caracteriza pela ausência de elementos vinculados para a sua formação.

b) A validade do ato administrativo é requisito necessário para a sua eficácia.

c) A revogação de atos administrativos possui três pressupostos: inoportunidade, invalidade e inconveniência.

d) A motivação dos atos administrativos sancionatórios pode ser antecedente, simultânea ou posterior à intimação e/ou divulgação do ato, sempre em cumprimento ao princípio da publicidade.

e) Os atos administrativos que apresentarem defeitos sanáveis poderão ser convalidados, mas a decisão haverá de evidenciar que não acarretam lesão ao interesse público nem prejuízo a terceiros.

RESPOSTA:

É necessário entender que **se o interesse público exigir e for sanável o vício, o ato administrativo pode ser convalidado, em razão da oportunidade e conveniência, desde que a convalidação não cause prejuízos a terceiros**. Dessa forma, para que se admita a convalidação de um ato administrativo, devem-se fazer presentes os dois requisitos, a saber, o vício do ato se tratar de vício sanável e a convalidação não causar prejuízos a terceiros interessados no processo nem à própria Administração Pública.

Pode ser citada, a título de exemplo, a nomeação feita por autoridade incompetente. Neste caso, há vício no elemento competência do ato administrativo, no entanto, pode ser convalidado pela autoridade competente, por meio de ratificação do ato viciado. Nestes casos, o conserto decorre dos princípios da eficiência e economicidade, já que é mais útil para a Administração Pública convalidar do que anular, além de se garantir uma preservação da ordem jurídica, garantindo-se a segurança de relações previamente constituídas.

Neste sentido, o art. 55, da Lei 9.784/99 dispõe que "*Em decisão na qual se evidencie não acarretarem lesão ao interesse público nem prejuízo a terceiros, os atos que apresentarem defeitos sanáveis poderão ser convalidados pela própria Administração*".

> **QUESTÃO 76.** O Município Ômega realizou queima de fogos de artifício na noite de réveillon do último ano. No dia primeiro de janeiro seguinte, os irmãos João e Maria, de 7 e 8 anos de idade, brincavam na praça da cidade, quando resolveram manusear restos de explosivos

deixados na noite anterior por agentes municipais sem qualquer tipo de alerta, proteção ou elemento indicativo de que era proibido o acesso ao local, ocasião em que alguns fogos dispararam e o acidente resultou em sérias lesões no corpo de ambas as crianças.

João e Maria, patrocinados por seu tio que é advogado, ajuizaram ação indenizatória em face do Município, que se defendeu alegando culpa exclusiva dos pais dos autores, que não os vigiaram adequadamente.

Ao proferir sentença, adotando a jurisprudência do Superior Tribunal de Justiça, o magistrado deve aplicar a responsabilidade civil:

a) objetiva, orientada pela teoria do risco administrativo, não havendo que se falar em culpa exclusiva ou concorrente dos pais pelos danos causados aos seus filhos;

b) objetiva, não havendo que se falar em culpa exclusiva dos pais pelos danos causados aos seus filhos, mas reduzindo-se o valor da indenização pela culpa concorrente dos genitores;

c) objetiva, não havendo que se falar em culpa exclusiva ou concorrente dos pais pelos danos causados aos seus filhos, mas afastando-se a pretensão autoral pela excludente de responsabilidade do caso fortuito ou força maior;

d) subjetiva, por se tratar de conduta omissiva do poder público, de maneira que é necessária a comprovação da conduta culposa dos agentes municipais consistente na negligência ou má prestação do serviço;

e) subjetiva, por se tratar de conduta omissiva do poder público, mas persiste o dever de indenizar em razão da teoria do risco integral, que não admite excludente de responsabilidade por caso fortuito ou força maior.

RESPOSTA:

O Estado é realmente um sujeito político, jurídico e economicamente mais poderoso que o administrado, gozando de determinadas prerrogativas não estendidas aos demais sujeitos de direito. Em razão disso, passou-se a considerar que, por ser mais poderoso, o Estado teria que arcar com um **risco maior**, decorrente de suas inúmeras atividades e, ter que responder por esse **risco,** lhe traria uma consequência. Surgiu, assim, a teoria do **Risco Administrativo**. Esta teoria responsabiliza o ente público, objetivamente, pelos danos que seus agentes causarem a terceiros. Apesar desta teoria admitir a exclusão da responsabilidade em determinadas situações em que haja a exclusão de algum dos elementos desta responsabilidade, no caso da questão não se aplica a excludente suscitada.

> **QUESTÃO 77.** Durante fiscalização sanitária, os agentes públicos municipais competentes tomaram as medidas cabíveis; todavia, durante a atividade fiscal, proferiram, publicamente, adjetivos injuriosos em desfavor do comerciante. Pessoas que transitaram próximo ao local ouviram a fala do agente, espalhando a notícia de que o estabelecimento estava irregular, o que afetou severamente a reputação do comerciante. Diante do exposto, supondo que a conduta do agente tenha causado danos financeiros comprováveis, assinale a afirmativa correta.

a) A responsabilidade civil estatal para o caso é subjetiva, em razão da conduta praticada pelo fiscal.

b) Em eventual condenação da fazenda pública pelos atos praticados pelo fiscal, este poderá ser demandado regressivamente, devendo a responsabilidade, nesse caso, ser apurada objetivamente.

c) São pressupostos à configuração da responsabilidade civil estatal na situação descrita: a conduta, o nexo causal e o dano, não se exigindo a culpa na relação entre o Estado e o particular.

d) A fazenda pública poderá suscitar a culpa exclusiva de terceiro como causa excludente de sua responsabilidade, vez que a conduta fora praticada pelo fiscal e não pelo chefe do Poder Executivo.

RESPOSTA:

A responsabilidade civil das pessoas jurídicas de direito público e das prestadoras de serviços públicos não depende da comprovação de elementos subjetivos ou ilicitude, baseando-se, somente em três elementos, quais sejam conduta de agente público, dano e nexo de causalidade.

› **QUESTÃO 78.** A responsabilidade civil do Estado pelos danos causados por seus agentes é

a) objetiva em relação a terceiros e permite o direito de regresso do Estado contra o servidor público responsável independentemente de dolo ou culpa.

b) subjetiva em relação a terceiros e permite o direito de regresso do Estado contra o servidor público responsável nos casos de dolo ou culpa.

c) objetiva em relação a terceiros e permite o direito de regresso do Estado contra o servidor público responsável nos casos de dolo ou culpa.

d) subjetiva em relação a terceiros e permite o direito de regresso do Estado contra o servidor responsável independentemente de dolo ou culpa.

e) objetiva em relação a terceiros e não permite o direito de regresso do Estado contra o servidor público responsável.

RESPOSTA:

Com base no art. 37, §6º da Constituição Federal, pode-se concluir que a responsabilização do ente público se configura objetiva, mas que seus agentes respondem somente de forma subjetiva – ou seja, após a análise de dolo ou culpa desse – perante o Estado em ação de regresso. Sendo assim, inobstante a responsabilidade seja atribuída à Pessoa Jurídica, o agente que ensejou o dano não se exime de ressarcir os prejuízos causados ao ente público.

› **QUESTÃO 79.** A respeito da responsabilidade civil extracontratual da Administração, assinale a alternativa correta.

a) A responsabilidade civil objetiva se aplica a danos causados a pessoas que possuam vínculo especial (estatutário ou contratual) com o estado.

b) O Direito Brasileiro adota a teoria da culpa anônima.

c) Por força da disposição constitucional, a Administração não pode ser eximida, em relações contratuais, da responsabilização por caso fortuito ou força maior.

d) Ainda que a conduta estatal seja lícita, ficará caracterizada a responsabilidade do Estado quando comprovada a ilicitude do dano.

e) As pessoas jurídicas de direito privado prestadoras de serviços públicos somente respondem de forma objetiva a danos causados aos usuários do serviço público.

RESPOSTA:

Nos casos de danos decorrentes de **atos lícitos**, a responsabilização do ente estatal depende da comprovação de que estes **danos** são **anormais e específicos.** Isso porque o dano deve ser certo, valorado economicamente e de possível demonstração. Nos atos ilícitos não ocorre esse aditivo porque a conduta por si só já gera o dever de indenizar, haja vista a violação direta ao princípio da legalidade.

› **QUESTÃO 80.** Em 2014, conhecido assaltante e homicida foge do presídio federal. O inquérito administrativo que apurou o evento resulta em punição de dois servidores e mudança de padrões de segurança. Já o foragido mantém-se quieto até 2016, quando se une a outro meliante. Os dois invadem casa, roubam e matam pai de família, na frente da esposa. A dupla de meliantes foge. Por conta da falha de segurança no presídio, a viúva aciona a União Federal, pedindo ressarcimento consistente em pensão alimentícia, danos morais, despesas de funeral e luto, além de reparação do custo de psiquiatra. Assinale a resposta adequada à orientação dominante na doutrina e nos Tribunais Superiores:

a) O pedido é improcedente.

b) A procedência do pedido de pensão depende da prova da dependência econômica da autora para com o falecido. Já o dano moral ocorre *in re ipsa*.

c) No caso, o dano moral ocorre *in re ipsa* e a verba de luto e funeral deve ser arbitrada mesmo se não provados os gastos, já que essas despesas sempre existem, em eventos assim.

d) A compensação por dano moral procede, mas, ainda que se provem gastos com psiquiatra, estes estão fora do desdobramento normal do evento, que apenas abarca os danos diretos e imediatos.

e) No caso, as verbas de luto e funeral dependem de prova, não podendo ser meramente arbitradas. A dependência econômica da esposa é presumida e a eventual pensão deve ser limitada à idade de sobrevida provável da vítima.

RESPOSTA:

No caso apresentado pela banca examinadora, deve-se observar a ideia inerente à denominada Teoria do Risco Criado (Suscitado), a qual define que em algumas circunstâncias, o Estado cria situações de risco que levam à ocorrência do dano. Por meio de um comportamento positivo, o Estado assume grande risco de gerar o dano a particulares.

Assim, nesses casos, o Estado responde objetivamente por ele, ainda que não se demonstre conduta direta de um agente público. As situações mais corriqueiras decorrem da guarda de pessoas ou de coisas, como é o caso dos detentos de um presídio, de crianças dentro de uma escola pública, de carros apreendidos no pátio do Departamento de Trânsito, de armazenamento de armas.

Entretanto, o enunciado da questão deixa claro que houve um lapso temporal de aproximadamente 2 (dois) anos entre a fuga do presídio federal e o cometimento do delito no ano de 2016.

Desta forma, nesta situação, não há a possibilidade de aplicação da Teoria do Risco Criado ou Suscitado, pois houve a interrupção do nexo de causalidade em razão do tempo de fuga.

Assim, com base na doutrina e jurisprudência dominantes, a ação proposta pela viúva da vítima terá o seu pedido julgado improcedente, em razão da interrupção do nexo de causalidade, o qual é imprescindível para a configuração da Responsabilidade Civil do Estado.

> **QUESTÃO 81.** Em recente decisão, o STF entendeu que, quando o poder público comprovar causa impeditiva da sua atuação protetiva e não for possível ao Estado agir para evitar a morte de detento (que ocorreria mesmo que o preso estivesse em liberdade),

a) haverá responsabilidade civil do Estado, aplicando-se à situação a responsabilidade subjetiva por haver omissão estatal.

b) haverá responsabilidade civil do Estado, aplicando-se ao caso a responsabilidade objetiva por haver omissão estatal.

c) não haverá responsabilidade civil do Estado, pois o nexo causal da sua omissão com o resultado danoso terá sido rompido.

d) haverá responsabilidade civil do Estado, aplicando-se ao caso a teoria do risco integral.

RESPOSTA:

O gabarito da presente questão utilizou o recente posicionamento do Supremo Tribunal Federal acerca do tema da responsabilidade civil do Estado nas situações em que não seja possível ao Estado agir para evitar a morte do detento.

Neste sentido, vale destacar o conteúdo do Informativo 819, do STF, *in verbis*:

> Em caso de inobservância do seu dever específico de proteção previsto no art. 5º, XLIX, da CF, o Estado é responsável pela morte de detento. Essa a conclusão do Plenário, que desproveu recurso extraordinário em que discutida a responsabilidade civil objetiva do Estado por morte de preso em estabelecimento penitenciário. No caso, o falecimento ocorrera por asfixia mecânica, e o Estado-Membro alegava que, havendo indícios de suicídio, não seria possível impor-lhe o dever absoluto de guarda da integridade física de pessoa sob sua custódia. O Colegiado asseverou que a responsabilidade civil estatal, segundo a CF/1988, em seu art. 37, § 6º, subsume-se à teoria do risco administrativo, tanto para as condutas estatais comissivas quanto paras as omissivas, uma vez rejeitada a teoria do risco integral. Assim, a omissão do Estado reclama nexo de causalidade em relação ao dano sofrido pela vítima nas hipóteses em que o Poder Público ostenta o dever legal e a efetiva possibilidade de agir para impedir o resultado danoso. Além disso, é dever do Estado e direito subjetivo do preso a execução da pena de forma humanizada, garantindo-se-lhe os direitos fundamentais, e o de ter preservada a sua incolumidade física e moral. Esse dever constitucional de proteção ao detento somente se considera violado quando possível a atuação estatal no sentido de garantir os seus direitos fundamentais, pressuposto inafastável para a configuração da responsabilidade civil objetiva estatal. Por essa razão, nas situações em que não seja possível ao Estado agir para evitar a morte do detento (que ocorreria mesmo que o preso estivesse

> em liberdade), rompe-se o nexo de causalidade. c sob pena de adotar-se a teoria do risco integral, ao arrepio do texto constitucional. A morte do detento pode ocorrer por várias causas, como homicídio, suicídio, acidente ou morte natural, não sendo sempre possível ao Estado evitá-la, por mais que adote as precauções exigíveis. Portanto, a responsabilidade civil estatal fica excluída nas hipóteses em que o Poder Público comprova causa impeditiva da sua atuação protetiva do detento, rompendo o nexo de causalidade da sua omissão com o resultado danoso. Na espécie, entretanto, o tribunal "a quo" não assentara haver causa capaz de romper o nexo de causalidade da omissão do Estado-Membro com o óbito. Correta, portanto, a decisão impositiva de responsabilidade civil estatal.
>
> **RE 841526/RS, rel. Min. Luiz Fux, 30.3.2016. (RE-841526)**

Diante do exposto, constata-se que a Suprema Corte definiu o entendimento de que deve ser afastada a responsabilidade civil do Estado nas situações em que não é possível ao Poder Público agir para evitar a morte do detento, em razão do rompimento do nexo de causalidade, o qual se mostra necessário elemento dentro do raciocínio da Teoria do Risco Administrativo, adotada pelo nosso ordenamento jurídico.

› **QUESTÃO 82.** Após falecimento de Pedro, vítima de atropelamento em linha férrea, seus herdeiros compareceram à DP para que fosse ajuizada ação indenizatória por danos morais contra a empresa concessionária responsável pela ferrovia onde havia acontecido o acidente, localizada em área urbana. Na ocasião, seus parentes informaram que, apesar de Pedro ter atravessado a ferrovia em local inadequado, inexistia cerca na linha férrea ou sinalização adequada.

Com base nessa situação hipotética e no entendimento dos tribunais superiores acerca da responsabilidade civil do Estado, assinale a opção correta.

a) O poder público concedente tem responsabilidade solidária para reparar os danos decorrentes do acidente, devendo vir a figurar no polo passivo da ação indenizatória.

b) A responsabilização do agente responsável pela falha ao deixar de cercar ou sinalizar o local do acidente exigirá a denunciação da lide nos autos da ação indenizatória.

c) A responsabilização civil da empresa concessionária independerá da demonstração da falha na prestação do serviço pela empresa, ante o risco inerente à atividade econômica desenvolvida.

d) A conduta de Pedro, que atravessou a ferrovia em local inadequado, afastará a responsabilização civil da empresa concessionária, ainda que fique demonstrada a falha no isolamento por cerca ou na sinalização do local do acidente.

e) A demonstração da omissão no isolamento por cerca ou na sinalização do local do acidente acarretará a responsabilização civil da empresa concessionária, embora possa haver redução da indenização dada a conduta imprudente de Pedro.

RESPOSTA:

O gabarito desta questão foi elaborado de acordo com o entendimento da Superior Tribunal de Justiça, no sentido de que, nas situações semelhantes à descrita pelo enunciado da questão, verifica-se a aplicação da responsabilização civil da empresa concessionária, como também a redução da indenização, em razão da conduta imprudente da vítima.

Neste sentido, mostra-se necessário destacar o julgado do Superior Tribunal de Justiça, do REsp 117221/SP. Vejamos.

> RESPONSABILIDADE CIVIL. RECURSO ESPECIAL SUBMETIDO À SISTEMÁTICA PREVISTA NO ART. 543-C DO CPC. ACIDENTE FERROVIÁRIO. VÍTIMA FATAL. CONCORRÊNCIA DE CAUSAS: CONDUTA

IMPRUDENTE DA VÍTIMA E DESCUMPRIMENTO DO DEVER LEGAL DE SEGURANÇA E FISCALIZAÇÃO DA LINHA FÉRREA. REDUÇÃO DA INDENIZAÇÃO POR DANOS MORAIS PELA METADE. INDENIZAÇÃO POR DANOS MATERIAIS. NÃO COMPROVAÇÃO DE DEPENDÊNCIA ECONÔMICA PELOS GENITORES. VÍTIMA MAIOR COM QUATRO FILHOS. SÚMULA 7 DO STJ. 1. A responsabilidade civil do Estado ou de delegatário de serviço público, no caso de conduta omissiva, só se concretiza quando presentes estiverem os elementos que caracterizam a culpa, a qual se origina, na espécie, do descumprimento do dever legal atribuído ao Poder Público de impedir a consumação do dano. Nesse segmento, para configuração do dever de reparação da concessionária em decorrência de atropelamento de transeunte em via férrea, devem ser comprovados o fato administrativo, o dano, o nexo direto de causalidade e a culpa. 2. A culpa da prestadora do serviço de transporte ferroviário configura-se, no caso de atropelamento de transeunte na via férrea, quando existente omissão ou negligência do dever de vedação física das faixas de domínio da ferrovia - com muros e cercas - bem como da sinalização e da fiscalização dessas medidas garantidoras da segurança na circulação da população. Precedentes. 3. A exemplo de outros diplomas legais anteriores, o Regulamento dos Transportes Ferroviários (Decreto 1.832/1996) disciplinou a segurança nos serviços ferroviários (art. 1º, inciso IV), impondo às administrações ferroviárias o cumprimento de medidas de segurança e regularidade do tráfego (art. 4º, I) bem como, nos termos do 'inciso IV do art. 54, a adoção de "medidas de natureza técnica, administrativa, de segurança e educativas destinadas a prevenir acidentes". Outrossim, atribuiu-lhes a função de vigilância, inclusive, quando necessário, em ação harmônica com as autoridades policiais (art. 55). 4. No caso sob exame, a instância ordinária consignou a concorrência de causas, uma vez que, concomitantemente à negligência da concessionária ao não se cercar das práticas de cuidado necessário para evitar a ocorrência de sinistros, houve imprudência na conduta da vítima, que atravessou a linha férrea em local inapropriado, próximo a uma passarela, o

> que acarreta a redução da indenização por dano moral à metade.
>
> **5. Para efeitos do art. 543-C do CPC: no caso de atropelamento de pedestre em via férrea, configura-se a concorrência de causas, impondo a redução da indenização por dano moral pela metade, quando: (i) a concessionária do transporte ferroviário descumpre o dever de cercar e fiscalizar os limites da linha férrea, mormente em locais urbanos e populosos, adotando conduta negligente no tocante às necessárias práticas de cuidado e vigilância tendentes a evitar a ocorrência de sinistros; e (ii) a vítima adota conduta imprudente, atravessando a via férrea em local inapropriado.** 6. Recurso especial parcialmente conhecido e, nesta extensão, parcialmente provido. Acórdão submetido ao regime do art. 543-C do CPC e da Resolução STJ 08/2008.
>
> Processo: REsp 117221/SP. RECURSO ESPECIAL 2009/0249646-0. Relator (a): Ministro LUIS FELIPE SALOMÃO (1140). Órgão Julgador: S2 - SEGUNDA SEÇÃO. Data do Julgamento: 08/08/2012. Data da Publicação/Fonte: DJe 19/09/2012.

Com isso, na situação descrita pela banca examinadora constata-se a concorrência de causas, pois a empresa concessionária responsável pela ferrovia onde aconteceu o acidente descumpriu o dever de cercar e fiscalizar os limites da linha férrea, ou seja, adotou uma posição de negligência na fiscalização do local. Contudo, a vítima também adotou conduta imprudente, que concorreu para o acontecimento do acidente, ao ter atravessado a ferrovia em local inadequado.

> **QUESTÃO 83.** Na hipótese de danos causados a terceiros, em decorrência de atentado terrorista que venha a ser praticado contra aeronaves de matrícula brasileira operadas por empresas brasileiras de transporte aéreo público,

a) a União possui apenas responsabilidade civil subsidiária, se comprovada falta do serviço, acionável pelos terceiros no caso de insolvência da companhia aérea.

b) não há consequência patrimonial para a União.

c) a União é legalmente autorizada a assumir as consequentes despesas de responsabilidade civil que a empresa aérea teria em relação aos terceiros.

d) a União possui apenas responsabilidade civil subsidiária, de natureza subjetiva, acionável pelos terceiros no caso de insolvência da companhia aérea.

e) a União possui apenas responsabilidade civil subsidiária, de natureza objetiva, acionável pelos terceiros no caso de insolvência da companhia aérea.

RESPOSTA:

A responsabilidade civil objetiva do Estado, apontada pelo texto constitucional, em seu art. 37, §6º, se baseia, conforme entendimento da doutrina majoritária, na teoria do risco administrativo. Ocorre que tal teoria se contrapõe à teoria do risco integral, apontada por alguns doutrinadores como justificadora da responsabilização estatal.

Para o fornecimento da resposta adequada desta questão, devemos diferenciar estas duas Teorias supracitadas.

A Teoria do Risco Administrativo responsabiliza o ente público, objetivamente, pelos danos que seus agentes causarem a terceiros, contudo, admite a exclusão da responsabilidade em determinadas situações em que haja a exclusão de algum dos elementos desta responsabilidade. O Brasil adota esta teoria.

Por sua vez, a Teoria do Risco Integral parte da premissa de que o ente público é garantidor universal e, sendo assim, conforme esta teoria, a simples existência do dano e do nexo causal é suficiente para que surja a obrigação de indenizar para a Administração, pois não admite nenhuma das excludentes de responsabilidade. Nesses casos, não se adota a causalidade adequada e, desta forma, não se admite a exclusão do nexo causal, sendo o ente público responsável ainda que sua conduta, remotamente, concorra para a prática do dano.

Sendo assim, estaríamos diante da responsabilização absoluta do Estado por danos ocorridos em seu território, sob a sua égide. O Brasil NÃO adota esta teoria.

Ocorre que, parte da doutrina entende que a teoria do Risco Integral é utilizada em situações excepcionais. A princípio, essa doutrina – que é majoritária, no Brasil – firmou o entendimento de que a teoria do risco integral é utilizada em algumas situações, como:

- Dano decorrente de **atividade nuclear** exercida pelo Estado ou autorizada pelo mesmo. Ou seja, a responsabilidade e objetiva e o risco integral abarca os danos comissivos e omissivos, neste caso.

- **Dano ao meio ambiente**, quanto aos atos comissivos do agente público. Em relação a atos omissivos, o Superior Tribunal de Justiça vem se posicionando a favor de que a teoria do risco integral ainda se aplica. No entanto, a responsabilidade objetiva do Estado será de execução subsidiária, sendo necessário o prévio esgotamento das tentativas de cobrança de indenização do poluidor direto.

- Acidente de transito. Decorre do seguro obrigatório: **DPVAT**. Ressalte-se que, nesses casos, o Estado não figura no polo passivo da ação judicial. A ação e proposta em face de alguma seguradora que arcara com os prejuízos, utilizando os valores do seguro obrigatório.

- **Crimes ocorridos a bordo de aeronaves** que estejam sobrevoando o espaço aéreo brasileiro e danos decorrentes de **ataques terroristas.**

Assim, diante do exposto, a União deve ser responsabilizada, pois a doutrina majoritária entende que se aplica a Teoria do Risco Integral nas hipóteses de crimes ocorridos a bordo de aeronaves que estejam sobrevoando o espaço aéreo brasileiro, além de danos decorrentes de ataques terroristas. Nesta senda, na situação exposta nesta questão, a União deve assumir as consequentes despesas de responsabilidade civil que a empresa aérea teria em relação aos terceiros.

› **QUESTÃO 84.** Determinado motorista de uma empresa de transporte coletivo de pessoas causou, sem dolo ou culpa, um acidente de trânsito, o qual provocou danos materiais aos passageiros e a pessoas que transitavam na rua. O serviço de transporte coletivo tinha como fundamento um contrato de concessão da empresa de transporte com a administração pública, de modo que os passageiros eram usuários do serviço prestado pela empresa e as pessoas que transitavam na rua não tinham qualquer relação contratual decorrente do serviço prestado pela empresa.

Com referência a essa situação hipotética, assinale a opção correta de acordo com a jurisprudência do STF acerca da responsabilidade civil do Estado.

a) A responsabilidade civil da empresa é objetiva, visto que decorre da aplicação da teoria do risco integral. Desse modo, é suficiente para sua configuração a demonstração da conduta, do resultado e do nexo causal.

b) A empresa será responsabilizada de forma objetiva tanto no que tange aos usuários quanto aos não usuários do serviço, uma vez que, embora não seja pessoa jurídica de direito público, ela atua por delegação do Estado na prestação de serviço público.

c) Será incabível indenização para os passageiros e os transeuntes, uma vez que o motorista agiu sem dolo ou culpa e, portanto, não cometeu ato ilícito.

d) A responsabilidade civil da empresa é objetiva para os danos provocados aos usuários do serviço público; contudo, em relação aos transeuntes, a responsabilidade civil da empresa é subjetiva, aplicando-se as regras das relações jurídicas extracontratuais.

e) A responsabilidade civil da empresa é subjetiva, o que requer a existência de dolo ou culpa do motorista para o surgimento do direito à reparação dos danos.

RESPOSTA:

Para o fornecimento da resposta adequada, preliminarmente, resta necessário esclarecer que além dos entes da Administração Direta e Indireta, também se submetem ao disposto no art. 37, §6º, da CF, os particulares prestadores de serviço público por delegação, como é o caso das concessionárias e permissionárias de serviços.

Assim, sendo o dano causado por uma entidade que atua por delegação do Estado na prestação de serviço público, a mesma responde na modalidade objetiva, sendo que a responsabilização do Poder Público somente é autorizada após o esgotamento das tentativas de pagamento por parte da empresa causadora dos danos.

Além do mais, vale mencionar que a responsabilidade subsidiária não pode ser confundida com a responsabilidade solidária. Nesta, ambos responderiam, ao mesmo tempo, solidariamente, enquanto na subsidiária o Estado só é chamado se o prestador de serviços não tiver condições financeiras.

Na situação descrita pela banca examinadora, a empresa de transporte deve ser responsabilizada de forma objetiva, pois em nome do Princípio da Isonomia, o STF, por decisão do plenário, no RExt

n. 591874/2009, já decidiu que, ainda que o dano seja causado a terceiro, não usuário do serviço público, a responsabilidade também será objetiva, pois, se a própria Constituição Federal não diferencia, não cabe ao intérprete diferenciar os danos causados a terceiros, em virtude de serem ou não usuários do serviço. Vejamos a decisão Supremo Tribunal Federal:

> "EMENTA: CONSTITUCIONAL. RESPONSABILIDADE DO ESTADO. ART. 37, § 6º, DA CONSTITUIÇÃO. PESSOAS JURÍDICAS DE DIREITO PRIVADO PRESTADORAS DE SERVIÇO PÚBLICO. CONCESSIONÁRIO OU PERMISSIONÁRIO DO SERVIÇO DE TRANSPORTE COLETIVO. RESPONSABILIDADE OBJETIVA EM RELAÇÃO A TERCEIROS NÃO-USUÁRIOS DO SERVIÇO. RECURSO DESPROVIDO. **I - A responsabilidade civil das pessoas jurídicas de direito privado prestadoras de serviço público é objetiva relativamente a terceiros usuários e não-usuários do serviço, segundo decorre do art. 37, § 6º, da Constituição Federal. II - A inequívoca presença do nexo de causalidade entre o ato administrativo e o dano causado ao terceiro não-usuário do serviço público, é condição suficiente para estabelecer a responsabilidade objetiva da pessoa jurídica de direito privado. III - Recurso extraordinário desprovido.**" RE 591874 / MS - MATO GROSSO DO SUL - Julgamento: 26/08/2009

> **QUESTÃO 85.** Um servidor público, fiscal de determinada agência reguladora federal, promoveu a interdição cautelar de um estabelecimento comercial por violação de normas regulatórias. Após dois meses, a agência reguladora constatou que a interdição ocorreu por erro do fiscal, e autorizou a desinterdição do estabelecimento. Posteriormente, a empresa prejudicada ajuizou ação contra o servidor responsável pela interdição, por meio da qual pediu indenização sob a alegação de que ele foi responsável pelo prejuízo.

Com relação a essa situação hipotética, assinale a opção correta à luz da jurisprudência predominante no STF e STJ relativamente à matéria.

a) O processo deve ser extinto sem resolução do mérito por ilegitimidade passiva, pois, conforme a CF, não se admite a responsabilidade civil *per saltum* da pessoa física do agente.

b) A reparação do dano sofrido pela empresa não é de responsabilidade do Estado, pois o ato administrativo de interdição teve caráter cautelar, não punitivo.

c) O servidor poderá promover a denunciação da lide ao ente público em decorrência da aplicação da teoria da responsabilidade objetiva do Estado.

d) É facultado à empresa ajuizar a ação contra o Estado ou contra o servidor responsável pelo dano.

e) O pedido deverá ser julgado procedente se a empresa comprovar o prejuízo sofrido, a conduta culposa ou dolosa do servidor e o nexo de causalidade entre a conduta e o dano.

RESPOSTA:

Desde logo, devemos destacar que o art. 37, §6º da Constituição Federal, define que a responsabilização do ente público se configura objetiva, mas que seus agentes respondem somente de forma subjetiva – ou seja, após a análise de dolo ou culpa do mesmo – perante o Estado em ação de regresso. Desta forma, apesar da responsabilidade ser atribuída à Pessoa Jurídica, o agente púbico que causou o dano não se exime de reparar os prejuízos causados ao Estado.

Nesta senda, o Supremo Tribunal Federal, entende pela impossibilidade de propositura de ação diretamente em face do agente público causador do dano. Este posicionamento é fundamentado no fato de que a Constituição, em seu art. 37, §6º, estabeleceu a responsabilidade estatal, garantindo um direito ao particular lesado de ser indenizado pelos prejuízos que sofreu, mas também concedeu ao agente a garantia de apenas ser cobrado pelo Estado.

Este posicionamento é denominado de **Teoria da Dupla Garantia** - garantia à vítima e também ao agente. Além disso, este entendimento também não admite a propositura de ação *per saltum* da pessoa natural do agente.

Oportuno evidenciar, também, que a Teoria da Dupla Garantia possui fundamento no **Princípio da Impessoalidade,** pois um dos enfoques deste princípio define que não há qualquer relação entre o agente público e o particular prejudicado, haja vista o fato de que quando o agente causou o prejuízo, não o fez na condição de particular, o fez em nome do Estado. Em outras palavras, a conduta do agente público não deve ser imputada à pessoa do agente, mas sim ao Estado que está atuando por meio dele. Essa faceta do princípio da impessoalidade nada mais é do que a aplicação da **teoria do órgão**, ou teoria da imputação volitiva.

Com isso, o gabarito da questão define corretamente que o processo deve ser extinto sem resolução do mérito por ilegitimidade passiva, pois, na verdade, o particular deveria ter proposto a ação contra a Administração Pública, em razão da inadmissibilidade de propositura de ação *per saltum* da pessoa natural do agente.

> **QUESTÃO 86.** Assinale a alternativa CORRETA, após aferir a veracidade das sentenças abaixo acerca da responsabilidade civil do Estado.

I - A atual jurisprudência do Superior Tribunal de Justiça assentou-se no sentido de que o prazo prescricional da pretensão de reparação civil deduzida contra a Fazenda Pública é de 5 (cinco) anos.

II - Segundo a doutrina pátria majoritária, em regra, a responsabilidade civil objetiva do Estado é do tipo "risco integral".

III – Haverá responsabilidade estatal quando o agente público causador do dano indenizável estiver no exercício das suas funções ou, ao menos, se esteja conduzindo a pretexto de exercê-las.

IV – Segundo a teoria da "falta do serviço", a vítima tem o ônus de comprovar a conduta culposa do agente público causador do dano.

V – Os entes da Administração Pública direta são solidariamente responsáveis pelos danos causados pelas concessionárias de serviço público por eles contratadas.

A alternativa que contém a sequência CORRETA, de cima para baixo, considerando V para verdadeiro e F para falso, é:

a) VVFVV.

b) VFVFF.

c) FFVFF.

d) FVFVV.

e) VFVFV.

RESPOSTA:

Item I: correto; existe grande divergência doutrinária e jurisprudencial em relação ao prazo prescricional para a propositura de Ação Indenizatória em face do Estado.

Tradicionalmente, a prescrição para as ações de reparação civil contra o Estado ocorre em 5 anos, conforme o disposto no art. 1º do Decreto 20.910/32 e art. 1º-C da Lei 9.494/97. Esses diplomas criaram, quando de sua publicação, um benefício ao Estado, porquanto o Código Civil de 1916 estabelecia o prazo de 10 anos, para as reparações civis, em geral. Sendo assim, enquanto um particular ficava sujeito a uma ação contra si pelo prazo de 10 anos, a mesma ação em face do ente público deveria ser proposta em um prazo máximo de 5 anos.

Contudo, a divergência supracitada decorreu da edição do Código Civil de 2002, que no seu art. 206, §3º, V, estabeleceu que a Ação de Reparação Civil prescreve em cinco anos. Diante desta nova regra, parte da doutrina entende que o Estado não pode ser prejudicado em face do particular e, desta maneira, deve-se aplicar o prazo de 3 (três) anos para a reparação do Estado, nos moldes do Código Civil de 2002, por ser norma mais benéfica.

A doutrina majoritária entende que o prazo prescricional que deve ser considerado é o de 5 (cinco) anos, com base em lei específica. Além disso, este é o entendimento jurisprudencial mais aceito, adotado pela jurisprudência da primeira seção do Superior Tribunal de Justiça e se fundamenta no fato de que, caso seja intenção do legislador alterar o prazo de prescrição das ações de reparação civil contra a fazenda pública, deve expor isso em legislação específica sobre o tema, revogando as disposições anteriores.

Item II: incorreto; ordenamento jurídico constitucional brasileiro adota a teoria do risco administrativo como justificadora da responsabilização objetiva do Estado pelos danos que seus agentes causarem, nessa qualidade, a terceiros, com algumas ressalvas de aplicação da teoria do risco integral.

Item III: correto; a responsabilidade do Estado é vislumbrada quando o agente público causador do dano esteja atuando nesta qualidade ou, ao menos, se aproveitando da qualidade de agente para causar o dano.

Dessa forma, ainda que o agente público não esteja em seu horário de trabalho, caso ele se aproveite da qualidade de agente para ensejar o dano, estará configurada hipótese de responsabilização do ente público. A situação é corolário da teoria da imputação (ou teoria do órgão) que define que a conduta do agente público deve ser imputada ao ente estatal que ele representa. Exemplo clássico da situação exposta ocorre quando um determinado policial militar que, mesmo estando fora do horário de serviço e sem farda, atira em alguém com a arma da corporação, com a intenção de separar uma briga de rua, gerando sua conduta responsabilização do ente estatal.

Item IV: incorreto; a teoria da "falta do serviço" não exige que a vítima comprove a conduta culposa do agente público causadora do dano. Neste caso, a vítima apenas deve comprovar que o serviço foi mal prestado ou prestado de forma ineficiente ou ainda com atraso, sem necessariamente apontar o agente causador. Não se baseia na culpa do agente, mas do serviço como um todo e, por isso, denominamos **Culpa Anônima**.

Item V: incorreto; os entes da Administração Pública Direta são SUBSIDIARIAMENTE responsáveis pelos danos causados pelas concessionárias de serviço público por eles contratadas. Nestes casos, aplica-se a responsabilidade objetiva, de forma subsidiária, ou seja, no caso apresentado pela questão, a obrigação de reparar o dano é da pessoa jurídica prestadora do serviço e, caso seja inviável esse pagamento, o Estado é chamado à responsabilidade.

Caso fosse aplicada a responsabilidade solidária, ambos responderiam, ao mesmo tempo, solidariamente, enquanto na subsidiária o Estado só é chamado se o prestador de serviços não tiver condições financeiras.

> **QUESTÃO 87.** Assinale a alternativa que contém afirmação incorreta:

a) A responsabilidade civil do Estado pela integridade física dos detentos tem natureza objetiva.

b) Tem cunho subjetivo a responsabilidade civil do Estado pela prestação de serviço médico-hospitalar na rede pública, quando a mesma é delegada a terceiro.

c) Não é obrigatória a denunciação à lide de empresa contratada pela Administração para prestar serviço de conservação de rodovias nas ações de indenização baseadas na responsabilidade civil objetiva do Estado.

d) É quinquenal o prazo de prescrição para a propositura de ação de indenização por ilícito extracontratual contra a Fazenda Pública.

e) O termo inicial do prazo prescricional para o ajuizamento de ação de indenização contra ato do Estado ocorre no momento em que constatada a lesão e os seus efeitos, conforme o princípio da *actio nata*.

RESPOSTA:

Na alternativa apontada como gabarito (incorreta) o erro é verificado quando a questão afirma que a responsabilidade do Estado é de cunho SUBJETIVO. Com efeito, quando a prestação do serviço público é delegada a terceiro, a responsabilidade civil do Estado é definida em sua modalidade OBJETIVA.

Por oportuno, também é importante realçar que nestes casos, em que há delegação do serviço estatal, a responsabilidade do Estado além de OBJETIVA, se mostra subsidiária, pois sendo o dano causado por uma entidade prestadora de serviços públicos, somente é possível a responsabilização do Estado após o esgotamento das tentativas de pagamento por parte da empresa pelos prejuízos causados.

Com isso, a responsabilidade subsidiária é visualizada quando o Estado responde pelos danos causados por outra pessoa jurídica. Nesse caso, a obrigação de reparar o dano é da pessoa jurídica prestadora do serviço e, caso seja inviável esse pagamento, o Estado é chamado à responsabilidade.

Além disso, resta destacar que a **responsabilidade subsidiária** não se confunde com a **responsabilidade solidária**. Nesta, ambos responderiam, ao mesmo tempo, solidariamente, enquanto na subsidiária o

Estado só é chamado se o prestador de serviços não tiver condições de reparar os prejuízos sofridos pela vítima.

Assim, no caso apresentado pela banca examinadora, podemos afirmar que a pessoa jurídica responsável pela prestação do serviço público médico-hospitalar deverá responder de forma objetiva e o Estado tem responsabilidade subsidiária – e objetiva – por esta atuação.

› **QUESTÃO 88.** O diretor da área financeira de uma empreiteira foi flagrado pagando comissão a agente público responsável pela gestão de contrato administrativo celebrado para a realização de obras de ampliação e conservação em rodovia estadual. A comissão em questão foi paga para o fim de celebração de aditivo contratual, com acréscimos desnecessários e superfaturados ao projeto inicialmente contratado. Em vista do que dispõe a Lei nº 12.846/2013, também conhecida como "Lei Anticorrupção", é INCORRETO afirmar:

a) Dentre as penalidades aplicáveis à empreiteira está a publicação extraordinária da decisão condenatória, que, a par de outros meios de divulgação, deverá ser afixada de modo visível ao público, no próprio estabelecimento ou no local de exercício da atividade da infratora.

b) Caso a personalidade jurídica da empreiteira seja utilizada com abuso do direito para facilitar, encobrir ou dissimular a prática dos atos ilícitos previstos na lei ou para provocar confusão patrimonial, todos os efeitos das sanções aplicadas serão estendidos aos seus administradores e sócios com poderes de administração, observados o contraditório e a ampla defesa.

c) A empreiteira poderá ser responsabilizada objetivamente, no âmbito administrativo e civil, pela conduta do referido diretor.

d) No procedimento de responsabilização, poderá ser aplicada multa pecuniária à empreiteira, limitado o seu montante ao valor da vantagem indevidamente auferida.

e) A *holding* que controla a referida empreiteira é solidariamente responsável pela prática dos atos ilícitos definidos na lei, restringindo-se tal responsabilidade à obrigação de pagamento de multa e reparação integral do dano causado.

RESPOSTA:

Inicialmente, o texto legal prevê somente duas sanções a serem aplicadas administrativamente às pessoas jurídicas, mediante processo administrativo específico, em que se garante o contraditório e a ampla defesa.

Com efeito, é possível a aplicação administrativa de multa, que pode variar de 0,1% a 20% do faturamento bruto do último exercício anterior ao da instauração do processo administrativo, excluídos os tributos, a qual nunca será inferior à vantagem auferida, quando for possível sua estimação, bem como, poderá ser feita a publicação extraordinária da decisão condenatória, sendo que, nesse caso, a publicação tem caráter sancionatório e não informativo. A publicação ocorrerá na forma de extrato de sentença, à custa da pessoa jurídica sancionada, em meios de comunicação de grande circulação na área da prática da infração e de atuação da entidade. Não sendo possível, a publicação será veiculada em jornal de circulação nacional, bem como por meio de afixação de edital, pelo prazo mínimo de 30 (trinta) dias, no próprio estabelecimento ou no local de exercício da atividade, de modo visível ao público, e no *site* eletrônico do órgão na *internet*.

Assim, a alternativa apontada como gabarito da questão indica, de forma INCORRETA, que poderá ser aplicada multa pecuniária à empreiteira, limitado o seu montante ao valor da vantagem indevidamente auferida, quando, na verdade, a multa nunca será inferior à vantagem auferida, quando for possível sua estimação.

Para que sejam aplicadas as sanções, se faz necessária a prévia manifestação jurídica elaborada pela Advocacia Pública ou pelo órgão de assistência jurídica do ente público. Ademais, a aplicação das sanções previstas na lei não exclui, em qualquer hipótese, a obrigação da reparação integral do dano causado ao erário público.

> **QUESTÃO 89.** Suponha que um servidor público tenha cometido erro na alimentação do sistema informatizado de distribuição de ações judiciais, o que levou a constar, equivocadamente, a existência de antecedente criminal para determinado cidadão. Essa situação gerou prejuízos concretos para o cidadão, que foi preterido em processo de seleção para emprego de vigilante e também obrigado a desocupar o quarto na pensão onde residia. Diante dessa situação, referido cidadão

a) possui direito de obter indenização do servidor pelos prejuízos suportados, independentemente de comprovação de dolo ou culpa, em caráter subsidiário à responsabilidade objetiva do Estado.

b) possui direito de obter do Estado a indenização pelos danos materiais e morais sofridos, condicionado à comprovação da culpa in elegendo ou in vigilando da Administração.

c) poderá acionar judicial ou administrativamente o servidor que cometeu a falha, o qual possui responsabilidade objetiva pelos prejuízos comprovados.

d) possui direito de ser indenizado pelo Estado pelos prejuízos decorrentes da conduta do servidor público, independentemente da comprovação de dolo ou culpa deste.

e) poderá demandar, administrativa ou judicialmente, o Estado e o servidor, que possuem responsabilidade pelos danos causados por ação ou omissão, respondendo o Estado em caráter subsidiário em relação ao servidor.

RESPOSTA:

A responsabilidade civil das pessoas jurídicas de direito público e das prestadoras de serviços públicos não depende da comprovação de elementos subjetivos ou ilicitude, baseando-se, somente em três elementos, quais sejam: a conduta do agente público, o dano sofrido pela vítima e o nexo de causalidade entre os dois elementos anteriores.

A conduta comissiva deve ser de determinado agente público que atue nesta qualidade ou, ao menos, se aproveitando da qualidade de agente para causar o dano. No caso apresentado pela questão, a conduta comissiva foi praticada pelo servidor público, que cometeu erro na alimentação do sistema informatizado de distribuição de ações judiciais, o que levou a constar, equivocadamente, a existência de antecedente criminal para determinado cidadão. Essa situação gerou prejuízos concretos para o cidadão, que foi preterido em processo de seleção para emprego de vigilante e também obrigado a desocupar o quarto na pensão onde residia. Diante dessa situação.

Assim, com base na responsabilidade objetiva, prevista no art. 37, §6º, da CF, o cidadão possui direito de ser indenizado pelo Estado pelos prejuízos decorrentes da conduta do servidor público, independentemente da comprovação de dolo ou culpa deste.

Segundo o entendimento majoritário da doutrina, a conduta que enseja a responsabilidade objetiva do Estado é a conduta comissiva.

Além disso, vale esclarecer que o art. 37, §6º, da Constituição Federal, define que a responsabilização do ente público se configura objetiva, mas que seus agentes respondem somente de forma subjetiva – ou seja, após a análise de dolo ou culpa do mesmo – perante o Estado em ação de regresso. Desta forma, apesar da responsabilidade ser atribuída à Pessoa Jurídica, o agente púbico que causou o dano não se exime de reparar os prejuízos causados ao Estado.

Nesta senda, o Supremo Tribunal Federal, entende pela impossibilidade de propositura de ação diretamente em face do agente público causador do dano. Este posicionamento é fundamentado no fato de que a Constituição, em seu art. 37, §6º, estabeleceu a responsabilidade estatal, garantindo um direito ao particular lesado de ser indenizado pelos prejuízos que sofreu, mas também concedeu ao agente a garantia de apenas ser cobrado pelo Estado (**Teoria da Dupla Garantia**).

› **QUESTÃO 90.** A empresa privada brasileira Falkatru S/A, que tem negócios no exterior, envolveu-se em corrupção, apesar de aplicar efetivamente um rigoroso código de ética e de conduta, e de haver instituído procedimentos internos de integridade, que incentivam a denúncia de irregularidades, além de submeter-se a auditorias periódicas. A empresa, interessada em vender seu principal produto ao governo de outro país, enviou um representante para oferecer propina a servidores do Ministério das Relações Exteriores do Brasil que lá desempenhavam suas funções, a fim de que influenciassem as autoridades locais a fraudar a licitação para a compra do produto. O representante também estava instruído a oferecer dinheiro diretamente às autoridades locais. De acordo com a legislação anticorrupção brasileira, analise as seguintes afirmações:

I. Caso fique comprovado o indevido pagamento pela empresa, mas não se consiga provar a identidade ou a participação da pessoa suspeita de atuar como representante, não será possível a responsabilização administrativa da empresa.

II. A lei brasileira anticorrupção aplica-se aos atos lesivos praticados por pessoa jurídica brasileira, ainda que cometidos no exterior, desde que seja contra a administração pública brasileira.

III. O Ministério Público deve valer-se de ação civil pública para obter a responsabilização na via administrativa pelos atos lesivos, nos termos da lei brasileira anticorrupção.

IV. Se o acordo de leniência for frustrado e restar comprovada a corrupção, é irrelevante, para a responsabilização administrativa da empresa, a existência do código de ética, dos procedimentos internos de integridade e das auditorias.

Assinale a alternativa certa:

a) ( ) estão corretas apenas as afirmativas I e III.

b) ( ) estão corretas apenas as afirmativas II e III.

c) ( ) estão corretas apenas as afirmativas II e IV.

d) ( ) Nenhuma afirmativa está correta.

RESPOSTA:

Item I: incorreto; em 01 de agosto de 2013, foi sancionada a lei 12.846/13, chamada pela mídia de lei "anticorrupção", que trata acerca da responsabilização objetiva administrativa e civil de pessoas jurídicas pela prática de atos contra a administração pública, seja ela entidade nacional ou estrangeira, bem como as organizações públicas internacionais que são, neste caso, equiparadas às entidades estrangeiras.

A lei se aplica às sociedades empresárias e às sociedades simples, personificadas ou não, independentemente da forma de organização ou modelo societário adotado, bem como a quaisquer fundações, associações de entidades ou pessoas, ou sociedades estrangeiras, que tenham sede, filial ou representação no território brasileiro, constituídas de fato ou de direito, ainda que temporariamente, definindo suas responsabilizações, objetivamente, nos âmbitos administrativo e civil, pelos atos lesivos que estão enumerados na própria lei, sejam esses atos praticados em seu interesse ou benefício, exclusivo ou não.

Conforme disposto na lei, a pessoa jurídica será responsabilizada, independentemente da responsabilização individual das pessoas naturais que as represente. Todavia, é importante ressaltar que a lei se dispõe a tratar apenas da responsabilização das Pessoas Jurídicas, não excluindo a responsabilidade individual de seus dirigentes ou administradores ou de qualquer pessoa natural, autora, coautora ou partícipe do ato ilícito, que terão suas responsabilidades apuradas na esfera cível ou criminal. Por óbvio, não se pode falar em responsabilidade objetiva de pessoas físicas e, desta forma, os dirigentes ou administradores somente serão responsabilizados por atos ilícitos, na medida da sua culpabilidade.

No que tange às pessoas jurídicas, sua responsabilidade por atos praticados em face do ente público subsistirá, mesmo na hipótese de alteração contratual, transformação, incorporação, fusão ou cisão societária, situações nas quais, a responsabilidade da sucessora será restrita à obrigação de pagamento de multa e reparação integral do dano causado, até o limite do patrimônio transferido, não lhe sendo aplicáveis as demais sanções previstas na legislação decorrentes de atos e fatos ocorridos antes da data da fusão ou incorporação, salvo se comprovada a simulação ou evidente intuito de fraude.

Item II: incorreto; o art. 28, da Lei 12.846/13, dispõe que "esta Lei aplica-se aos atos lesivos praticados por pessoa jurídica brasileira contra a administração pública estrangeira, ainda que cometidos no exterior".

Item III: incorreto; a ação proposta para aplicação destas penalidades tem **natureza jurídica** de Ação Civil Pública e a Lei 12.846/13 determina que seja utilizado, para fins de responsabilização civil, o rito definido na Lei 7.347/85.

Por fim, dispõe o art. 25, da Lei 12.846/13 que:

> "Art. 25. Prescrevem em 5 (cinco) anos as infrações previstas nesta Lei, contados da data da ciência da infração ou, no caso de infração permanente ou continuada, do dia em que tiver cessado.

> Parágrafo único. Na esfera administrativa ou judicial, a prescrição será interrompida com a instauração de processo que tenha por objeto a apuração da infração".

Item IV: incorreto; o art. 7º, da Lei 12.846/13, preconiza que serão levados em consideração na aplicação das sanções: a) a gravidade da infração; b) a vantagem auferida ou pretendida pelo infrator; c) a consumação ou não da infração; d) o grau de lesão ou perigo de lesão; e) o efeito negativo produzido pela infração; f) a situação econômica do infrator; g) a cooperação da pessoa jurídica para a apuração das infrações; h) **a existência de mecanismos e procedimentos internos de integridade, auditoria e incentivo à denúncia de irregularidades e a aplicação efetiva de códigos de ética e de conduta no âmbito da pessoa jurídica**; i) o valor dos contratos mantidos pela pessoa jurídica com o órgão ou entidade pública lesados.

> **QUESTÃO 91.** Em relação à responsabilidade civil do Estado, considere as seguintes assertivas:

I. Na evolução histórica da responsabilidade civil do Estado, a teoria da culpa administrativa exigia a comprovação da culpa individual do funcionário.

II. Como o Brasil adota como regra geral a responsabilidade civil do Estado fundada no risco administrativo, para configurar o dever de indenizar basta que o agente causador do dano tenha a qualidade de agente público.

III. A responsabilidade civil do Estado, prevista no artigo 37, §6º, da Constituição Federal, também se aplica às pessoas jurídicas de direito privado prestadoras de serviço público, excluindo as entidades da Administração Pública Indireta que exploram atividade econômica de natureza privada.

Quais estão CORRETAS?

a) Apenas I.

b) Apenas II.

c) Apenas III.

d) Apenas I e III.

e) Apenas II e III.

RESPOSTA:

Item I: incorreto; segundo os ensinamentos do ilustre professor Hely Lopes Meirelles "a teoria da culpa administrativa representa o primeiro estágio da transição entre a doutrina subjetiva da culpa civil e a tese objetiva do risco administrativo que a sucedeu, pois leva em conta a falta do serviço para dela inferir a responsabilidade da Administração. Já aqui não se indaga da culpa subjetiva do agente administrativo, mas perquire-se se a falta objetiva do serviço em si mesmo, como fato gerador da obrigação de indenizar o dano causado a terceiro. Exige-se, também, uma culpa, mas uma culpa especial da Administração, a que se convencionou chamar de culpa administrativa".

Item II: incorreto; na realidade, o Direito Brasileiro adota a Teoria do Risco Administrativo, estabelecendo a ideia de que a responsabilidade objetiva do Poder Público é configurada quando presentes os seus três elementos definidores, quais sejam: conduta do agente público, atuando nessa qualidade, dano causado a um particular e nexo de causalidade entre a conduta e o dano.

Desta forma, ao contrário do que afirma a banca examinadora, para configurar o dever de indenizar do Estado não basta que o agente causador do dano tenha a qualidade de agente público. Na verdade, a presença dos três elementos supracitados é imprescindível.

Item III: correto; o art. 37, §6º, da Constituição Federal dispõe que "as pessoas jurídicas de direito público e as de direito privado **prestadoras de serviços públicos** responderão pelos danos que seus agentes, nessa qualidade, causarem a terceiros, assegurado o direito de regresso contra o responsável nos casos de dolo ou culpa".

Neste sentido, caso a empresa estatal seja exploradora de atividade econômica, a regra estampada no art. 37, §6º, da Constituição Federal não lhe será aplicável, uma vez que atua na atividade privada e segue o regime jurídico idêntico àquele aplicado para as empresas privadas. Sendo assim, as exploradoras de atividade econômica, não obstante sejam integrantes da Administração Indireta, serão responsabilizadas nos moldes definidos pelo direito privado.

> **QUESTÃO 92.** O Fórum de determinada comarca estava passando por obras de reformas para acessibilidade e reforço de segurança, além de pequenos reparos e modernização. O cronograma e planejamento de execução permitiam a continuidade das atividades, com interdições parciais e temporárias por setores do prédio. Assim, apesar das dificuldades, foi possível manter o planejamento de audiências e o atendimento ao público. Em um dado dia, um dos operários descuidou-se do isolamento da área em obras, não realizando a devida identificação e tamponamento de alguns buracos. Um cidadão, que tinha ido ao fórum pela primeira vez, convocado a depor como testemunha, se enganou quanto a direção correta e, tendo adentrado o local das obras, acidentou-se em um dos buracos, sofrendo lesões corporais e, consequentemente, experimentando prejuízos em decorrência de despesas médicas e hospitalares. Cabe

a) à empresa contratada para as obras, além do dever de prestar socorro, a integral e exclusiva responsabilidade pelo ressarcimento dos danos morais e materiais causados, tendo em vista que inexiste vínculo jurídico com o Estado.

b) à vítima ser indenizada pelos danos morais e materiais sofridos, podendo pleiteá-los diretamente da empresa responsável pelas obras, mas também pode demandar o Poder Público pelo dever de fiscalizar a correta identificação dos espaços destinados às obras, a fim de que as atividades forenses pudessem ser desenvolvidas adequadamente.

c) responsabilização exclusiva e integral do Poder Público, tendo em vista que o acidente ocorreu nas dependências do Fórum, equipamento público, bem como devido à presença da vítima no local ser compulsória, em razão de convocação recebida.

d) à vítima a comprovação de culpa do operário responsável pela identificação dos locais de trabalho da empresa, tendo em vista que, como se trata de empresa privada, embora a contratação da empresa tenha se dado por meio de licitação, o contrato submete-se ao regime do código civil.

e) afastar, preliminarmente, a ausência de culpa da vítima, ou seja, a impossibilidade de identificação do buraco e, diante da confirmação, a responsabilização pelos danos morais e materiais, em litisconsórcio compulsório da empresa responsável pelas obras e do Poder Público, a primeira sob a modalidade subjetiva e o segundo pela modalidade objetiva.

RESPOSTA:

A responsabilidade decorrente de obras públicas deve ser analisada diante de enfoques diferentes. Isso porque existem situações em que os danos decorrem da má execução da obra pública e, em outros casos, o dano decorre da existência da obra em si e não de sua execução indevida.

Na situação apresentada pela questão, aplica-se a responsabilidade decorrente da *má execução da obra*: nesses casos, para fins de definir a responsabilização, é indispensável perquirir quem estava executando a obra.

Justifica-se: há hipóteses nas quais a obra é executada pelo próprio Estado e, nestes casos, a responsabilidade objetiva é indiscutível, uma vez que a conduta do agente público está ensejando um dano ao particular, em perfeita subsunção do dispositivo constitucional. Nas palavras de José dos Santos Carvalho Filho *"se por alguma razão natural ou imprevisível, e sem culpa de alguém a obra pública causa dano ao particular dar-se-á a responsabilidade objetiva do Estado"*.

Porém, se a obra mal executada foi realizada por um empreiteiro, através de contrato administrativo, e que o dano foi provocado por culpa exclusiva do executor, de acordo com a corrente majoritária lhe será atribuída responsabilidade subjetiva (importante saber que não se trata de prestação de serviço público pelo empreiteiro).

Conforme leciona José dos Santos Carvalho Filho, a ação deve ser movida somente contra o empreiteiro, sem participação do Estado no processo, sendo que a responsabilização do empreiteiro dar-se-á nos moldes previstos na legislação civil. Por sua vez, a responsabilidade do ente público é subjetiva, desde que se comprove a não fiscalização do contrato por parte do ente público contratante. Sendo assim, a responsabilização do Estado decorre do fato de que foi omisso no dever de fiscalização do contrato celebrado.

Noutro sentido, Diogo de Figueiredo Moreira Neto entende que as responsabilidades do Estado e do empreiteiro são objetivas e solidárias, tornando o Estado garantidor das obras por ele contratadas. Esta posição, com o respeito devido a quem defende, está em desacordo com a Constituição Federal, uma vez que a doutrina não pode criar hipótese de responsabilidade objetiva não prevista na Carta Maior.

Assim, de acordo com a doutrina majoritária, na hipótese apresentada pela banca examinadora, cabe à vítima ser indenizada pelos danos morais e materiais sofridos, podendo pleiteá-los diretamente da empresa responsável pelas obras, mas também pode demandar o

Poder Público pelo dever de fiscalizar a correta identificação dos espaços destinados às obras, a fim de que as atividades forenses pudessem ser desenvolvidas adequadamente.

> **QUESTÃO 93.** Em termos de tutela adequada do interesse público anticorrupção, podemos afirmar que

a) a indisponibilidade do interesse público é incompatível com a celebração de Acordo de Leniência.

b) é condição para o cabimento da ação popular a demonstração do prejuízo material aos cofres públicos.

c) o interesse público anticorrupção não tem guarida constitucional, mas conta com previsão na Lei de Improbidade e na Lei de Combate à Corrupção.

d) o Direito Administrativo Sancionador de Tutela da Probidade sofreu alteração substancial com a Lei nº 12.846/2013. Os postulados da razoabilidade e da proporcionalidade devem ser aplicados, de forma a concretizar o modelo sancionatório atual e o interesse público anticorrupção.

RESPOSTA:

A lei 12.846/13, chamada pela mídia de lei "anticorrupção", trata acerca da responsabilização objetiva administrativa e civil de pessoas jurídicas pela prática de atos contra a administração pública, seja ela entidade nacional ou estrangeira, bem como as organizações públicas internacionais que são, neste caso, equiparadas às entidades estrangeiras.

No modelo sancionatório definido pela referida legislação não se pode deixar de observar os postulados constitucionais da razoabilidade e proporcionalidade.

› **QUESTÃO 94.** Em observância à evolução da responsabilidade civil do Estado, as teorias publicistas tiveram seus primeiros passos dados pela jurisprudência

a) americana, com o caso Joseph.

b) italiana, com o caso Bertz.

c) francesa, com o caso Blanco.

d) inglesa, com o caso Stuart.

e) alemã, com o caso Berta.

RESPOSTA:

O primeiro caso de responsabilidade do Estado (*leading case*) se deu na França e ficou conhecido como caso "Blanco". Ocorreu que uma garota foi atropelada por um vagão de ferroviária e, comovendo a sociedade francesa, embasou a responsabilização do ente público pelo dano causado. O Estado, que, até então, agia irresponsavelmente, passou a ser responsável, em **casos pontuais,** sempre que houvesse previsão legal específica para responsabilidade. Eram situações muito restritas. No Brasil, surgiu com a criação do Tribunal Conflitos, em 1873.

› **QUESTÃO 95.** A responsabilidade civil do Estado funda-se na tese da responsabilidade objetiva segundo a teoria do risco administrativo, admitindo-se a ação de regresso contra o agente público causador direito do dano. Sobre o tema, assinale a alternativa correta:

a) A responsabilidade civil objetiva das pessoas jurídicas de direito público e de direito privado prestadoras de serviços públicos é restrita aos usuários do serviço público, não se admitindo responsabilidade, sem demonstração de culpa, nas hipóteses de danos causados a terceiros, não usuários de serviços públicos.

b) Aquele que sofre dano causado por ato do Poder Público poderá ajuizar ação de ressarcimento diretamente contra a pessoa jurídica de direito público que lhe tenha causado o dano ou, se preferir, diretamente contra o agente público causador direto do dano e, neste último caso, deverá demonstrar dolo ou culpa.

c) Segundo a jurisprudência firmada pelo Supremo Tribunal Federal, é dever do Estado mover a ação de regresso contra o agente público causador direto do dano, nos casos de dolo ou culpa, sob pena de improbidade administrativa.

d) A ação regressiva de ressarcimento ao erário movida pelo Poder Público contra o agente público causador direto do dano está sujeita às regras de prescrição, ainda que fundada na prática de ato doloso tipificado como de improbidade administrativa.

RESPOSTA:

Conforme o entendimento do STF, o Estado responde, objetivamente, pelos atos dos tabeliães e registradores oficiais que, no exercício de suas funções, causem dano a terceiros, assentado **o dever de regresso contra o responsável, nos casos de dolo ou culpa, sob pena de improbidade administrativa.** STF. Plenário. RE 842846/RJ, Rel. Min. Luiz Fux, julgado em 27/2/2019 (repercussão geral) (Info 932).

> **QUESTÃO 96.** Em tema de controle da administração pública, a Controladoria-Geral da União (CGU), em sede de controle externo, está sujeita à:

a) fiscalização do Poder Judiciário, nos aspectos ligados à legalidade de suas atividades meio e fim, pelo princípio da inafastabilidade do controle jurisdicional, mas não se submete a outros órgãos de controle, como o Tribunal de Contas da União e o Ministério Público Federal (MPF);

b) atuação do Ministério Público Federal (MPF) e, em caso de ilegalidade de despesa ou irregularidade de contas no âmbito da CGU, o MPF, após regular processo administrativo, pode aplicar ao gestor responsável as sanções previstas em lei, como multa proporcional ao dano causado ao erário;

c) realização, pelo Tribunal de Contas da União, por iniciativa própria, da Câmara dos Deputados, do Senado Federal, de Comissão técnica ou de inquérito, de inspeções e auditorias de natureza contábil, financeira, orçamentária, operacional e patrimonial;

d) fiscalização do Poder Legislativo, que pode assinar prazo para que a CGU adote as providências necessárias ao exato cumprimento da lei, se verificada ilegalidade, e sustar, se não atendido, a execução do ato impugnado, comunicando a decisão ao Tribunal de Contas da União;

e) atuação do Poder Executivo, por meio da Advocacia-Geral da União, que fiscaliza a aplicação de quaisquer recursos repassados pela União à CGU mediante convênio, acordo, ajuste ou outros instrumentos congêneres, aplicando as sanções legais aos responsáveis.

RESPOSTA:

O gabarito da questão foi fixado com base no art. 71, IV, da CF, o qual define que o controle externo, a cargo do Congresso Nacional, será exercido com o auxílio do Tribunal de Contas da União, ao qual compete realizar, por iniciativa própria, da Câmara dos Deputados, do Senado Federal, de Comissão técnica ou de inquérito, inspeções e auditorias de natureza contábil, financeira, orçamentária, operacional e patrimonial, nas unidades administrativas dos Poderes Legislativo, Executivo e Judiciário, e demais entidades referidas no inciso II.

As competências atribuídas ao Tribunal de Contas visam a auxiliar o controle exercido pelo Congresso e fiscalizar todos os entes da Administração Pública, além das entidades privadas que executam funções mediante repasse de dinheiro público.

No que tange ao controle dos contratos administrativos, o Tribunal de Contas não tem legitimidade para determinar a sustação desses acordos, mas sim de emitir parecer para que a sustação seja feita pelo Congresso Nacional.

Nesse sentido, a sustação do contrato se dará por meio do controle parlamentar direto. Todavia, o art. 71, §2º da Carta Magna estipula que, caso o Congresso se omita por mais de 90 dias, o TCU decidirá a respeito. Ou seja, poderá reenviar o parecer e argumentar, requerendo a sustação do contrato.

> **QUESTÃO 97.** Acerca do controle da atividade desempenhada pela administração pública, assinale a opção correta.

a) O controle de legalidade dos atos administrativos pelo Poder Judiciário revela-se incompatível com o princípio da separação dos Poderes.

b) O controle de mérito dos atos administrativos é atribuído exclusivamente ao Poder Judiciário.

c) O controle de legalidade dos atos administrativos pelo Poder Legislativo revela-se incompatível com o princípio da separação dos Poderes.

d) O controle de legalidade dos atos administrativos é adstrito ao Poder Legislativo.

e) O controle de mérito dos atos administrativos cabe à própria administração pública.

RESPOSTA:

O **controle de mérito** deve ser exercido com a intenção de verificar a oportunidade e conveniência administrativas do ato controlado. Neste sentido, trata-se de controle administrativo que, de regra, compete exclusivamente ao próprio Poder o qual, atuando na função de Administração Pública, praticou a conduta.

Excepcionalmente, nos casos previstos na Constituição Federal, o Poder Legislativo tem competência para exercer o controle de mérito sobre atos praticados pela Administração, como ocorre, por exemplo, em casos que exigem a aprovação do Senado Federal para a nomeação de um Ministro do Supremo Tribunal Federal. Não obstante tenha natureza de controle político, não serão analisados somente aspectos de legalidade, mas sim de oportunidade e conveniência.

Ademais, é pacífico o entendimento de que não cabe ao Judiciário, no exercício da função jurisdicional, o controle de mérito sobre os atos praticados no exercício de função administrativa. O controle exercido pelo Judiciário é sempre vinculado à legalidade da conduta estatal. Nestes casos, vislumbrando a ilegalidade do ato controlado, deve proceder à sua anulação, sendo vedada a revogação judicial.

› **QUESTÃO 98.** Em matéria de controle da Administração Pública, extrai-se do texto constitucional que o controle externo, a cargo do Poder Legislativo, será exercido com o auxílio do Tribunal de Contas, ao qual compete

a) apreciar as contas prestadas semestralmente pelo chefe do Poder Executivo, mediante parecer prévio, que vincula o julgamento dessas contas pelo Poder Legislativo.

b) assinar prazo para que o órgão ou entidade adote as providências necessárias ao exato cumprimento da lei, se verificada ilegalidade, e, descumprida a ordem, condenar o gestor omisso à suspensão dos direitos políticos por até 8 (oito) anos e ressarcimento pelos danos causados ao erário.

c) aplicar aos responsáveis, em caso de ilegalidade de despesa ou irregularidade de contas, as sanções previstas em lei, que estabelecerá, entre outras cominações, suspensão dos direitos políticos por até 5 (cinco) anos e ressarcimento pelos danos causados ao erário.

d) julgar as contas dos administradores e demais responsáveis por dinheiros, bens e valores públicos da administração direta, mas não da administração indireta, e as contas daqueles que derem causa à perda, ao extravio ou a outra irregularidade de que resulte prejuízo ao erário público.

e) apreciar, para fins de registro, a legalidade dos atos de admissão de pessoal, a qualquer título, na administração direta e indireta, incluídas as fundações instituídas e mantidas pelo Poder Público, excetuadas as nomeações para cargo de provimento em comissão, bem como a das concessões de aposentadorias, reformas e pensões, ressalvadas as melhorias posteriores que não alterem o fundamento legal do ato concessório.

RESPOSTA:

O gabarito da questão foi fixado com base no art. 71, III, da CF, o qual define que o controle externo, a cargo do Congresso Nacional, será exercido com o auxílio do Tribunal de Contas da União, ao qual compete apreciar, para fins de registro, a legalidade dos atos de admissão de pessoal, a qualquer título, na administração direta e indireta, incluídas as fundações instituídas e mantidas pelo Poder Público, excetuadas as nomeações para cargo de provimento em comissão, bem como a das concessões de aposentadorias, reformas e pensões, ressalvadas as melhorias posteriores que não alterem o fundamento legal do ato concessório.

> **QUESTÃO 99.** No que se refere à discricionariedade administrativa e ao controle judicial dos atos administrativos, assinale a opção correta.

a) Não havendo previsão legal sobre o tema, o STF tem admitido que o Poder Judiciário determine a atualização da tabela do imposto de renda.

b) Segundo o entendimento do STF, não havendo flagrante ilegalidade ou inconstitucionalidade, o Poder Judiciário não pode interferir em critérios fixados por banca examinadora de concurso público.

c) Segundo o STF, a determinação judicial para que a administração pública realize obras ou reformas emergenciais em presídios fere a separação dos poderes, mesmo que a melhoria preste-se a garantir a integridade física dos presos.

d) Não se admite o controle judicial dos atos discricionários.

RESPOSTA:

O Supremo Tribunal Federal possui o entendimento de que não compete ao Poder Judiciário substituir a banca examinadora para reexaminar o conteúdo das questões e os critérios de correção utilizados, salvo ocorrência de ilegalidade e inconstitucionalidade.

Sendo assim, a Corte Suprema entende que não cabe ao Judiciário substituir a Banca Examinadora de concurso público nos critérios de correção de provas e atribuição de notas, cingindo-se sua atuação ao controle jurisdicional da legalidade do certame.

> **QUESTÃO 100.** Tendo em vista que, relativamente aos mecanismos de controle da administração pública, a própria CF dispõe que os Poderes Legislativo, Executivo e Judiciário manterão, integradamente, sistemas de controle interno em suas respectivas esferas, assinale a opção que apresenta exemplo de meio de controle interno da administração pública.

a) Fiscalização realizada por órgão de controladoria da União sobre a execução de determinado programa de governo no âmbito da administração pública federal.

b) Controle do Poder Judiciário sobre os atos do Poder Executivo em ações judiciais.

c) Sustação, pelo Congresso Nacional, de atos do Poder Executivo que exorbitem do poder regulamentar.

d) Julgamento das contas dos administradores e dos demais responsáveis por dinheiro, bens e valores públicos da administração direta e indireta realizado pelos TCs.

e) Ação popular proposta por cidadão visando à anulação de determinado ato praticado pelo Poder Executivo municipal, considerado lesivo ao patrimônio público.

RESPOSTA:

A controladoria é órgão interno de controle dos entes federativos que não têm função consultiva, mas sim de efetiva fiscalização, orientação e revisão de atos praticados dentro da estrutura do Poder Executivo. São normalmente vinculados ao Chefe do Poder Executivo de cada um dos entes federativos e atuam com ampla prerrogativa de investigação com a finalidade de garantir maior transparência e moralidade na prestação de contas públicas.

No âmbito federal, a Controladoria-Geral da União - CGU tem a competência para assistir direta e imediatamente ao Presidente da República no desempenho de suas atribuições quanto aos assuntos e providências que, no âmbito do Poder Executivo, sejam atinentes à defesa do patrimônio público, ao controle interno, à auditoria pública, à correição, à prevenção e ao combate à corrupção, às atividades de ouvidoria e ao incremento da transparência da gestão no âmbito da administração pública federal, devendo, no exercício de sua competência, dar o devido andamento às representações ou denúncias fundamentadas que receber, relativas a lesão ou ameaça de lesão ao patrimônio público, velando por seu integral deslinde.

No que tange a sua estruturação, a CGU tem como titular o Ministro de Estado Chefe do órgão, e sua estrutura básica é constituída por: Gabinete, Assessoria Jurídica, Conselho de Transparência Pública e Combate à Corrupção, Comissão de Coordenação de Controle Interno, Secretaria-Executiva, Corregedoria-Geral da União, Ouvidoria-Geral da União e 2 (duas) Secretarias, sendo 1 (uma) a Secretaria Federal de Controle Interno.

Por fim, vale acrescentar que a fim de assegurar a comunicação entre o controle interno e o externo, art. 51, §4º, da Lei 13.844/19, da lei dispõe que "*A Controladoria-Geral da União encaminhará à Advocacia-Geral da União os casos que configurem improbidade administrativa e todos quantos recomendem a indisponibilidade de bens, o ressarcimento ao erário e outras providências a cargo daquele órgão, bem como provocará, sempre que necessária, a atuação do Tribunal de Contas da União, da Secretaria da Receita Federal, dos órgãos do Sistema de Controle Interno do Poder Executivo Federal e, quando houver indícios de responsabilidade penal, do Departamento de Polícia Federal e do Ministério Público, inclusive quanto a representações ou denúncias que se afigurarem manifestamente caluniosas*".

› **QUESTÃO 101.** O Prefeito do Município X decidiu construir, defronte à sede da Prefeitura, um monumento em homenagem a seu avô, fundador da universidade local. A obra teria 20 metros e seria esculpida em mármore e aço. A associação de pais de crianças portadoras de necessidades especiais ajuizou ação civil pública para impedir a construção do monumento, sob a alegação de que os recursos envolvidos na aludida homenagem seriam suficientes para a reforma e adaptação de acessibilidade das escolas municipais, de forma a proporcionar o pleno acesso de pessoas com deficiência. Os procuradores do município argumentaram que a construção do monumento visa a preservar a memória da cidade, bem como que a alocação de recursos seria ato discricionário do Prefeito. Diante do relatado e com base na jurisprudência atual sobre o controle jurisdicional da administração pública, assinale a opção correta.

a) O ato do Prefeito, embora discricionário, é passível de controle pelo Poder Judiciário, a fim de que este avalie a conformidade desse ato com os mandamentos constitucionais.

b) O Poder Judiciário, se entender pela violação a princípio da administração pública, poderá revogar o ato administrativo expedido pelo Prefeito.

c) O ato discricionário não é sindicável pelo Poder Judiciário.

d) Neste caso, o Poder Judiciário poderá decidir pela alteração do projeto e do material a ser utilizado no monumento, de forma a diminuir os custos da obra.

e) A associação de pais de crianças portadoras de necessidades especiais não tem legitimidade para ajuizar ação civil pública.

RESPOSTA:

O ato administrativo deve ser praticado respeitando a disciplina normativa pertinente e o direito. Caso contrário, terá desobedecido à legalidade ampla e, consequentemente, esse ato deverá ser invalidado, por não corresponder ao disposto no sistema normativo brasileiro, quer seja pela própria Administração Pública editora do ato, no uso da autotutela, quer seja mediante o controle jurisdicional.

O legislador, quando confere a competência discricionária, atribui à Administração a possibilidade de proceder, segundo um juízo subjetivo, acerca da melhor decisão a ser tomada, no caso concreto, para o atendimento dos fins legais. Entretanto, a liberdade posta possui limites devidamente dispostos no sistema positivo brasileiro, já que toda atividade administrativa está adstrita às prescrições jurisdicionais. Assim, o administrador está livre para agir diante de competências discricionárias, mas nos devidos parâmetros do direito, sem causar prejuízos nem desrespeitar direitos dos administrados.

A tendência doutrinária moderna é entender a discricionariedade administrativa de forma ampla, abarcando não apenas a ideia de mérito administrativo, mas também de conceitos indeterminados e, ainda, a sua compreensão a partir de princípios.

Portanto, doutrinariamente, vem-se confirmando a possibilidade de o Judiciário verificar, à luz da legalidade e, portanto, das normas e dos princípios constitucionais inspiradores da função administrativa, a validade dos atos administrativos discricionários. Com isso, quer-se dizer que, diante da nova conjuntura do sistema positivo brasileiro, no qual os princípios passaram a assumir grande importância, o controle jurisdicional sobre os atos discricionários recebeu conotação ampla.

Assim sendo, no caso exposto poderá o Judiciário apreciar de forma limitada o mérito administrativo, mas apenas no que se refere à sua adequação com o sistema normativo brasileiro, seus princípios informadores, motivo pelo qual a assertiva encontra-se correta.

> **QUESTÃO 102.** Assinale a alternativa correta.

a) O controle dos atos administrativos pelo Judiciário afronta o princípio da separação, independência e harmonia dos poderes constituídos.

b) Os atos normativos do Poder Executivo, como regulamentos, resoluções, portarias, podem ser invalidados pelo Poder Judiciário.

c) O Judiciário não pode examinar sob o aspecto da legalidade e da moralidade os atos da Administração Pública discricionários.

d) Os atos administrativos vinculados estão fora da competência de revisão do Poder Judiciário, por estar este impedido de examinar seu mérito.

e) Os atos políticos estão sujeitos à apreciação do Judiciário, desde que causem lesão a direitos individuais.

RESPOSTA:

Os atos políticos ou de governo ocorrem quando há o exercício da função política e podem exercê-la os membros do Legislativo, do Judiciário, do Executivo. Na prática, não podem, sequer, ser considerados atos da Administração, porque são exercidos pelo Estado no exercício da função política.

No entender de José dos Santos Carvalho Filho, "*Esses atos não são propriamente administrativos, mas atos de governo. Seu fundamento se encontra na Constituição, e por tal motivo não têm parâmetros prévios de controle. Por outro lado, são esses os atos que permitem a condução das políticas, das diretrizes e das estratégias do Governo. Ausentes quaisquer standards predeterminados para limitá-los, os atos políticos comportam maior discricionariedade para os governantes, facultando-lhes a todo o tempo um leque aberto de possibilidades de ação, sendo todas legítimas. Como exemplo desses atos, temos o ato de indulto, da competência do Presidente da República (art. 84, XII, CF); o ato de permissão da mesma autoridade, para que forças estrangeiras transitem pelo território nacional (art. 84 XXII, CF). Em relação ao Congresso Nacional, exemplificamos com o ato pelo qual é concedida autorização ao Presidente da República para se ausentar do país (art. 49, III, CF). Todos esses são considerados atos políticos, porque seus motivos residem na esfera exclusiva da autoridade competente para praticá-los*".

Dessa forma, a assertiva encontra-se correta, pois os atos praticados no exercício da função política, nos quais o Poder Público goza de uma margem ampla de discricionariedade, admitem o controle jurisdicional. Entretanto, frise-se, que este controle somente ocorrerá, quando houver prejuízo específico à esfera individual de particulares. Podem ser citados como exemplos de atos políticos, a anistia presidencial, o veto de lei ou a declaração de guerra.

> **QUESTÃO 103.** Acerca do controle jurisdicional dos atos administrativos, assinale a opção correta.

a) As ações judiciais de controle dos atos da administração pública não podem ser manejadas se a lesão a interesse particular for apenas potencial e não efetiva.

b) Caso um particular a quem a administração pública tenha negado pedido de acesso a informação de interesse coletivo impetre habeas data para pedir que a justiça lhe garanta essa informação, o juiz que receber a causa deverá admitir a ação e decidir em favor do autor.

c) Para ser admitida pelo juiz, a ação popular deverá comprovar a ilegalidade e a lesividade do ato administrativo que constitua seu objeto, uma vez que essa comprovação é pressuposto elementar da procedência da ação popular e da consequente condenação dos responsáveis ao ressarcimento ao erário.

d) Deve ser considerada inadmissível uma ACP ajuizada por sociedade de economia mista contra ato administrativo supostamente lesivo ao meio ambiente, uma vez que essa espécie de sociedade carece de legitimidade para a propositura desse tipo de ação.

e) Situação hipotética: Leandro participou de concurso público em que concorreu a vaga destinada a pessoa com deficiência, mas foi eliminado por laudo pericial da administração pública que alegava ausência de deficiência. Inconformado, ele impetrou mandado de segurança contra a decisão, juntando aos autos laudo pericial particular que contradizia o laudo da administração. Assertiva: Nessa situação, foi adequada a impetração do mandado de segurança, e o juiz deverá designar perito para a realização de avaliação judicial definitiva.

RESPOSTA:

A ação popular é remédio constitucional, regulamentado no art. 5º, LXXIII da Constituição Federal proposta por qualquer cidadão que, embora não tenha sido diretamente lesado pelo ato que ele pretende anular, considere o ato lesivo ao interesse coletivo. Com efeito, o cidadão busca a anulação de um ato lesivo ao interesse da coletividade e não à sua esfera individual.

Dessa forma, a assertiva encontra-se correta, visto que conforme jurisprudência do STF, abaixo transcrita, para ser admitida pelo juiz, a ação popular deverá comprovar a ilegalidade e a lesividade do ato administrativo que constitua seu objeto, uma vez que essa comprovação é pressuposto elementar da procedência da ação popular e da consequente condenação dos responsáveis ao ressarcimento ao erário. Vejamos:

> ADMINISTRATIVO E PROCESSUAL CIVIL. AÇÃO POPULAR. IRREGULARIDADES FORMAIS AVERIGUADAS NO PROCEDIMENTO LICITATÓRIO, QUE NÃO ENSEJARAM, CONTUDO, DANO AO ERÁRIO, CONFORME RECONHECIDO EM PERÍCIA JUDICIAL E PELO TCE DE MINAS GERAIS. IMPOSSIBILIDADE DE CONDENAÇÃO DOS RECORRENTES NO RESSARCIMENTO DOS COFRES PÚBLICOS, COM ESTEIO EM LESÃO PRESUMIDA À MUNICIPALIDADE, SOB PENA DE ENRIQUECIMENTO SEM CAUSA DO ENTE ESTATAL.
>
> 1. Omissis
>
> 5. **Tem-se, dessa forma, como imprescindível a comprovação do binômio ilegalidade-lesividade, como pressuposto elementar para a procedência da Ação Popular e consequente condenação dos requeridos no ressarcimento ao erário em face dos prejuízos comprovadamente atestados ou nas perdas e danos correspondentes.** 6. Eventual violação à boa-fé e aos valores éticos esperados nas práticas administrativas não configura, por si só, elemento suficiente para ensejar a presunção de lesão ao patrimônio público, conforme sustenta o Tribunal a quo; e assim é porque a responsabilidade dos agentes em face de conduta praticada em detrimento do patrimônio público exige a comprovação e a quantificação do dano, nos termos do art. 14 da Lei 4.717/65; assevera-se, nestes termos, que entendimento

contrário implicaria evidente enriquecimento sem causa do Município, que usufruiu dos serviços de publicidade prestados pela empresa de propaganda durante o período de vigência do contrato. 7. Não se conhece do Recurso Especial da Empresa de Propaganda e Marketing, em face de sua manifesta intempestividade, e do Recurso Especial interposto pelo ex-Prefeito. Recursos Especiais dos demais recorrentes providos, para afastar a condenação dos mesmos a restituir aos cofres públicos o valor fixado no Acórdão do Tribunal de origem. Com fulcro no art. 509 do CPC, atribui-se efeito expansivo subjetivo à presente Decisão, para excluir a condenação ressarcitória dos demais litisconsortes necessários.

(STJ - REsp: 1447237 MG 2012/0162982-5, Relator: Ministro NAPOLEÃO NUNES MAIA FILHO, Data de Julgamento: 16/12/2014, T1 - PRIMEIRA TURMA, Data de Publicação: DJe 09/03/2015) (Grifos nossos)

> **QUESTÃO 104.** A respeito do sistema e órgãos de controle da Administração Pública brasileira, assinale a alternativa CORRETA.

a) Nos processos perante o Tribunal de Contas da União, é dispensável o contraditório e a ampla defesa quando da apreciação da legalidade de ato de ascensão funcional de empregados públicos.

b) O Tribunal de Contas tem atribuição fiscalizadora de verbas públicas, desde que recebidas e/ou despendidas por pessoas da Administração Pública (direta ou indireta).

c) Nos processos perante o Tribunal de Contas da União, é dispensável o contraditório e a ampla defesa quando da apreciação da legalidade do ato de concessão inicial de aposentadoria, reforma e pensão.

d) Os Tribunais de Contas têm competência para fixar o teto remuneratório de servidores públicos por meio de resolução administrativa.

e) A Constituição Federal dispõe que, nos casos de contratos, licitações, dispensa e inexigibilidade, a competência de julgamento dos Tribunais de Contas fica subordinada ao crivo do Poder Legislativo, pois os atos de sustação devem ser adotados diretamente por ele.

RESPOSTA:

Acerca das garantias do contraditório e da ampla defesa, a questão apresenta uma situação excepcional, definida na Súmula Vinculante n. 03, expedida pelo Supremo Tribunal Federal, abaixo transcrita.

> "Nos processos perante o Tribunal de Contas da União asseguram-se o contraditório e a ampla defesa quando da decisão puder resultar anulação ou revogação de ato administrativo que beneficie o interessado, excetuada a apreciação da legalidade do ato de concessão inicial de aposentadoria, reforma e pensão".

De fato, a súmula, primeiramente, estende os princípios de contraditório e ampla defesa às decisões proferidas pelo Tribunal de Contas, todas as vezes em que a atuação do órgão puder afetar os direitos do particular por meio da retirada de ato administrativo que lhe criou garantias. A súmula é relevante pelo fato de que a anulação do ato, a princípio, decorre de uma relação travada entre o administrador público e o Tribunal de Contas. Ocorre que, mesmo não sendo parte direta no processo que justificou e motivou a anulação do ato, o particular atingido por essa decisão deve ter o direito de se manifestar previamente, inclusive, com a produção de provas e todos os meios necessários a formar o convencimento do órgão julgador.

No que tange aos atos que negam a concessão inicial de aposentadoria, reforma e pensão, não se trata de anulação de atos ampliativos pelo Tribunal de Contas, mas tão somente na manifestação do órgão, impedindo que tais atos se aperfeiçoem. Explique-se.

O ato de aposentadoria de servidor público se configura ato complexo, sendo necessária, para sua perfeição, a manifestação do órgão ao qual o servidor esteja vinculado, somado à aprovação pelo Tribunal de Contas. Sendo assim, no momento em que o Tribunal se manifesta contrário à aposentadoria pretendida pelo autor, ele não está desconstituindo garantia já consolidada em ato perfeito, estando, de fato, evitando a perfeição do ato o que enseja a desnecessidade de garantia ao contraditório.

› **QUESTÃO 105.** Após a emissão de parecer prévio e do julgamento das contas do Município, o Tribunal de Contas do Município

a) pode, a pedido da Câmara dos Vereadores, reexaminar as contas municipais para apurar irregularidades constatadas posteriormente.

b) pode reexaminar as contas, desde que haja representação de 2/3 dos eleitores do município.

c) pode, a pedido de novo prefeito, reexaminar as contas municipais para apurar fatos novos.

d) não pode reexaminar as contas já aprovadas, em razão da coisa julgada.

e) não pode reexaminar as contas já aprovadas, pelo fim de sua jurisdição.

RESPOSTA:

A questão apresentada pela banca examinadora apresenta como gabarito o entendimento firmado pelo Superior Tribunal de Justiça, no sentido da possibilidade, a pedido da Câmara dos Vereadores, do reexame das contas municipais para a devida apuração de irregularidades verificadas posteriormente.

Neste sentido, mostra-se oportuno destacar a decisão firmada pelo Superior Tribunal de Justiça, no julgamento do Recurso Ordinário em MS nº 11.785 – GO (Ministro Garcia Vieira). Vejamos:

> "No caso em exame, membros da Câmara Municipal de Bonfinópolis, tendo tomado conhecimento de que havia despesas com várias firmas fantasmas, relacionadas nos

> balancetes mensais do citado Município, solicitaram ao TCM o reexame das contas. Realizada a inspeção, constatou-se as irregularidades. Este ato não padece de nenhuma irregularidade. **Nada impede ao TCM de, a pedido da própria Câmara de Vereadores, examinar as irregularidades constatadas após o parecer prévio do Tribunal de Contas.** Este Egrégio Tribunal, no Recurso em Mandado de Segurança nº 10.988-SP, DJ de 16/10/2.000, relator Eminente Ministro José Delgado, entendeu que compete ao Tribunal de Contas do Município realizar inspeções e auditorias por iniciativa própria e examinar as contas dos responsáveis por perdas, extravios ou quaisquer outras irregularidades causadoras de prejuízo ao erário público. **Mesmo após emitido o parecer prévio e julgadas as contas pela Câmara Municipal, pode o TCM, a pedido de seus membros, apurar irregularidades constatadas posteriormente**".
>
> Processo: RMS 11785 GO 2000/0027856-4; Relator(a): Ministro GARCIA VIEIRA; Julgamento: 07/02/2002; Órgão Julgador: T1 - PRIMEIRA TURMA; Publicação: DJ 25.03.2002 p. 178 LEXSTJ vol. 155 p. 94

Com isso, diante da posição da jurisprudência pátria, constata-se que ao TCM de não é proibido, a pedido da própria Câmara de Vereadores, examinar as irregularidades confirmadas após o parecer prévio e julgamento do Tribunal de Contas.

> **QUESTÃO 106.** Julius recebe a comunicação da autoridade competente de que seu requerimento de providências da administração fora indeferido. Nos termos do controle da atividade administrativa usualmente aceitos, o administrado poderá requerer à autoridade competente:

a) ação popular.

b) pedido de reconsideração.

c) tutela de evidência.

d) mandado de urgência.

RESPOSTA:

A provocação aos entes da Administração Pública pode-se dar por meio de:

A – **Representação**: ato por meio do qual o particular requer a anulação de ato lesivo ao interesse público. Ressalte-se que, nestes casos, o peticionante não é diretamente prejudicado pela conduta impugnada, agindo como representante da coletividade, haja vista a atuação estatal violar preceitos de garantia de toda a coletividade. Cite-se como exemplo a impugnação a um edital de licitação feita por um cidadão que acompanhava o procedimento licitatório.

B – **Reclamação**: ato de impugnação que visa à retirada de conduta administrativa que viola direito preexistente do peticionante. Nestes casos, o particular prejudicado busca a anulação do ato administrativo que lhe causou prejuízos diretamente. Suponha que um licitante impugna edital de licitação que traz regras que o desclassificariam do certame.

C – **Pedido de reconsideração**: ato por meio do qual se peticiona requerendo a retratação da autoridade pública de uma conduta previamente praticada.

> **QUESTÃO 107.** Sob a ótica do controle administrativo, da tutela, autotutela e hierarquia nas entidades da Administração Indireta,

a) a autotutela se exerce por uma pessoa jurídica sobre outra, no caso da modalidade repressiva.

b) a tutela se exerce dentro da mesma pessoa jurídica, desde que na modalidade preventiva.

c) há hierarquia entre as entidades da Administração Indireta e a Administração Direta.

d) a hierarquia, ao contrário da tutela, depende de previsão em lei.

e) o controle administrativo é exercido pelos órgãos centrais e nos limites definidos em lei.

RESPOSTA:

O controle administrativo é exercido pela própria Administração Pública em relação a suas condutas, em decorrência do poder da autotutela, princípio inerente à atuação administrativa, nos limites da lei. Visa a confirmação, correção ou alteração de comportamentos administrativos.

O controle administrativo pode ser realizado de forma prévia, concomitante ou posterior ao ato controlado e deve pautar-se na análise de legalidade dos atos controlados, assim como nos aspectos de oportunidade e conveniência destas condutas. Ademais, trata-se de controle que pode ser exercido mediante provocação, ou de ofício por iniciativa do órgão controlador, uma vez que essa prerrogativa configura poder-dever atribuído à Administração Pública, não lhe sendo permitido fugir da sua obrigação de analisar os atos por ela executados no exercício das suas funções.

Não se pode esquecer de que a Administração Pública deve ser analisada enquanto órgão e entidade que atua no exercício da função administrativa, o que determina a possibilidade de manifestação deste controle nos outros poderes do Estado que não o Poder Executivo. Com efeito, o Poder Legislativo e o Poder Judiciário, quando atuam, atipicamente, no exercício da função administrativa, deverão exercer o controle dos seus atos, sendo este considerado um controle administrativo. Imagine-se, a título de exemplo, que um determinado tribunal, em virtude de análise de mérito, determinou a revogação de edital de licitação publicado para aquisição de bens e serviços necessários ao regular funcionamento do órgão.

> **QUESTÃO 108.** Em matéria de controle da Administração Pública, é correto afirmar que

a) o controle interno depende de previsão expressa na lei.

b) se o interessado oferece reclamação fora do prazo de um ano, não havendo outro estabelecido, objetivando a desconstituição de um ato, ocorre a prescrição, não se admitindo discutir a questão.

c) a regra geral é que o recurso administrativo tenha efeito apenas devolutivo, por força do princípio de presunção de legitimidade dos atos administrativos, mas nada impede que o administrador suste, de ofício, os efeitos do ato hostilizado, o que decorre do poder de autotutela administrativa. Se o efeito é apenas devolutivo, não impede o curso do prazo prescricional.

d) os cinco princípios fundamentais a que deve estar atrelada a administração pública são autogestão, eficiência, concentração da competência, planejamento e controle.

RESPOSTA:

Com base no art. 61, da Lei 9.784/99, salvo disposição legal em contrário, o recurso não tem efeito suspensivo.

Nessa senda, havendo justo receio de prejuízo de difícil ou incerta reparação decorrente da execução, a autoridade recorrida ou a imediatamente superior poderá, de ofício ou a pedido, dar efeito suspensivo ao recurso.

> **QUESTÃO 109.** Verifique as proposições abaixo e assinale a alternativa CORRETA:

I. a Lei 14.133/21 possui aplicabilidade subsidiária em relação às normas gerais criadas para tratar de contratos específico, como exemplo a Lei 8.987/95, a qual estabelece as normas referentes às Concessões de Serviços Públicos.

II. a Lei 14.133/21 estabelece normas gerais de licitação e contratação que devem ser aplicadas de forma subsidiária à Lei 13.303/16, quando se tratar de empresas públicas, sociedades de economia mista e as suas subsidiárias.

III. a Lei 14.133/21 apresenta de forma expressa os seguintes critérios para realização do julgamento das propostas: menor preço, maior desconto, maior lance, melhor técnica ou conteúdo artístico ou os critérios conjugados de técnica e preço e o maior retorno econômico, não sendo possível a adoção de critério diverso.

a) apenas a proposição I é falsa.

b) apenas a proposição II é falsa.

c) apenas a proposição III é falsa.

d) todas as proposições são falsas.

e) todas as proposições são verdadeiras.

RESPOSTA:

Proposição I – O entendimento doutrinário é de que se verifica a aplicação subsidiária descrita na questão.

Proposição II – Com base no art. 1º, §1º, da Lei 14.133/21, não são abrangidas por esta Lei as empresas públicas, as sociedades de economia mista e as suas subsidiárias, regidas pela Lei nº 13.303/16, ressalvado o disposto no art. 178, da Lei 14.133/21. Sendo assim, as contratações das empresas estatais são reguladas pela Lei 13.303/16, não se lhes aplicando as normas da lei geral.

Proposição III – Nessa assertiva, a questão apresenta todos os critérios previstos na Nova Lei de Licitações, previsto no inciso II, do art. 33 da Lei 14.133/21.

> **QUESTÃO 110.** De acordo com a Lei 14.133/21, o tipo de licitação "Técnica e Preço" poderá ser utilizado nas seguintes contratações, EXCETO:

a) serviços técnicos especializados de natureza predominantemente intelectual.

b) serviços majoritariamente dependentes de tecnologia sofisticada e de domínio restrito, conforme atestado por autoridades técnicas de reconhecida qualificação.

c) bens e serviços especiais de tecnologia da informação e de comunicação.

d) obras e bens especiais de engenharia.

RESPOSTA:

Nas licitações do tipo Técnica e Preço, a escolha do vencedor será adequada, quando a variação de qualidade da prestação refletir na satisfação das necessidades do Estado. Sendo assim, será feita uma análise de preço bem como de qualidade do bem ou serviço a ser prestado pelo vencedor.

Assim, será considerada a maior pontuação obtida a partir da ponderação, segundo fatores objetivos previstos no edital, das notas atribuídas aos aspectos de técnica e de preço da proposta. Pode ser utilizado em contratações para:

1. serviços técnicos especializados de natureza predominantemente intelectual, caso em que o critério de julgamento de técnica e preço deverá ser preferencialmente empregado;
2. serviços majoritariamente dependentes de tecnologia sofisticada e de domínio restrito, conforme atestado por autoridades técnicas de reconhecida qualificação;
3. bens e serviços especiais de tecnologia da informação e de comunicação;

4. obras e serviços especiais de engenharia;

5. objetos que admitam soluções específicas e alternativas e variações de execução, com repercussões significativas e concretamente mensuráveis sobre sua qualidade, produtividade, rendimento e durabilidade, quando essas soluções e variações puderem ser adotadas à livre escolha dos licitantes, conforme critérios objetivamente definidos no edital de licitação.

Sendo assim, a alternativa que representa o gabarito da questão apresenta apenas um pequeno erro, visto que a possibilidade de utilização do tipo de licitação Técnica e Preço é para obras e serviços especiais de engenharia, não abarcando, dessa forma, os bens especiais de engenharia.

› **QUESTÃO 111.** A Lei 14.133/21, no seu art. 55, definiu os prazos mínimos para a apresentação de propostas e lances, contados a partir da data de divulgação do edital de licitação. Com base na referida regulamentação, assinale a alternativa INCORRETA:

a) na licitação do tipo menor preço ou maior desconto, que tenha como objeto aquisição de bens, o intervalo mínimo é de 8 dias úteis.

b) na licitação do tipo menor preço ou maior desconto para obras e serviços comuns, que tenha como objeto serviços e obras, o intervalo mínimo é de 10 dias úteis.

c) na licitação do tipo menor preço ou maior desconto para obras e serviços especiais, que tenha como objeto serviços e obras, o intervalo mínimo é de 15 dias úteis.

d) na licitação do tipo melhor técnica ou conteúdo artístico ou técnica e preço, que tenha como objeto contratações especiais, o intervalo mínimo é de 35 dias úteis.

e) quando se tratar de maior lance, que tenha como objeto a alienação de bens, o intervalo mínimo é de 15 dias úteis.

RESPOSTA:

Cada modalidade licitatória deve respeitar um prazo de intervalo mínimo diferente, conforme disposição do art. 55, da Lei 14.133/21. Ressalta-se, ainda, que qualquer alteração no edital que modifique as obrigações da licitação ou a formulação das propostas exige a reabertura do prazo de intervalo mínimo, para que os licitantes se adéquem às novas regras.

Sendo assim, vejamos os prazos de intervalo mínimo.

OBJETO	PRAZO DE INTERVALO MÍNIMO
Aquisição de bens	8 dias úteis – licitação tipo menor preço ou maior desconto. 15 dias úteis – outros casos
Serviços e obras	10 dias úteis – licitação tipo menor preço ou maior desconto para obras e serviços comuns. 25 dias úteis – licitação tipo menor preço ou maior desconto para obras e serviços especiais. 60 dias úteis – contratos sob regime de contratação integrada 35 dias úteis – contratos sob regime de contratação semi- integrada e outras hipóteses não abrangidas anteriormente
Alienação de bens	15 dias úteis – quando se tratar de maior lance
Contratações especiais	35 dias úteis – nos casos de licitações do tipo melhor técnica ou conteúdo artístico ou técnica e preço

Sempre que o prazo for contado em dias úteis, tal situação estará expressamente definida na lei, caso contrário, serão considerados dias corridos, excluindo-se o do início e incluindo-se o dia do final, sendo sempre prorrogados o início e o término para o dia útil subsequente, caso ocorra em dia não útil.

> **QUESTÃO 112.** O art. 60, da Lei 14.133/21, enumera em seus incisos que em caso de empate entre duas ou mais propostas, serão utilizados, na seguinte ordem, os critérios de desempate:

a) empresas estabelecidas no território do órgão ou entidade da Administração Pública estadual licitante ou no Estado em que se localiza o órgão ou entidade da Administração Pública municipal licitante, empresas brasileiras, empresas que invistam em pesquisa e no desenvolvimento de tecnologia no País, empresas que comprovem a prática de mitigação, por meio da utilização de tecnologia que reduza a produção de gases poluentes.

b) disputa final, avaliação do desempenho contratual prévio dos licitantes, desenvolvimento de programa de integridade, desenvolvimento de equidade entre gêneros no ambiente de trabalho.

c) empresas estabelecidas no território do órgão ou entidade da Administração Pública estadual licitante ou no Estado em que se localiza o órgão ou entidade da Administração Pública municipal licitante, empresas brasileiras, empresas que comprovem a prática de mitigação, por meio da utilização de tecnologia que reduza a produção de gases poluentes, empresas que invistam em pesquisa e no desenvolvimento de tecnologia no País.

d) disputa final, avaliação do desempenho contratual prévio dos licitantes, desenvolvimento de equidade entre gêneros no ambiente de trabalho, desenvolvimento de programa de integridade.

e) empresas estabelecidas no território do órgão ou entidade da Administração Pública estadual licitante ou no Estado em que se localiza o órgão ou entidade da Administração Pública municipal licitante, empresas que comprovem a prática de mitigação, por meio da utilização de tecnologia que reduza a produção de gases poluentes, empresas que invistam em pesquisa e no desenvolvimento de tecnologia no País.

RESPOSTA:

Na presente questão, foi definido com gabarito a alternativa que estabelece a ordem correta dos critérios de licitação previstos nos incisos do *caput* do art. 60, da Lei 14.133/21. Vale destacar que a questão tentou confundir com os critérios de preferência, previstos no §1º, do artigo supracitado.

Os critérios de desempate, no procedimento licitatório, estão definidos no *caput* do art. 60, da Lei 14.133/21, na ordem em que devem ser observados, somente sendo analisado o segundo critério caso o primeiro não seja suficiente a desempatar a licitação e assim sucessivamente. Logo, trata-se de critérios sucessivos e não alternativos, vejamos.

1. Disputa final, com apresentação de novas propostas após a classificação.

2. Avaliação de desempenho contratual prévio dos licitantes, analisando o cumprimento de cláusulas e atendimento das necessidades da contratante em ajustes anteriores.

3. Desenvolvimento de equidade entre gêneros no ambiente de trabalho.

4. Desenvolvimento de programa de integridade, conforme determinado pelos órgãos de controle. Ressalte-0se que o programa de integridade é programa específico de "compliance" com foco no respeito às regras gerais da Administração Pública, com intuito de evitar a prática de atos ilícitos regulados pela Lei 12.846/13.

Caso nenhum desses critérios seja idôneo a desempatar a licitação, a lei determina que o desempate se dará com base em **critérios de preferência**, os quais estão expostos no §1º, do art. 60, da Lei 14.133/21.

> **QUESTÃO 113.** Considerando a regulamentação advinda da Nova Lei de Licitações, deve-se observar que:

a) a Lei 14.133/21, que dispõe acerca das licitações públicas, não prevê a necessidade de uma comissão de licitação, sendo, em regra, suficiente a designação do agente de contratação.

b) o agente público de contratação deve ser, exclusivamente, servidor efetivo do órgão público, devendo possuir atribuições relacionadas a licitações e contratos, formação compatível ou qualificação atestada por certificação profissional emitida por escola de governo criada e mantida pelo poder público.

c) a função do agente de contratação é analisar os pedidos de inscrições em registros cadastrais bem como sua alteração ou cancelamento, habilitação para participação no certame, além da análise das propostas da licitação, sendo o julgamento realizado pela comissão designada.

d) o ato de designação do agente público de contratação é considerado um ato jurídico que pode ser formalizado exclusivamente por decreto ou resolução.

RESPOSTA:

A necessidade de agentes de contrato existe porque a autoridade máxima do órgão não realiza o procedimento licitatório, apesar de ser responsável pela elaboração do edital e exposição de motivos da contratação. Logo, normalmente, quem procede à licitação é um servidor público especialmente designado por essa autoridade, responsável pela realização dos trâmites do procedimento.

A legislação anterior previa a necessidade de uma comissão de licitação que, no regramento atual não é necessária, em regra, sendo suficiente a designação do agente de contratação.

O ato de designação é um ato jurídico que pode ser formalizado por decreto, portaria, resolução ou ato da diretoria conforme a natureza da entidade, sempre realizado pela autoridade competente do órgão ou entidade licitante.

Em regra, o referido agente designado, nos moldes definidos no art. 7º, da Lei 14.133/21, deve ser, preferencialmente, servidor efetivo dos quadros permanentes da Administração Pública, ter atribuições relacionadas a licitações e contratos ou, pelo menos, possuir formação compatível ou qualificação atestada por certificação profissional emitida por escola de governo criada e mantida pelo poder público, além de não ser cônjuge ou companheiro de licitantes ou contratados habituais da Administração nem ter com eles vínculo de parentesco, colateral ou por afinidade, até o terceiro grau, ou de natureza técnica, comercial, econômica, financeira, trabalhista e civil.

A função do agente de contratação é analisar os pedidos de inscrições em registros cadastrais bem como sua alteração ou cancelamento, habilitação para participação no certame, além da análise e julgamento das propostas da licitação, em observância aos critérios de julgamento previamente estipulados no instrumento convocatório.

› **QUESTÃO 114.** Sobre licitações, analise as assertivas e identifique com **V** as verdadeiras e com **F** as falsas.

( ) é de 15 dias o prazo, de intervalo mínimo, para licitação do tipo menor preço ou maior desconto para obras e serviços essenciais.

( ) as contratações das empresas estatais são reguladas pela Lei 13.303/16, não se lhes aplicando as normas da Nova lei geral de licitações.

( ) os procedimentos licitatórios buscam a satisfação do interesse da coletividade ao garantir contratos mais baratos à Administração, inclusive se buscando evitar a contratação superfaturada e com sobrepreço.

( ) com base na ideia definida pelo Princípio da vinculação ao Edital, pode-se afirmar que a discricionariedade administrativa se encerra com a elaboração do edital e, uma vez publicado, seu cumprimento é imperativo.

A alternativa que contém a sequência correta, de cima para baixo, é

a) F V F V

b) V F V F

c) F V F F

d) V F V V

RESPOSTA:

Item I – É de 25 dias o prazo, de intervalo mínimo, para licitação do tipo menor preço ou maior desconto para obras e serviços essenciais.

Item II – As contratações das empresas estatais são reguladas pela Lei 13.303/16, não se lhes aplicando as normas da lei geral.

Item III – O erro da assertiva é verificado pela afirmação de que se busca a garantia de contratos mais BARATOS. Na verdade, a licitação busca a satisfação do interesse da coletividade ao garantir **contratos mais VANTAJOSOS à Administração**, inclusive se buscando evitar a contratação superfaturada e com sobrepreço, bem como garante a **isonomia das contratações** públicas. Além disso, se utiliza o procedimento licitatório como mecanismo de garantia do desenvolvimento nacional sustentável. Dessa forma, qualquer pessoa que tenha interesse e cumpra os requisitos de lei pode contratar com o poder público desde que, por óbvio, se sagre vencedor do certame. Portanto, a licitação tem um duplo objetivo: proporcionar ao poder público o negócio mais vantajoso e assegurar ao administrado a oportunidade de concorrer, em igualdade de condições, com os demais interessados.

Item IV – Com base no Princípio da Vinculação ao Edital, entende-se que o edital é a "lei" interna da licitação, e deve definir tudo o que for importante para o certame, vinculando os licitantes e a Administração Pública à sua observância.

A elaboração do edital pela Administração pública é livre e discricionária, na busca por satisfazer os interesses da coletividade; todavia, após a sua publicação, a Administração fica vinculada àquilo que foi publicado. Com efeito, a discricionariedade administrativa se encerra com a elaboração do edital e, uma vez publicado, seu cumprimento é imperativo.

> **QUESTÃO 115.** O art. 82, da Lei 14.133/21, define as regras que devem ser respeitadas pelo edital de licitação para registro de preços. Com base na mencionada legislação, pode-se afirmar que o edital dessa licitação deverá observar as seguintes regras, EXCETO:

a) a quantidade mínima a ser cotada de unidades de bens ou, no caso de serviços, de unidades de medida.

b) o critério de julgamento da licitação, que deverá ser de maior desconto sobre tabela de preços praticada no mercado.

c) o registro de mais de um fornecedor ou prestador de serviço, desde que aceitem cotar o objeto em preço igual ao do licitante vencedor, assegurada a preferência de contratação de acordo com a ordem de classificação.

d) as especificidades da licitação e do seu objeto, inclusive a quantidade máxima de cada item que poderá ser adquirida.

e) a possibilidade de o licitante oferecer ou não proposta em quantitativo inferior ao máximo previsto no edital, obrigando-se nos limites dela.

RESPOSTA:

Nessa questão foram enumeradas algumas regras previstas pelo art. 82, da Lei 14.133/21. Neste dispositivo legal, a legislação enumera as regras que devem ser respeitadas pelo edital de licitação para registro de preços.

O gabarito da questão suprimiu a possibilidade de utilização do critério de julgamento MENOR PREÇO, o qual também é possível dentro do regime de registro de preços, conforme o inciso V, do art. 82, da Lei 14.133/21.

Vejamos abaixo todas as regras previstas que devem constar no edital para registro de preços:

a) as especificidades da licitação e do seu objeto, inclusive a quantidade máxima de cada item que poderá ser adquirida;

b) a quantidade mínima a ser cotada de unidades de bens ou, no caso de serviços, de unidades de medida;

c) a possibilidade de prever preços diferentes quando o objeto for realizado ou entregue em locais diferentes, ou em razão da forma e do local de acondicionamento, ou ainda quando admitida cotação variável em razão do tamanho do lote;

d) a possibilidade de o licitante oferecer ou não proposta em quantitativo inferior ao máximo previsto no edital, obrigando-se nos limites dela;

e) o critério de julgamento da licitação, que será o de menor preço ou o de maior desconto sobre tabela de preços praticada no mercado;

f) as condições para alteração de preços registrados;

g) o registro de mais de um fornecedor ou prestador de serviço, desde que aceitem cotar o objeto em preço igual ao do licitante vencedor, assegurada a preferência de contratação de acordo com a ordem de classificação;

h) a vedação à participação do órgão ou entidade em mais de uma ata de registro de preços com o mesmo objeto no prazo de validade daquela de que já tiver participado, salvo na ocorrência de ata que tenha registrado quantitativo inferior ao máximo previsto no edital;

i) as hipóteses de cancelamento da ata de registro de preços e suas consequências.

Importa ressaltar que a lei permite a utilização registro de preços tanto para a contratação de bens e serviços, inclusive os de engenharia, e também para a contratação de obras públicas, sendo garantida uma revisão periódica dos preços registrados, como forma de mantê-los viáveis ao vencedor da licitação.

> **QUESTÃO 116.** Considerando a jurisprudência pátria e a regulamentação da Lei 14.133/21 no que tange às modalidades licitatórias previstas, julgue os itens abaixo:

I. a Lei 14.133/21 define que, na fase interna da modalidade concorrência, deve haver a designação da comissão licitante que ficará responsável pela realização do certame.

II. a Lei 14.133/21 define expressamente que nos casos de despesas de caráter continuado, deve haver contemplação do produto ou serviço nas metas estipuladas na lei do Plano Plurianual.

III. de acordo com a Lei 14.133/21, o edital das licitações de modalidade concorrência e tomada de preços destina-se à convocação de todos os interessados em contratar com a Administração, observadas as suas exigências.

IV. o STJ possui o entendimento de que a lei não exige a real disponibilidade financeira antes do início da licitação, mas tão somente a previsão de recursos orçamentários.

A alternativa que apresenta os itens corretos é:

a) I e II.

b) II e IV.

c) I e III.

d) III e IV.

e) II e III.

RESPOSTA:

Item I – A legislação anterior (Lei 8.666/93) previa a necessidade de uma comissão de licitação que, no regramento atual não é necessária, em regra, sendo suficiente a designação do agente de contratação.

Item II – Em casos de despesas de caráter continuado, ou seja, hipóteses em que os gastos com o contrato a ser celebrado devam ultrapassar um exercício financeiro, deve haver contemplação do produto ou serviço nas metas estipuladas na lei do Plano Plurianual, conforme disposto no art. 165 da Constituição Federal, assim como também dispõe o art. 105, da Lei 14.133/21.

Item III – A Lei 14.133/21 suprimiu as modalidades licitatórias do convite e da tomada de preço que eram definidas para contratações de valores baixos e médios respectivamente, não sendo mais o valor um critério de definição da modalidade licitatória.

Item IV – A jurisprudência do Superior Tribunal de Justiça vem se formando no sentido de que a lei não exige a real disponibilidade financeira antes do início da licitação, mas tão somente a previsão de recursos orçamentários.

Dessa forma, o poder público deve ter um **orçamento**, definindo o valor máximo que está disposto a pagar pela aquisição do bem ou serviço ou pela execução da obra a ser contratada. Nesse sentido, o art. 18, IV, da Lei 14.133/21 dispõe que a Administração Pública deve definir, no edital, o critério de aceitabilidade das propostas e deve prever "o orçamento estimado, com as composições dos preços utilizados para sua formação".

> **QUESTÃO 117.** A Lei 14.133/21 define que caberá à autoridade máxima do órgão ou da entidade, ou a quem as normas de organização administrativa indicarem, promover gestão por competências e designar agentes públicos para o desempenho das funções essenciais à execução desta Lei. Em relação ao tema, marque a assertiva que esteja de acordo com os requisitos enumerados na legislação supracitada.

a) os agentes designados para o desempenho de funções essenciais à execução da Lei 14.133/21 devem ser, obrigatoriamente, servidores efetivos ou empregados públicos dos quadros permanentes da Administração Pública.

b) os agentes designados para o desempenho de funções essenciais à execução da Lei 14.133/21 devem possuir graduação em Direito, ou seja, formação compatível com as atribuições.

c) os agentes designados para o desempenho de funções essenciais à execução da Lei 14.133/21 devem ser, preferencialmente, servidores efetivos ou empregados públicos dos quadros permanentes da Administração Pública.

d) os agentes designados para o desempenho de funções essenciais à execução da Lei 14.133/21 podem ser cônjuge ou companheiro de licitantes, desde que os contratados não sejam habituais.

RESPOSTA:

Em regra, o referido agente designado, nos moldes definidos no art. 7º da Lei 14.133/21, deve ser, preferencialmente, servidor efetivo dos quadros permanentes da Administração Pública, ter atribuições relacionadas a licitações e contratos ou, pelo menos, possuir formação compatível ou qualificação atestada por certificação profissional emitida por escola de governo criada e mantida pelo poder público, além de não ser cônjuge ou companheiro de licitantes ou contratados habituais da Administração nem ter com eles vínculo de parentesco, colateral ou por afinidade, até o terceiro grau, ou de natureza técnica, comercial, econômica, financeira, trabalhista e civil.

Dessa forma, o texto legal visa a evitar o nepotismo no âmbito da Administração Pública, uma vez que tais servidores não seriam suficientemente imparciais para exercerem as funções necessárias ao andamento do certame licitatório.

> **QUESTÃO 118.** Os itens relacionados abaixo se referem à Nova Lei de Licitações, após a devida análise, marque a alternativa que apresenta os itens corretos:

I – a Lei 14.133/21 entrou em vigor na data da sua publicação, sendo assim não se verificou *vacatio legis*.

II – com a publicação da Lei 14.133/21, a Lei Geral de Licitações 8.666/93, a Lei 10.520/02 (Lei do Pregão) e a Lei 12.462/11 (RDC) sofreram a denominada revogação a termo.

III – com a edição da Lei 14.133/21, as leis federais, de caráter geral, aplicáveis sobre o tema, não perderam a vigência de forma imediata, visto que podem ser aplicadas, de forma integral, durante o período previsto no art. 191, da Nova Lei de Licitações.

a) I e III.

b) II.

c) III.

d) I e II.

e) I.

RESPOSTA:

Item I e Item II - Foi publicada em abril de 2021 e, em substituição à legislação anterior, a Lei 14.133/21 traçando as modalidades e tipos de licitação, bem como definindo seu procedimento, as hipóteses de dispensa e inexigibilidade e demais procedimentos auxiliares para as contratações públicas. A Nova Lei de Licitações entrou em vigor na data da sua publicação, sendo assim não se verificou *vacatio legis*, ou seja, vacância da lei até uma data inicial de vigência.

Ademais, vale destacar que com a publicação da Lei 14.133/21, a Lei Geral de Licitações 8.666/93, a Lei 10.520/02 (Lei do Pregão) e a Lei 12. 462/11 (RDC) sofreram a denominada revogação a termo, ou seja, a vigência dessas legislações ficou condicionada ao período de 2 anos estabelecidos no art. 191, da Lei 14.133/91. Sendo assim, a partir de 1º de abril de 2023 as mencionadas legislações estarão revogadas.

Item III - A parte inicial da assertiva encontra-se correta, pois com a edição na Nova Lei de Licitações nº 14.133/21, as demais legislações federais, gerais, sobre a matéria não perderam a vigência. Entretanto, há uma exceção. Os crimes previstos na Lei 8.666/93, foram revogados automaticamente com a publicação da Lei 14.133/21.

› **QUESTÃO 119.** A Nova Lei de Licitações prevê alguns procedimentos auxiliares que podem ser aplicados com o intuito de ajudar licitações futuras, como exemplo, pode-se citar o registro cadastral, sobre o qual é correto afirmar que:

a) o registro cadastral é uma inovação trazida pela Nova Lei de Licitações, visto que a legislação pátria anterior não prevê esse procedimento.

b) o ente público deve, por meio da internet, a cada dois anos, convocar interessados em se cadastrarem, para efetivar seu registro, por meio de chamamento público.

c) o registro terá validade de dois anos e ficará disponível para consulta por qualquer interessado.

d) a Lei 14.133/21 determina que os órgãos e entidades da Administração Pública utilizem o sistema de registro cadastral unificado disponível no Portal Nacional de Contratações Públicas, como forma de facilitar o acesso a tais documentos por todos os entes estatais.

RESPOSTA:

O cadastramento de interessados em contratar com a Administração Pública não é novidades na legislação referente à matéria e se configura meio idôneo de agilizar os procedimentos licitatórios, evitando a necessidade de juntada de toda a documentação de habilitação durante a realização do certame.

O cadastro funciona como um arquivo de documentos que ficarão disponíveis na Administração Pública e, sempre que houver um procedimento licitatório, o licitante poderá apresentar o comprovante de cadastro, ao invés de anexar todos os documentos que comprovam sua regularidade jurídica, financeira, trabalhista, social e fiscal. Assim, os interessados devem manter no cadastro, de forma atualizada todos os documentos que seriam necessários à habilitação em um procedimento licitatório.

Nesses casos, o registro é setorial, sendo que o sujeito estará cadastrado para aquela atividade específica. Por exemplo, determinada empresa está cadastrada como fornecedora do serviço de vigilância. Caso queira também participar de licitações para serviços de brigadistas, terá que fazer novo cadastro.

A Lei 14.133/21 determina que os órgãos e entidades da Administração Pública utilizem o **sistema de registro cadastral unificado** disponível no Portal Nacional de Contratações Públicas, como forma de facilitar o acesso a tais documentos por todos os entes estatais.

O registro terá validade de um ano e ficará disponível para consulta por qualquer interessado. O ente público deve, por meio da internet, ao menos anualmente, convocar interessados em se cadastrarem, para efetivar seu registro, por meio de chamamento público.

> **QUESTÃO 120.** Salvo algumas vedações, a Lei 14.133/21 admite a possibilidade de participação, no âmbito de procedimento licitatório, de pessoa jurídica em consórcio. Pode-se afirmar que abaixo seguem algumas normas que devem ser observadas nesses casos, exceto:

a) a indicação da empresa líder do consórcio, que será responsável por sua representação perante a Administração.

b) a comprovação de compromisso exclusivamente público de constituição de consórcio, subscrito pelos consorciados.

c) a responsabilidade solidária dos integrantes pelos atos praticados em consórcio, tanto na fase de licitação quanto na de execução do contrato.

d) o impedimento de a empresa consorciada participar, na mesma licitação, de mais de um consórcio ou de forma isolada.

e) a admissão, para efeito de habilitação técnica, do somatório dos quantitativos de cada consorciado e, para efeito de habilitação econômico-financeira, do somatório dos valores de cada consorciado.

RESPOSTA:

A lei prevê pessoa jurídica poderá participar de licitação em consórcio, salvo vedação expressa e justificada no próprio edital.

Nessa questão foi utilizada como base a regulamentação do art. 15, da Lei 14.133/21. Nesse dispositivo estão enumeradas as diversas normas a respeito da participação de pessoa jurídica, por meio de consórcio, em licitação.

O gabarito foi fixado no sentido de que o inciso I, do art. 15, da Lei 14.133/21, define a necessidade de comprovação de compromisso **público ou particular** de constituição de consórcio, subscrito pelos consorciados.

> **QUESTÃO 121.** A Nova Lei de Licitações e Contratos nº 14.133/21 é aplicável a determinados tipos de contratos. Abaixo estão relacionados alguns desses contratos, exceto aqueles que:

a) sejam relativos a alienação e concessão de direito real de uso de bens.

b) tenham por objeto tecnologia da informação e de comunicação.

c) referentes a concessão e permissão de uso de bens públicos.

d) tenham por objeto operação de crédito, interno ou externo, e gestão de dívida pública.

RESPOSTA:

A Lei 14.133/21 define no seu art. 2º, os contratos que poderão ter a sua regulação feita com base nos seus dispositivos legais, ou seja, os contratos que se aplica a referida legislação.

Sendo assim, com base no dispositivo legal supracitado, pode-se afirmar que a Lei 14.133/21, aplica-se a alienação e concessão de direito real de uso de bens; a compra, inclusive por encomenda; a locação; a concessão e permissão de uso de bens públicos; a prestação de serviços, inclusive os técnico-profissionais especializados; as obras e serviços de arquitetura e engenharia e as contratações de tecnologia da informação e de comunicação.

Por seu turno, o art. 3º, da Lei 14.133/21, determina que não se subordinam ao regime desta Lei os contratos que tenham por objeto operação de crédito, interno ou externo, e gestão de dívida pública, incluídas as contratações de agente financeiro e a concessão de garantia relacionadas a esses contratos e as contratações sujeitas a normas previstas em legislação própria.

> **QUESTÃO 122.** Considerando a necessidade de celebração de contrato de programa com ente federativo ou com entidade de sua Administração Pública indireta que envolva prestação de serviços públicos de forma associada nos termos autorizados em contrato de consórcio público ou em convênio de cooperação, nesses casos a licitação se mostra:

a) inexigível, visto que se mostra inviável.

b) necessária, visto que a Lei 11.107/05 preconiza a exigência de sua realização.

c) dispensável, visto que se encontra dentro do rol taxativo da Lei 14.133/21.

d) necessária, visto que as contrações de caráter público dependem de sua realização.

RESPOSTA:

O enunciado da questão apresenta a hipótese de licitação dispensável prevista pelo inciso XI, do art. 75, da Nova Lei de Licitações.

Além disso, mostra-se necessário destacar que a Lei 11.107/05 estabelece a criação de Consórcios Públicos, formados pela gestão associada de entes federativos, com a intenção de executar atividades públicas de interesse comum a todos esses entes. Conforme a legislação, deverão ser constituídas e reguladas por contrato de programa, como condição de sua validade, as obrigações que um ente da Federação constituir para com outro ente da Federação ou para com consórcio público no âmbito de gestão associada, em que haja a prestação de serviços públicos ou a transferência total ou parcial de encargos, serviços, pessoal ou de bens necessários à continuidade dos serviços transferidos.

Tais contratações de caráter público não dependem da realização de procedimento licitatório. Não se confunde com as contratações celebradas entre os consórcios públicos e particulares, as quais se submetem à licitação.

› **QUESTÃO 123.** Considere que o Estado Sigma possui o intuito de promover procedimento licitatório para aquisição de determinados bens necessários para execução das suas atividades. Assim, com base na Lei 14.133/21, durante a fase preparatória do procedimento comum, o órgão de consultoria jurídica, do Estado Sigma, necessitou emitir o parecer jurídico exigido na legislação mencionada. Acerca desse tema é possível afirmar que:

a) o parecerista responderá pessoalmente por suas decisões ou opiniões técnicas em caso de dolo ou erro grosseiro.

b) o parecer não possui caráter vinculante, mas meramente opinativo, o que impossibilita a responsabilização do parecerista em suas opiniões técnicas.

c) o parecer possui caráter vinculante, a fim de orientar a Autoridade Administrativa acerca de possíveis falhas no procedimento.

d) o parecerista responderá pessoalmente por suas decisões, ressalvadas as suas opiniões técnicas, sobre as quais não haverá responsabilização.

RESPOSTA:

Inicialmente, vale esclarecer que respeitadas todas as normas previamente estabelecidas, o procedimento será encaminhado para órgão de consultoria jurídica para emissão de parecer.

O art. 53, §1º, da Lei 14.133/21, trata do parecer jurídico e apesar dessa legislação não fazer referência à responsabilização do parecerista, deve-se aplicar o que dispõe o art. 28, do Decreto-Lei 4.657/42 (Lei de Introdução às normas do Direito Brasileiro). Vejamos:

> Art. 28. O agente público responderá pessoalmente por suas decisões ou opiniões técnicas em caso de dolo ou erro grosseiro.

Por fim, mostra-se importante mencionar que **o parecer emitido não tem caráter vinculante**, mas meramente opinativo, orientando o gestor público acerca de eventuais falhas no procedimento e a possibilidade de correção desses vícios.

› QUESTÃO 124. O procedimento comum, previsto pela Lei 14.133/21, deve observar, inicialmente, uma fase preparatória, no âmbito dessa fase, o Poder Público, em determinadas situações, deverá apresentar um anteprojeto, ou seja, uma peça técnica com todos os subsídios necessários à elaboração do projeto básico. Abaixo estão alguns elementos que devem compor esse documento, exceto:

a) os subsídios para montagem do plano de licitação e gestão da obra, compreendidos a sua programação, a estratégia de suprimentos, as normas de fiscalização e outros dados necessários em cada caso.

b) a estética do projeto arquitetônico, traçado geométrico e/ou projeto da área de influência, quando cabível.

c) o levantamento topográfico e cadastral.

d) os parâmetros de adequação ao interesse público, de economia na utilização, de facilidade na execução, de impacto ambiental e de acessibilidade.

e) o memorial descritivo dos elementos da edificação, dos componentes construtivos e dos materiais de construção, de forma a estabelecer padrões mínimos para a contratação.

RESPOSTA:

No âmbito da fase preparatória, do procedimento comum, prevista pela Nova Lei de Licitações, o ente estatal deve apresentar a **definição do objeto** para o atendimento da necessidade, por meio de termo de referência, anteprojeto, projeto básico ou projeto executivo, conforme o caso, inclusive com a definição das **condições de execução e pagamento**, das garantias exigidas e ofertadas e das condições de recebimento.

A questão ora analisada abordou os elementos que devem compor o anteprojeto, ou seja, a peça técnica que deve apresentar todos os subsídios necessários à elaboração do projeto básico. O art. 6º, XXIV, da Lei 14.133/21, define os elementos mínimos que precisam ser observados na elaboração do anteprojeto.

Por sua vez, o gabarito da questão corresponde a um dos elementos que devem compor o projeto básico, os quais estão enumerados no inciso XXVII, da Lei 14.133/21.

> **QUESTÃO 125.** A Lei 14.133/21 trata acerca da divulgação do contrato administrativo, sobre o tema assinale a alternativa correta:

a) A lei dispõe que a divulgação deve se dar em 30 dias úteis, no caso de licitação e 20 dias úteis, no caso de contratação direta, contados da assinatura do contrato.

b) quando se tratar de contratação de profissional do setor artístico por inexigibilidade, a divulgação deverá identificar os custos essenciais desse contrato, não abarcando as despesas específicas como o transporte e hospedagem.

c) quando se tratar de contratação de profissional do setor artístico por inexigibilidade, a divulgação deverá identificar todos os custos desse contrato, exceto aqueles referentes à logística do evento.

d) A lei dispõe que a divulgação deve se dar em 30 dias úteis, no caso de licitação e 20 dias úteis, no caso de contratação direta, contados da homologação da licitação.

e) A lei dispõe que a divulgação deve se dar em 20 dias úteis, no caso de licitação e 10 dias úteis, no caso de contratação direta, contados da assinatura do contrato.

RESPOSTA:

A lei dispõe que essa divulgação deve se dar nos seguintes prazos, contados da sua assinatura pelas partes:

- 20 (vinte) dias úteis, no caso de licitação
- 10 (dez) dias úteis, no caso de contratação direta.

Ademais, quando se tratar de contratação de profissional do setor artístico por inexigibilidade, a divulgação deverá identificar todos os custos desse contrato, incluindo o valor do cachê do artista, dos músicos ou da banda, quando houver, do transporte, da hospedagem, da infraestrutura, da logística do evento e das demais despesas específicas.

Por fim, nas contratações de **obras públicas**, se faz necessária a **divulgação dos valores** apresentados na proposta, analiticamente, abrangendo os valores unitários de cada item, em até 25 (vinte e cinco) dias úteis após a assinatura do contrato. Posteriormente, serão **divulgados os preços efetivamente pagos**, também detalhado de forma unitária em até 45 (quarenta e cinco) dias úteis após a conclusão do contrato.

Assim, o cidadão poderá comparar os valores orçados na proposta vencedora e os valores efetivamente gastos com a execução da obra, evitando superfaturamento e sobrepreço durante a execução do contrato.

> **QUESTÃO 126.** A respeito da garantia prevista no art. 96, da Lei 14.133/21, assinale a alternativa correta:

a) nos contratos que envolvam alta complexidade técnica ou riscos financeiros consideráveis, a garantia pode chegar a 10% do valor inicial do contrato

b) a garantia poderá ser prestada em dinheiro, títulos da dívida pública, fiança bancária ou seguro garantia, a critério do Poder Público.

c) O valor dessa garantia é definido pelo contratado, em consonância com o Poder Público, no bojo do contrato.

d) a lei estabelece, em regram que o valor da garantia deve respeitar o limite máximo de 10% do valor do contrato.

RESPOSTA:

Como forma de garantia, a Lei prevê a caução que pode ser exigida, pelo Estado, para garantir o ressarcimento de danos em caso de descumprimento contratual pelo particular, sendo que a garantia poderá ser prestada em dinheiro, títulos da dívida pública, fiança bancária ou seguro garantia, a critério do contratado privado.

O valor dessa garantia é definido, no bojo do contrato, e determinado pela administração pública. A lei estabelece o **limite máximo de 5%** do valor do contrato, sendo que, em observância a este limite, o poder público deve, discricionariamente, dispor acerca do valor a ser cobrado em cada contratação específica.

Ocorre que, nos contratos que envolvam alta complexidade técnica ou riscos financeiros consideráveis, a garantia pode chegar a **10%** do valor inicial do contrato, sempre mantida a regra que o ente estatal é quem define o valor da caução.

Lembre-se, ainda, que, quando o contrato for de fornecimento contínuo com vigência superior a 1 (um) ano, assim como nas subsequentes prorrogações, será utilizado o valor anual do contrato para definição e aplicação dos percentuais da garantia.

> **QUESTÃO 127.** Sobre o tema CONTRATOS ADMINISTRATIVOS, marque a assertiva **INCORRETA**:

a) na hipótese de cumprimento do contrato e adimplemento de todos os seus termos pelo particular, a garantia deverá ser devolvida e, se foi prestada em dinheiro, deve haver a correção do valor, no momento da devolução.

b) quando o contrato for de fornecimento contínuo com vigência superior a 1 (um) ano, assim como nas subsequentes prorrogações, será utilizado o valor anual do contrato para definição e aplicação dos percentuais da garantia.

c) a Lei 14.133/21 define que nos contratos que importem na entrega de bens pelo Poder Público, dos quais o contratado ficará depositário, ao valor da garantia deverá ser acrescido o valor desses bens.

d) na hipótese de descumprimento contratual, a garantia pode ser utilizada pelo Estado como mínimo indenizatório, ou seja, o ente público pode executar a garantia e cobrar indenização excedente em caso de o prejuízo ultrapassar o valor da caução.

e) nos contratos em que seja prevista a cláusula de retomada a empresa seguradora ficará responsável e apta por fiscalizar a execução do contrato, desde que também seja verificada a fiscalização do poder público como forma de evitar inadimplemento contratual.

RESPOSTA:

Na contratação de obras e serviços de engenharia, o edital poderá exigir a prestação da garantia na modalidade seguro-garantia com cláusula de "performance bond", assim considerado o contrato no qual a seguradora se torna responsável pelo cumprimento do contrato na forma como foi concebido.

Ao contrário do que afirma o gabarito da questão, a essa empresa seguradora ficará responsável e apta por fiscalizar a execução do contrato – **independentemente da fiscalização do poder público** – como forma de evitar inadimplemento contratual.

Para que isso aconteça a seguradora assina o contrato como interveniente anuente e terá acesso à auditoria técnica e contábil, podendo também ter acesso às instalações onde serão executadas as obrigações contratuais, podendo acompanhar sua execução e requerer esclarecimentos.

Nesses casos, o contrato de seguro poderá determinar a obrigação de seguradora, em caso de inadimplemento pelo contratado, assumir a execução e concluir o objeto do contrato, hipótese em que a emissão de empenho se dará em nome da seguradora, ou a quem ela indicar para a conclusão do contrato, será autorizada desde que demonstrada sua regularidade fiscal, sendo possível que essa empresa subcontrate a conclusão do contrato, total ou parcialmente.

> **QUESTÃO 128.** Com base na Lei 14.133/21, examine os itens abaixo acerca das licitações públicas:

Item I – A Lei 14.133/21 prevê a possibilidade de a advocacia pública promover a defesa dos agentes públicos que atuem nos procedimentos licitatórios, em razão de ato praticado com estrita observância de orientação constante em parecer jurídico, mesmo se o responsável pela elaboração desse parecer não pertencer aos quadros permanentes da Administração.

Item II – em comparação à Lei 8.666/93, pode-se afirmar que Nova Lei de Licitações e Contratos Administrativos suprimiu a modalidade licitatória "tomada de preços", mantendo as demais modalidades previstas na legislação anterior.

Item III – com base no Princípio da Segregações de funções, a Nova Lei de Licitações, segrega os critérios serem estipulados no edital, quais sejam: menor preço, maior desconto, maior lance, melhor técnica ou conteúdo artístico, os critérios conjugados de técnica e preço e o maior retorno econômico.

Com base no exposto acima, assinale a alternativa que apresenta apenas itens corretos:

a) III.

b) II e III.

c) I e II.

d) I.

e) I e III.

RESPOSTA:

Item I – O art. 10, da Nova Lei de Licitações, prevê a possibilidade de a advocacia pública promover a defesa dos agentes públicos que atuem nos procedimentos licitatórios e na gestão dos contratos administrativos, em razão de ato praticado com estrita observância de orientação constante em parecer jurídico.

Por sua vez, o §1º, I, do art. 10, da Lei 14.133/21, estabelecia uma vedação à atuação da advocacia pública na defesa desses agentes públicos quando o responsável pela elaboração do parecer jurídico não pertencesse aos quadros permanentes da Administração.

Contudo, o referido dispositivo foi vetado e, por essa razão, poderá ser verificada a defesa da advocacia pública, nos moldes do art. 10, da Lei 14.133/21, mesmo se responsável pela elaboração do parecer jurídico não pertencer aos quadros permanentes da Administração.

Item II – A nova legislação suprimiu as modalidades licitatórias do convite e da tomada de preço que eram definidas para contratações de valores baixos e médios respectivamente, não sendo mais o valor um critério de definição da modalidade licitatória.

Item III – Ao contrário do que afirma a questão, é o Princípio do Julgamento Objetivo que define a necessidade de o edital estabelecer, de forma precisa e clara, qual critério será usado para seleção da proposta vencedora. Além disso, o ato convocatório tem de conter critérios objetivos de julgamento que não se subsumem às escolhas dos julgadores. Portanto, o administrador não deve se valer de critérios que não estejam previamente delimitados no edital para definição do vencedor do certame.

› **QUESTÃO 129.** A respeito do Portal Nacional de Contratações Públicas, pode-se afirmar que:

a) o sítio eletrônico é destinado à divulgação obrigatória dos atos exigidos pela Lei 14.133/21, mesmo que de forma descentralizada.

b) o sítio eletrônico é destinado à realização obrigatória das contratações pelos órgãos e entidades enumerados pela Lei 14.133/21.

c) o sítio eletrônico deverá, entre outras funcionalidades, oferecer painel para consulta de preços, banco de preços em saúde e acesso à base nacional de notas fiscais eletrônicas.

d) o sítio eletrônico será gerido pelo Comitê Gestor da Rede Nacional de Contratações Públicas, a ser presidido por representante indicado pelo Senado Federal.

RESPOSTA:

A lei determina a criação do Portal Nacional de Contratações Públicas (PNCP), que configura o sítio eletrônico oficial destinado à divulgação centralizada e obrigatória dos atos exigidos por esta Lei e à realização facultativa das contratações pelos órgãos e entidades dos Poderes Executivo, Legislativo e Judiciário de todos os entes federativos.

Assim, o referido portal ficará responsável por dar publicidade aos procedimentos licitatórios e ainda pode realizar os contratos firmados pelos entes públicos.

O PNCP será gerido pelo Comitê Gestor da Rede Nacional de Contratações Públicas, a ser presidido por representante indicado pelo Presidente da República.

Por fim, vale informar que o art. 174, §3º, da Lei 14.133/21, enumera algumas funcionalidades que deverão ser oferecidas pelo Portal Nacional de Contratações Públicas. Dentre essas funcionalidades, pode-se citar o oferecimento de painel para consulta de preços, banco de preços em saúde e acesso à base nacional de notas fiscais eletrônicas.

> **QUESTÃO 130.** O contrato administrativo cujo objeto é a prestação de serviços, que pode incluir a realização de obras e o fornecimento de bens, com o objetivo de proporcionar economia ao contratante, na forma de redução de despesas correntes, remunerado o contratado com base em percentual da economia, é denominado expressamente de:

a) Contrato de eficiência.

b) Contrato de gestão.

c) Contrato de programa.

d) Contrato de redução.

e) Contrato de constituição.

RESPOSTA:

A Lei 14.133/21, no seu art. 6º, estabelece as definições de alguns institutos jurídicos, dentre eles, no seu inciso LIII, dispõe que o contrato de eficiência é aquele "*cujo objeto é a prestação de serviços, que pode incluir a realização de obras e o fornecimento de bens, com o objetivo de proporcionar economia ao contratante, na forma de redução de despesas correntes, remunerado o contratado com base em percentual da economia gerada*".

De fato, trata-se de contrato firmado com o particular com o intuito de reduzir custos de serviços prestados de forma continua.

Assim, imagine que determinado órgão possui um custo de X reais com energia elétrica e busca reduzi-lo. Então publica o edital de licitação, cujo critério de escolha será o maior retorno econômico. Os licitantes apresentarão seu projeto e proposta de redução de custo e receberão, a título de remuneração, um percentual da economia gerada.

> **QUESTÃO 131.** Sobre a publicação dos contratos administrativos, marque a opção que esteja em desacordo com o que estabelece a Lei 14.133/21:

a) havendo procedimento licitatório regular e depois da celebração do contrato, a sua publicação deve ser em até 20 dias úteis.

b) a publicação deve ser de sua integralidade, não apenas o seu resumo, permitindo o acesso dos interessados aos termos do contrato administrativo.

c) a divulgação do contrato deve ser feita no Portal Nacional de Contratações Públicas, representando condição de validade do contrato.

d) no caso de contrato decorrente de dispensa ou inexigibilidade, o prazo para a sua publicação é de 10 dias úteis, contados da assinatura entre as partes.

RESPOSTA:

Ao contrário do que afirma o gabarito da questão, a divulgação do contrato no Portal Nacional de Contratações Públicas representa condição de eficácia do contrato.

Além da formalização, a **divulgação é requisito indispensável à eficácia (NÃO À VALIDADE) do contrato** administrativo, decorrente do princípio da publicidade, o qual garante o conhecimento acerca do contrato a toda a sociedade. A divulgação deve ser feita no Portal Nacional de Contratações Públicas (PNCP). A divulgação deve abranger o **inteiro teor do contrato**, bem como todos os aditamentos que forem feitos posteriormente, que ficarão disponíveis para quaisquer interessados.

A lei dispõe que essa divulgação deve se dar nos seguintes prazos, contados da sua assinatura pelas partes:

- 20 (vinte) dias úteis, no caso de licitação;
- 10 (dez) dias úteis, no caso de contratação direta.

Caso a administração deixe de publicar o contrato, ele é válido e perfeito, somente, **não sendo eficaz**. Não produz efeito, uma vez que a eficácia fica dependendo da publicidade do contrato administrativo celebrado. Todavia, cabe ressaltar que os contratos firmados em caso de urgência produzem efeitos desde a data da sua assinatura, devendo ser publicado nos prazos apresentados acima, sob pena de nulidade.

> **QUESTÃO 132.** Com base no art. 5º, da Lei 14.133/21, o procedimento licitatório será processado e julgado em estrita conformidade com determinados princípios. Abaixo seguem alguns desses princípios básicos, EXCETO:

a) do planejamento.

b) da motivação.

c) da segregação de funções.

d) do julgamento subjetivo.

e) da economicidade.

RESPOSTA:

O art. 5º, da Lei 14.133/21, preconiza que na aplicação da própria legislação, serão observados os princípios da legalidade, da impessoalidade, da moralidade, da publicidade, da eficiência, do interesse público, da probidade administrativa, da igualdade, do planejamento, da transparência, da eficácia, da segregação de funções, da motivação, da vinculação ao edital, do julgamento objetivo, da segurança jurídica, da razoabilidade, da competitividade, da proporcionalidade, da celeridade, da economicidade e do desenvolvimento nacional sustentável, assim como as disposições do Decreto-Lei nº 4.657/42 (Lei de Introdução às Normas do Direito Brasileiro).

O gabarito da questão foi firmado no sentido de que o Princípio básico determina que o julgamento deve ser objetivo. Assim, o edital deve estabelecer, de forma precisa e clara, qual critério será usado para seleção da proposta vencedora. Além disso, o ato convocatório tem de conter critérios objetivos de julgamento que não se subsumem às escolhas dos julgadores. Portanto, o administrador não deve se valer de critérios que não estejam previamente delimitados no edital para definição do vencedor do certame.

> **QUESTÃO 133.** Para os fins da Lei 14.133/21, assinale a opção que NÃO representa serviços técnicos especializados de natureza predominantemente intelectual: aqueles realizados em trabalhos relativos a:

a) fiscalização, supervisão ou gerenciamento de obras ou serviços.

b) estudos técnicos, planejamentos e projetos básicos ou executivos.

c) serviços de publicidade e divulgação de anúncios em geral.

d) pareceres, perícias e avaliações em geral.

RESPOSTA:

Ao tratar de serviços técnicos especializados, a Lei 14.133/21, no seu art. 6º, XVIII, define um rol de atividades que podem ser assim consideradas e ensejam justificativa de inexigibilidade de licitação.

Nesses casos, a inexigibilidade se dará quando comprovada a notória especialização, assim considerado o profissional ou a empresa cujo conceito no campo de sua especialidade, decorrente de desempenho anterior, estudos, experiência, publicações, organização, aparelhamento, equipe técnica ou outros requisitos relacionados com suas atividades, permita inferir que o seu trabalho é essencial e reconhecidamente adequado à plena satisfação do objeto do contrato.

Por fim, vale destaca o art. 74, III, da Nova Lei de Licitações, define que é inviável a competição em casos de contratação de serviços técnicos especializados de natureza predominantemente intelectual com profissionais ou empresas de notória especialização, **vedada a inexigibilidade para serviços de publicidade e divulgação.**

> **QUESTÃO 134.** A Lei 14.133/21 prevê, de forma expressa, alguns meios alternativos de resolução de controvérsias, quais sejam:

a) a conciliação, a mediação, a autocomposição e a arbitragem.

b) a conciliação, a autocomposição, o comitê de resolução de disputas e a arbitragem.

c) a conciliação, a autocomposição, a mediação e o comitê de resolução de disputas.

d) a conciliação, a mediação, o comitê de resolução de disputas e a arbitragem.

RESPOSTA:

A Lei 14.133/21, em seu art. 151, prevê a possibilidade de utilização de meios alternativos de prevenção e resolução de controvérsias, notadamente a conciliação, a mediação, o comitê de resolução de disputas e a arbitragem, para tratar de disputas ocorridas no bojo de contratos administrativos, acrescentando que somente serão admitidos os meios alternativos às controvérsias relacionadas a direitos patrimoniais disponíveis, como as questões relacionadas ao restabelecimento do equilíbrio econômico-financeiro do contrato, ao inadimplemento de obrigações contratuais por quaisquer das partes e ao cálculo de indenizações.

> **QUESTÃO 135.** As alternativas abaixo representam algumas disposições que devem ser observadas na fase de habilitação, assinale a assertiva que se encontra em desacordo com a previsão da Nova Lei de Licitações.

a) será exigida do licitante declaração de que cumpre as exigências de reserva de cargos para pessoa com deficiência e para reabilitado da Previdência Social, previstas em lei e em outras normas específicas.

b) será exigida a apresentação dos documentos de habilitação de todos os licitantes, inclusive quando a fase de habilitação for posterior a de julgamento.

c) serão exigidos os documentos relativos à regularidade fiscal, em qualquer caso, somente em momento posterior ao julgamento das propostas, e apenas do licitante mais bem classificado.

d) poderá ser exigida dos licitantes a declaração de que atendem aos requisitos de habilitação, e o declarante responderá pela veracidade das informações prestadas, na forma da lei.

RESPOSTA:

A questão trata das disposições que devem ser observadas na fase de habilitação e que estão enumeradas no art. 63, da Lei 14.133/21.

A **Letra "B"** mostra-se incorreta, pois a determinação legal é que será exigida a apresentação dos documentos de habilitação apenas pelo licitante vencedor, exceto quando a fase de habilitação anteceder a de julgamento.

Sendo assim, a Administração Pública deve proceder à abertura do envelope que contém as documentações do licitante classificado em primeiro lugar, com a finalidade de analisar se está apto e idôneo a contratar com o Poder Público. A habilitação poderá ser realizada por processo eletrônico de comunicação a distância, nos termos dispostos em regulamento.

› **QUESTÃO 136.** Analise as assertivas abaixo sobre os diversos temas referentes às licitações públicas:

I –a Nova Lei de Licitações define as modalidades, tipos e procedimentos aplicáveis às licitações públicas, além das hipóteses de dispensa e inexigibilidade. Entretanto, não apresenta procedimentos auxiliares para as contratações públicas, os quais devem ser definidos em legislações específicas.

II – a Lei 14.133/21 prevê a possibilidade de a advocacia pública promover a defesa dos agentes públicos que atuem nos procedimentos licitatórios, em razão de ato praticado com estrita observância de orientação constante em parecer jurídico, exceto se o responsável pela elaboração desse parecer não pertencer aos quadros permanentes da Administração.

III – o art. 5º, da Nova Lei de Licitações, estabeleceu, de forma expressa, alguns Princípios norteadores do Procedimento Licitatório, dentre eles, o da Eficiência, da probidade administrativa e da Modernidade.

Marque a alternativa correta:

a) apenas os itens I e III estão corretos.

b) apenas os itens I e II estão corretos.

c) apenas os itens II e III estão corretos.

d) todas as assertivas estão incorretas.

e) todas as assertivas estão corretas.

RESPOSTA:

Item I – Em obediência ao art. 22, XXVII, da CF, foi publicada em abril de 2021 e, em substituição à legislação anterior, a Lei 14.133/21 traçando as modalidades e tipos de licitação, bem como definindo seu procedimento, as hipóteses de dispensa e inexigibilidade **e demais procedimentos auxiliares para as contratações públicas.**

Item II – O art. 10, da Nova Lei de Licitações, prevê a possibilidade de a advocacia pública promover a defesa dos agentes públicos que atuem nos procedimentos licitatórios e na gestão dos contratos administrativos, em razão de ato praticado com estrita observância de orientação constante em parecer jurídico.

Por sua vez, o §1º, I, do art. 10, da Lei 14.133/21, estabelecia uma vedação à atuação da advocacia pública na defesa desses agentes públicos quando o responsável pela elaboração do parecer jurídico não pertencesse aos quadros permanentes da Administração.

Contudo, o referido dispositivo foi vetado e, por essa razão, poderá ser verificada a defesa da advocacia pública, nos moldes do art. 10, da Lei 14.133/21, mesmo se responsável pela elaboração do parecer jurídico não pertencer aos quadros permanentes da Administração.

Item III – O art. 5º, da Lei 14.133/21, estabeleceu de forma expressa alguns Princípios norteadores do Procedimento Licitatório. Contudo, o Princípio da Modernidade não se encontra entre esse rol.

> **QUESTÃO 137.** A Lei 14.133/21 define como forma de *"manutenção do equilíbrio econômico-financeiro de contrato utilizada para serviços contínuos com regime de dedicação exclusiva de mão de obra ou predominância de mão de obra, por meio da análise da variação dos custos contratuais, devendo estar prevista no edital com data vinculada à apresentação das propostas, para os custos decorrentes do mercado, e com data vinculada ao acordo, à convenção coletiva ou ao dissídio coletivo ao qual o orçamento esteja vinculado, para os custos decorrentes da mão de obra"*.

A forma de pagamento, ao particular contratado, acima destacada é denominada de:

a) repactuação.

b) recomposição de preços.

c) reajustamento de preços.

d) correção monetária.

e) revisão de preços.

RESPOSTA:

É cláusula necessária do contrato administrativo a regulamentação acerca do preço e das formas de pagamento. Assim, além do pagamento da fatura, propriamente dita, como forma de manutenção do equilíbrio econômico-financeiro, alguns pagamentos são feitos ao particular contratado pela Administração Pública.

O enunciado da questão apresenta a regulamentação do inciso LIX, do art. 6º, da Lei 14.133/21, sobre o instituto jurídico da repactuação.

Nos casos de incidência do referido instituto, há uma variável no contrato que dificulta que ele seja reajustado por meio da utilização de índices previamente estabelecidos que é o custo com mão de obra. Assim, publicada uma nova Convenção Coletiva de Trabalho com a categoria, por exemplo, os pisos salariais serão reajustados e o ente público precisará rever os valores pagos nessa proporção como forma de manter a margem de lucro do contratado.

Dessa forma, os preços dos contratos para serviços contínuos com regime de dedicação exclusiva de mão de obra ou com predominância de mão de obra devem ser repactuados para manutenção do equilíbrio econômico-financeiro, mediante demonstração analítica da variação dos custos contratuais, com data vinculada à da apresentação da proposta, para custos decorrentes do mercado ou ao acordo, à convenção coletiva ou ao dissídio coletivo ao qual a proposta esteja vinculada, para os custos de mão de obra.

› **QUESTÃO 138.** A Nova Lei de Licitações e Contratos Administrativos dispõe que o edital poderá contemplar matriz de alocação de riscos entre o contratante e o contratado. Sobre o tema julgue os itens abaixo:

Item I – a lei 14.133/21 define a obrigatoriedade da previsão da matriz de alocação de riscos por parte da Administração Pública, inclusive nos casos de contratação de a obras e serviços de grande vulto ou quando forem adotados os regimes de contratação integrada e semi-integrada.

Item II – nas contratações integradas ou semi-integradas, os riscos decorrentes de fatos supervenientes à contratação associados à escolha da solução de projeto básico pelo contratado deverão ser alocados como de sua responsabilidade na matriz de riscos.

Item III – mesmo havendo matriz de alocação de riscos, o particular pode pedir reequilíbrio financeiro do contrato em duas hipóteses: alteração unilateral de contrato e aumento de tributos em razão de lei superveniente.

Diante dos itens acima destacados, a alternativa correta é:

a) I e II.

b) III.

c) II.

d) I.

e) II e III.

RESPOSTA:

Item I – Como forma de reduzir a responsabilidade do Poder Público pela manutenção do equilíbrio financeiro do contrato administrativo, a lei dispõe que o edital poderá contemplar **matriz de alocação de riscos** entre o contratante e o contratado.

Verifique que a lei incluiu a matriz de alocação de riscos como faculdade da Administração Pública, ressalvados os casos de contratação de a obras e serviços de grande vulto ou forem adotados os regimes de contratação integrada e semi-integrada, uma vez que, nesses casos, a previsão editalícia dessa matriz se torna obrigatória.

Item II – Vale destacar que o §4º, do art. 22, da Lei 14.133/21, preconiza que nas contratações integradas ou semi-integradas, os riscos decorrentes de fatos supervenientes à contratação associados à escolha da solução de projeto básico pelo contratado deverão ser alocados como de sua responsabilidade na matriz de riscos.

Item III – Nos casos em que seja incluída, a **matriz de alocação de riscos deverá repartir as responsabilidades entre contratante e contratado**, mediante indicação daqueles a serem assumidos pelo setor público ou pelo setor privado e também daqueles a serem compartilhados. Nessas hipóteses, o particular abre mão de pleitear o reequilíbrio do contrato administrativo para restabelecer seu equilíbrio econômico financeiro, salvo no que tange, salvo no que tange às alterações unilaterais determinadas pela Administração ou ao aumento ou à redução, por legislação superveniente, dos tributos diretamente pagos pelo contratado em decorrência do contrato, o que caracteriza o fato do príncipe.

> **QUESTÃO 139.** O art. 92, da Lei 14.133/21, define as cláusulas que são necessárias em todo contrato. A alternativa que NÃO corresponde a estas cláusulas é:

a) o objetivo e seus interesses econômicos.

b) o regime de execução ou a forma de fornecimento.

c) a legislação aplicável à execução do contrato, inclusive quanto aos casos omissos.

d) os critérios e a periodicidade da medição, quando for o caso, e o prazo para liquidação e para pagamento.

RESPOSTA:

A lei 14.133/21, em seu artigo 92, prevê a forma do contrato, designada pela doutrina de **Instrumento (ou termo) do contrato.**

Esta norma prevê todas as cláusulas necessárias à validade do contrato administrativo e a sua ausência gera o vício de forma.

A presente questão alterou o que dispõe o inciso I, do art. 92, o qual define que o contrato administrativo deve **dispor do objeto e seus**

elementos característicos, devidamente detalhados, vedada a escolha de marca ou exigência que possa frustrar o caráter competitivo.

> **QUESTÃO 140.** Com base no Princípio do Julgamento Objetivo, a Lei 14.133/21 define como critérios a serem estipulados no edital os de:

a) menor preço, maior desconto, maior lance, melhor técnica ou conteúdo artístico, os critérios conjugados de técnica e preço.

b) menor preço, maior lance, melhor técnica ou os critérios conjugados de técnica e preço.

c) menor preço, maior desconto, maior lance, melhor técnica ou conteúdo artístico, os critérios conjugados de técnica e preço e o maior retorno econômico.

d) menor preço, maior lance, melhor técnica ou conteúdo artístico ou os critérios conjugados de técnica e preço e o maior retorno econômico.

RESPOSTA:

O art. 33, da Lei 14.133/21, define como critérios possíveis a serem estipulados no edital, os de menor preço, maior desconto, maior lance, melhor técnica ou conteúdo artístico, os critérios conjugados de técnica e preço e o maior retorno econômico, não se admitindo a utilização de outros ou mesmo a não utilização de critérios objetivos, deixando a cargo do administrador público a escolha do vencedor do certame. Com efeito, não pode ser utilizado, para fins de escolha do vencedor, nenhum outro fator de análise que não aqueles expressamente definidos no instrumento convocatório.

Assim, é importante salientar que o edital estipulará o critério que será utilizado – dentro das hipóteses permitidas pela lei – e não poderão ser utilizadas outras formas de selecionar o vencedor.

> **QUESTÃO 141.** A empresa "Minha primeira Contratação S.A." após a participação em diversos procedimentos licitatórios, procurou determinado escritório de advocacia, especializado em Direito Administrativo, a fim de realizar consulta jurídica sobre esses certames.

Durante a consulta, a empresa informou que em todos os procedimentos que participou foi estabelecido, no edital, que o regramento utilizado seria o da Lei 14.133/21.

Além disso, a empresa também esclareceu que em algumas licitações houve a ocorrência de empates e, durante o procedimento, a Administração se utilizou do critério "avaliação de desempenho contratual prévio", a fim de desempatar o certame.

Por fim, a empresa ressaltou que, nessas licitações, a avaliação de desempenho contratual prévio foi efetivada com base em critérios subjetivos e foi utilizada antes da apresentação de novas propostas após a classificação.

Com base no exposto e em relação aos empates ocorridos nos certames, assinale a alternativa correta:

a) nas licitações indicadas pela empresa, apenas se verifica a ocorrência de vício no que tange ao fato de que a referida avaliação deve ser feita posteriormente à efetivação da denominada disputa final, visto que a avaliação de desempenho contratual prévio deve ser feita com base em critérios subjetivos.

b) nas licitações indicadas pela empresa, apenas se verifica a ocorrência de vício no que tange ao fato de que a avaliação de desempenho contratual prévio deveria ser feita com base em critérios objetivos, visto que a referida avaliação deve ser feita anteriormente à efetivação da denominada disputa final.

c) nas licitações indicadas pela empresa, a avaliação de desempenho contratual prévio deveria ter sido feita com base em critérios objetivos e posteriormente à efetivação da denominada disputa final.

d) nas licitações indicadas pela empresa, não se verificou a ocorrência de qualquer vício, visto que a avaliação de desempenho contratual prévio deve ser feita com base em critérios subjetivos e anteriormente à efetivação da denominada disputa final.

RESPOSTA:

De logo, é importante mencionar que os critérios de desempate, no procedimento licitatório, estão definidos em lei, na ordem em que devem ser observados, somente sendo analisado o segundo critério caso o primeiro não seja suficiente a desempatar a licitação e assim sucessivamente (art. 60, da Lei 14.133/21). Logo, trata-se de critérios sucessivos e não alternativos, vejamos.

1. Disputa final, com apresentação de novas propostas após a classificação.
2. Avaliação de desempenho contratual prévio dos licitantes, analisando o cumprimento de cláusulas e atendimento das necessidades da contratante em ajustes anteriores.
3. Desenvolvimento de equidade entre gêneros no ambiente de trabalho.
4. Desenvolvimento de programa de integridade, conforme determinado pelos órgãos de controle. Ressalte-0se que o programa de integridade é programa específico de "compliance" com foco no respeito às regras gerais da Administração Pública, com intuito de evitar a prática de atos ilícitos regulados pela lei 12.846/13.

Caso nenhum desses critérios seja idôneo a desempatar a licitação, a lei determina que o desempate se dará com base em **critérios de preferência, os quais são definidos no §1º, do art. 60, da Lei 14.133/21.**

No que tange ao caso concreto exposto pela questão, pode-se afirmar que nos procedimentos licitatórios indicados pela empresa, a avaliação de desempenho contratual prévio deveria ter sido realizada posteriormente à efetivação da denominada disputa final. Como também deveria ter sido feita com base em critérios objetivos, pois a utilização de critérios subjetivos pode ensejar a seleção direcionada de licitantes, violando, portanto, a isonomia da contratação.

› **QUESTÃO 142.** Considere uma situação hipotética na qual, Fábio, Governador do Estado Y, pretende contratar a empresa "Central da Mídia" para divulgar as ações de seu Governo. Estima-se que o contrato será fixado no valor de R$ 60.000,00 (sessenta mil reais). Ademais, vale destacar que a empresa "Central da Mídia" possui notória especialidade no ramo de publicidade e divulgação. Diante disso, pode-se afirmar que:

a) o contrato poderá ser firmado com dispensa de licitação, diante da notória especialização da empresa

b) o contrato não poderá ser firmado com inexigibilidade de licitação, apesar da notória especialização da empresa.

c) o contrato poderá ser firmado com dispensa de licitação, visto que o seu valor se encontra abaixo do limite definido pela Lei 14.133/21.

d) o contrato não poderá ser firmado com inexigibilidade de licitação, visto que o seu valor se encontra acima do limite definido pela Lei 14.133/21.

RESPOSTA:

A questão apresenta um caso em que se constata a impossibilidade de aplicação dos institutos jurídicos da inexigibilidade e dispensa.

A inexigibilidade está regulamentada no art. 74, da Lei 14.133/21, que estabelece, em princípio, que a licitação será inexigível sempre que a **competição for impossível**. No inciso III, do artigo supracitado, a legislação define que se aplica a inexigibilidade de licitação nas contratações de determinados serviços técnicos especializados de natureza predominantemente intelectual com profissionais ou empresas de notória especialização, **sendo vedada a inexigibilidade para serviços de publicidade e divulgação.**

Por outro lado, também não se verifica a possibilidade de dispensa de licitação, visto que as hipóteses estão estampadas nos artigos da Lei 14.133/21 e são taxativas/exaustivas, não se admitindo qualquer ampliação analógica. Nesse sentido, o inciso II, do art. 75, da Nova Lei de Licitação, define que é dispensável a licitação apenas para contratação que envolva valores inferiores a R$ 50.000,00 (cinquenta mil reais), no caso de outros serviços e compras.

> **QUESTÃO 143.** Suponha que o Município Alpha pretende comprar um veículo 1.0, com ar condicionado. Além disso, considere que dentro do procedimento licitatório ficou definido que o critério de escolha será o "menor preço". Para participação no certame, apareceram três licitantes, cujas propostas apresentadas seguem abaixo:

1º licitante – Fiesta 1.0, com ar condicionado, 30 mil.

2º licitante – Corsa 2.0, sem ar condicionado, 23 mil desclassificado.

3º licitante – Pálio 1.0, com ar condicionado, vidro elétrico, direção elétrica, 30 mil.

Diante do exposto, é correto afirmar que:

a) o 2º licitante venceu o certame, pois apresentou o menor preço, critério estabelecido pelo edital.

b) o 2º licitante venceu o certame, pois, entre os licitantes, apresentou o carro mais potente.

c) o 3º licitante venceu o certame, visto que apresentou a proposta mais vantajosa com a oferta de vidro elétrico e direção elétrica no veículo.

d) neste caso, houve empate na licitação.

RESPOSTA:

O 2º licitante, apesar de apresentar o menor preço, não respeitou os requisitos mínimos do objeto postos no edital. Na sua proposta não respeitou a exigência de que o veículo deveria ter ar condicionado.

Ademais, as propostas do 2º e do 3º licitante não podem ser escolhidas por serem mais vantajosas, porque os critérios que definem o que é mais vantajoso devem estar especificados no edital.

Assim, houve empate na licitação entre o 1º e o 3º licitante, pois os critérios objetivos definidos no edital não foram suficientes para fazer a escolha do vencedor. Nesses casos, a lei estabelece a regra de desempate, haja vista o fato de que os itens a mais trazidos pelo 3º licitante não podem ser utilizados como critérios de escolha do vencedor.

> **QUESTÃO 144.** Considere que a Administração pretende realizar licitação e firmar contrato de eficiência com a finalidade de redução dos custos de energia elétrica consumida pelo órgão público. Com isso, deve ser definido no edital que o particular contratado será remunerado com base em parte do percentual de redução dos custos de iluminação. Com base na Lei 14.133/21, no edital da licitação deverá ser escolhido o tipo:

a) maior lance.

b) melhor técnica.

c) menor preço.

d) maior desconto.

e) maior retorno econômico.

RESPOSTA:

A questão deixa evidente que a pretensão da Administração Pública é firmar um contrato de eficiência para que seja alcançada a redução de custos relacionados ao consumo de energia elétrica.

Sendo assim, é cediço que o tipo "maior retorno econômico" deve ser utilizado exclusivamente para a celebração de contrato de eficiência, o qual considerará a maior economia para a Administração e a remuneração deverá ser fixada em percentual que incidirá de forma proporcional à economia efetivamente obtida na execução do contrato (art. 39, da Lei 14.133/21).

Nesse caso, os licitantes apresentarão:

I. proposta de trabalho, que deverá contemplar: a) as obras, os serviços ou os bens, com os respectivos prazos de realização ou fornecimento; b) a economia que se estima gerar, expressa em unidade de medida associada à obra, ao bem ou ao serviço e em unidade monetária;

II. proposta de preço, que corresponderá a percentual sobre a economia que se estima gerar durante determinado período, expressa em unidade monetária.

> **QUESTÃO 145.** Assinale a alternativa correta:

a) A transferência de concessão ou do controle societário da concessionária sem prévia anuência do poder concedente implicará a caducidade da concessão.

b) A constante busca pelas melhores técnicas administrativas e consequente melhoria do serviço público configura o denominado princípio da "continuidade do serviço público".

c) A "autorização" difere da "licença", uma vez que a primeira ("autorização") é ato administrativo bilateral (pedido-concessão) e vinculado, não se sujeitando, portanto, à revogação.

d) Atos de gestão e atos de caráter normativo podem ser objeto de delegação, desde que seja ela justificada pela urgência e interesse público.

RESPOSTA:

A banca examinadora estabeleceu o gabarito com base na previsão expressa do art. 27, da Lei 8.987/95, o qual define que a transferência de concessão ou do controle societário da concessionária sem prévia anuência do poder concedente implicará a caducidade da concessão.

Ademais, para que seja concedida a anuência, o Poder Público deve verificar algumas regras. De fato, a empresa que assumirá o serviço público deverá atender às exigências de capacidade técnica, idoneidade financeira e regularidade jurídica e fiscal necessárias à assunção do serviço, assim como se comprometerá a cumprir todas as cláusulas do contrato em vigor. Ainda assim, deve o Poder Público analisar se a transferência não está sendo feita logo após o término da licitação, o que pode ensejar uma fraude ao certame por meio da criação de uma "empresa de fachada" somente para participação do procedimento.

Como forma de garantia do princípio da continuidade, a legislação admite que, desde que haja regulamentação prévia no contrato de concessão, o poder concedente poderá autorizar a assunção do controle da concessionária por seus financiadores para promover sua reestruturação financeira e assegurar a não interrupção da prestação dos serviços. Nestes casos, o Estado exigirá dos financiadores que atendam às exigências de regularidade jurídica e fiscal.

No que tange à subconcessão, a lei determina que, além da autorização específica pelo poder concedente, deverá ser precedida de procedimento licitatório na modalidade concorrência, para que seja regularmente efetivada.

> **QUESTÃO 146.** O Estado Alfa firmou parceria público-privada com determinada sociedade empresária, mediante a celebração de contrato administrativo de concessão, na modalidade patrocinada, para a prestação de serviços públicos, envolvendo, adicionalmente à tarifa cobrada dos usuários, contraprestação pecuniária do parceiro público ao parceiro privado.

De acordo com os ditames da Lei Federal nº 11.079/2004, na contratação da parceria público-privada em tela devem ser observadas algumas diretrizes, como a:

a) delegabilidade das funções de regulação e do exercício do poder de polícia;

b) sustentabilidade financeira e as vantagens socioeconômicas dos projetos de parceria;

c) modicidade da tarifa, vedados mecanismos para a preservação da atualidade da prestação dos serviços;

d) repartição subjetiva de riscos entre as partes e a realização de vistoria dos bens irreversíveis, não podendo o parceiro público reter os pagamentos ao parceiro privado, no valor necessário para reparar as irregularidades detectadas;

e) garantia de margem de lucro ao parceiro privado, vedado o compartilhamento com o parceiro público de ganhos econômicos efetivos do parceiro privado decorrentes da redução do risco de crédito dos financiamentos utilizados pelo parceiro privado.

RESPOSTA:

De acordo com o art. 4º, da Lei 11.079/04, na contratação de parceria público-privada serão observadas as seguintes diretrizes:

I – eficiência no cumprimento das missões de Estado e no emprego dos recursos da sociedade; II – respeito aos interesses e direitos dos destinatários dos serviços e dos entes privados incumbidos da sua execução; III – indelegabilidade das funções de regulação, jurisdicional, do exercício do poder de polícia e de outras atividades exclusivas do Estado; IV – responsabilidade fiscal na celebração e execução das parcerias; V – transparência dos procedimentos e das decisões; VI – repartição objetiva de riscos entre as partes; VII – sustentabilidade financeira e vantagens socioeconômicas dos projetos de parceria.

> **QUESTÃO 147.** Suponha que a Administração pretende realizar parceria público-privada com o objetivo de construir e operar um parque público. A intenção é de que não haja a cobrança de ingressos dos usuários e que a Administração realize aporte de recursos para a construção de parte da estrutura física. Há a expectativa, ainda, que o parceiro privado explore receitas alternativas para viabilizar a manutenção do equipamento público. A respeito das concessões, é correto afirmar que

a) a contratação da parceira pública deverá ser precedida de licitação na modalidade concorrência.

b) a Administração não deverá pagar indenização, ao final do contrato, pelos bens reversíveis construídos pelo parceiro privado sem vinculação com o aporte financeiro feito no início do contrato.

c) a matriz de riscos prevista no contrato estipulará, de forma objetiva, os riscos de cada parte, incluídos os referentes a caso fortuito e força maior.

d) a exploração de receitas acessórias poderá ocorrer sem que haja expressa autorização em contrato, pois a exploração do serviço ocorre por conta e risco do parceiro privado.

e) por se tratar de concessão patrocinada, caso a remuneração do parceiro privado paga pela Administração seja superior a 70% (setenta por cento), haverá a necessidade de autorização legislativa específica.

RESPOSTA:

O art. 5º, III, da Lei 8.987/04, dispõe que as cláusulas dos contratos de parceria público-privada atenderão ao disposto no art. 23 da Lei nº 8.987, de 13 de fevereiro de 1995, no que couber, devendo também prever a repartição de riscos entre as partes, inclusive os referentes a caso fortuito, força maior, fato do príncipe e álea econômica extraordinária.

Nessa senda, a lei define que todas as cláusulas necessárias à formalização do contrato previstas na lei 8.987/95 se aplicam às concessões especiais, devendo, no entanto, estas parcerias respeitarem algumas cláusulas específicas.

Ademais, a legislação específica define algumas características peculiares aos contratos de concessão especial que devem ser observados na sua celebração, sob pena de a Administração Pública atuar ilicitamente.

> **QUESTÃO 148.** Determinado poder público municipal constatou que o serviço de transporte público sob concessão não estava sendo prestado de forma adequada e que a concessionária do serviço não estava cumprindo fielmente as normas contratuais, regulamentares e legais pertinentes. O órgão competente avaliou que seriam necessários ajustes pontuais na prestação do serviço, sem a necessidade da extinção da concessão, até por conta do risco de solução de continuidade na prestação de serviço essencial.

Nessa situação hipotética, de acordo com a Lei n.º 8.987/1995, considerando a avaliação do órgão competente, o poder público poderá

a) realizar a intervenção na concessão, por meio de decreto do poder concedente, que conterá a designação do interventor, o prazo da intervenção e os objetivos e limites da medida.

b) realizar a encampação, por motivo de interesse público, mediante decreto específico do poder concedente, após prévio pagamento da indenização relativa aos bens reversíveis, descontado o valor das multas contratuais e de eventuais danos causados pela concessionária.

c) realizar a intervenção na concessão, mediante lei autorizativa específica, que disporá sobre o prazo da intervenção, os objetivos e limites da medida, incumbindo ao chefe do Poder Executivo estadual a designação, mediante decreto, do interventor.

d) declarar a caducidade da concessão, por motivo de interesse público, mediante lei autorizativa específica e após prévio pagamento da indenização, se houver dano.

e) declarar a caducidade da concessão, por motivo de interesse público, mediante lei autorizativa específica e após pagamento da indenização relativa aos bens reversíveis, descontado o valor das multas contratuais e de eventuais danos causados pela concessionária.

RESPOSTA:

O poder concedente poderá intervir na concessão, com o fim de assegurar a adequação na prestação do serviço, bem como o fiel cumprimento das normas contratuais, regulamentares e legais pertinentes.

Assim, com base no art. 32, parágrafo único, da Lei 8.987/04, a intervenção far-se-á por decreto do poder concedente, que conterá a designação do interventor, o prazo da intervenção e os objetivos e limites da medida.

Os pressupostos da intervenção estão definidos em lei e, caso fique demonstrado que a intervenção não observou os pressupostos legais e regulamentares, será declarada sua nulidade, devendo o serviço ser imediatamente devolvido à concessionária, sem prejuízo de seu direito à indenização por todos os danos causados.

Cessada a intervenção, se não for verificada nenhuma irregularidade na empresa concessionária, a administração do serviço será devolvida à mesma, precedida de prestação de contas pelo interventor, que responderá pelos atos praticados durante a sua gestão. Caso contrário, sendo descoberto o cometimento de irregularidades que configurem inadimplemento contratual, será decretada a caducidade do contrato.

> **QUESTÃO 149.** As cláusulas dos contratos de parceria público-privada não necessariamente devem prever

a) a repartição de riscos entre as partes, inclusive os referentes a caso fortuito, força maior, fato do príncipe e álea econômica extraordinária.

b) os critérios objetivos de avaliação do desempenho do parceiro privado.

c) as formas de remuneração e de atualização dos valores contratuais, bem como o prazo de vigência do contrato, compatível com a amortização dos investimentos realizados, respeitando-se os marcos temporais mínimo e máximo previstos em lei.

d) a possibilidade de eventual prorrogação contratual.

e) nenhuma das alternativas anteriores responde ao comando da questão.

RESPOSTA:

Preliminarmente, vale esclarecer que a lei define que todas as cláusulas necessárias à formalização do contrato previstas na Lei 8.987/95 se aplicam às concessões especiais, devendo, no entanto, estas parcerias respeitarem algumas cláusulas específicas.

A cobrança feita pela banca examinadora abordou, justamente, algumas das cláusulas específicas previstas no art. 5º, da Lei 11.079/04. Vejamos:

"Art. 5º As **cláusulas dos contratos de parceria público-privada** atenderão ao disposto no art. 23 da Lei nº 8.987, de 13 de fevereiro de 1995, no que couber, **devendo também prever**:

I – o prazo de vigência do contrato, compatível com a amortização dos investimentos realizados, não inferior a 5 (cinco), nem superior a 35 (trinta e cinco) anos, incluindo eventual prorrogação;

II – as penalidades aplicáveis à Administração Pública e ao parceiro privado em caso de inadimplemento contratual, fixadas sempre de forma proporcional à gravidade da falta cometida, e às obrigações assumidas;

III – a repartição de riscos entre as partes, inclusive os referentes a caso fortuito, força maior, fato do príncipe e álea econômica extraordinária;

IV – as formas de remuneração e de atualização dos valores contratuais;

V – os mecanismos para a preservação da atualidade da prestação dos serviços;

VI – os fatos que caracterizem a inadimplência pecuniária do parceiro público, os modos e o prazo de regularização e, quando houver, a forma de acionamento da garantia;

VII – os critérios objetivos de avaliação do desempenho do parceiro privado;

VIII – a prestação, pelo parceiro privado, de garantias de execução suficientes e compatíveis com os ônus e riscos envolvidos, observados os limites dos §§ 3º e 5º do art. 56 da Lei nº 8.666, de 21 de junho de 1993, e, no que se refere às concessões patrocinadas, o disposto no inciso XV do art. 18 da Lei nº 8.987, de 13 de fevereiro de 1995;

IX – o compartilhamento com a Administração Pública de ganhos econômicos efetivos do parceiro privado decorrentes da redução do risco de crédito dos financiamentos utilizados pelo parceiro privado;

> X – a realização de vistoria dos bens reversíveis, podendo o parceiro público reter os pagamentos ao parceiro privado, no valor necessário para reparar as irregularidades eventualmente detectadas.
>
> XI – o cronograma e os marcos para o repasse ao parceiro privado das parcelas do aporte de recursos, na fase de investimentos do projeto e/ou após a disponibilização dos serviços, sempre que verificada a hipótese do § 2º do art. 6º desta Lei." (Incluído pela Lei nº 12.766, de 2012)

Diante do dispositivo legal transcrito acima, constata-se que o gabarito da questão foi estabelecido com base nos incisos, I, III. IV e VII, do art. 5º, da Lei 11.079/04.

> **QUESTÃO 150.** Acerca das formas de delegação de serviços públicos, assinale a opção correta.

a) As parcerias público-privadas poderão ser celebradas nas modalidades contratuais de concessão patrocinada, de concessão administrativa e de permissão administrativa, sendo que a concessão patrocinada visa delegar serviço público ou obra pública, ao passo que as demais só poderão delegar serviço público.

b) A concessão de serviço público será realizada mediante contrato administrativo, submetido à licitação pública, na modalidade de concorrência, devendo essa ser precedida de audiência pública, dependendo do valor do certame.

c) A permissão de serviço público é o contrato administrativo para exploração de serviço público, precedido de licitação, para pessoa jurídica que demonstre capacidade para o seu desempenho, por sua própria conta e risco, gerando direitos ao permissionário quanto ao período de exploração.

d) A contraprestação da administração pública nos contratos de parceria público-privada poderá ser realizada por ordem bancária, cessão de créditos tributários e outorga de direitos sobre bens públicos dominiais, entre outros meios previstos em lei.

e) A contratação de parceria público-privada deverá ser precedida de licitação nas modalidades concorrência ou tomada de preços, estando a abertura do processo licitatório condicionada a, entre outros requisitos, autorização da autoridade competente lastreada em estudo técnico acerca da conveniência e da oportunidade da licitação, observância de limites de responsabilidade fiscal e ausência de vulneração às metas de resultados fiscais.

RESPOSTA:

Ao contrário do que afirma a questão, conforme do art. 2º, da Lei 11.079/04, não há previsão da espécie "permissão administrativa". O dispositivo legal dispõe que como contratos de concessões especiais, as Parcerias Público-Privadas podem ser constituídas de duas firmas diversas, quais sejam a concessão patrocinada e a concessão administrativa.

Alternativa "b": correta; assim como todos os contratos firmados pelo Poder Público, a concessão deverá ser precedida de precedida de procedimento licitatório como forma de garantir a impessoalidade na escolha do contratado, bem como com a intenção de se firmar avença com aquele que oferecer a proposta mais vantajosa ao Poder Público. Neste sentido, o art. 175 da Carta Magna define que "*Incumbe ao Poder Público, na forma da lei, diretamente ou sob regime de concessão ou permissão, **sempre através de licitação**, a prestação de serviços públicos*".

A concessão de serviços públicos é precedida de licitação na modalidade concorrência, necessariamente, com algumas ressalvas trazidas pela Lei 9.074/95.

Ademais, para as licitações realizadas com o fim de celebração de contratos de valores muito altos, é definida em lei a obrigatoriedade de realização de audiência pública à qual será dada ampla publicidade, para que os cidadãos possam participar e opinar acerca do certame. Trata-se de garantia da democracia, ensejando participação popular direta nas contratações realizadas pelo Estado, admitindo-se a indagação da sociedade e o dever de esclarecimentos imposto ao administrador público.

> **QUESTÃO 151.** Assinale a alternativa **incorreta**:

a) O consórcio público constituirá associação pública ou pessoa jurídica de direito privado;

b) Os atos praticados por sociedades empresárias e por sociedades simples, personificadas ou não, independentemente da forma de organização ou modelo societário adotado, bem como a quaisquer fundações, associações de entidades ou pessoas, ou sociedades estrangeiras, que tenham sede, filial ou representação no território brasileiro, constituídas de fato ou de direito, ainda que temporariamente, que atentem contra o patrimônio público nacional ou estrangeiro, contra princípios da administração pública ou contra os compromissos internacionais assumidos pelo Brasil, constituem atos lesivos à administração pública, nacional ou estrangeira, para os fins da Lei n. 12.846/2013;

c) Segundo a Lei n. 11.079/2004, que institui normas gerais para licitação e contratação de parceria público privada, a concessão patrocinada é o contrato de prestação de serviços de que a Administração Pública seja a usuária direta ou indireta, ainda que envolva execução de obra ou fornecimento e instalação de bens;

d) A requisição administrativa, como forma de intervenção temporária na propriedade, encontra previsão no capítulo referente aos direitos e deveres individuais e coletivos da Constituição Federal de 1988, que estabelece que no caso de iminente perigo público a autoridade competente poderá usar de propriedade particular, assegurada ao proprietário indenização ulterior, se houver dano;

e) Serviço público adequado ao pleno atendimento dos usuários é aquele que satisfaz as condições de regularidade, continuidade, eficiência, segurança, atualidade, generalidade, cortesia na sua prestação e modicidade das tarifas, conforme preceitua a Lei n. 8.987/1995.

RESPOSTA:

Na verdade, o conceito apresentado pela assertiva refere-se à concessão administrativa. Por sua vez, a concessão patrocinada trata-se de contrato de concessão de serviços públicos, podendo ser precedida ou não de obra pública, no qual, adicionalmente à tarifa paga pelos usuários, há uma contraprestação do Poder Público ao parceiro privado. Sendo assim, este contrato poderá ser firmado com empresas ou consórcios privados que executarão o serviço por sua conta e risco, cobrando as tarifas pelo oferecimento da atividade e percebendo uma remuneração adicional paga pelo Poder Público concedente.

› QUESTÃO 152. Dalva era passageira de ônibus intermunicipal que fazia a linha entre Vitória de Santo Antão e Jaboatão dos Guararapes, linha essa explorada em regime de concessão pela Empresa Expresso Caramuru S/A, quando referido ônibus envolveu-se em acidente, sem a participação de outros veículos. Em virtude dos ferimentos, Dalva acabou se submetendo a cirurgias reparadoras, remanescendo, todavia, sequelas funcionais e estéticas decorrentes do acidente. Do relato, deve-se concluir que

a) a empresa concessionária deve ser responsabilizada de forma objetiva; o Estado de Pernambuco, na qualidade de poder concedente, deve ser responsabilizado de forma subjetiva, em virtude da culpa in vigilando.

b) a empresa concessionária e o poder concedente respondem objetivamente pelos danos materiais sofridos pela usuária, este último, de forma subsidiária; os danos morais, todavia, são de natureza personalíssima, portanto somente a causadora direta é que responderá por eles.

c) não se aplica à situação o disposto no art. 37, § 6º da CF/88, que dispõe sobre a responsabilidade objetiva pelos danos causados a terceiros, sendo que a responsabilidade em face dos usuários do serviço público é de natureza subjetiva, regulada pela Lei nº 8.987/95 e pelo código de defesa do consumidor.

d) devem ser responsabilizadas de forma objetiva e solidária a empresa concessionária de serviço público e o Estado de Pernambuco, na qualidade de poder concedente.

e) em caso de extinção do contrato de concessão, outra empresa que venha a assumir a prestação do serviço público, após regular seleção licitatória, não responde pelos danos causados à usuária pela prestadora anterior.

RESPOSTA:

Em relação à responsabilidade civil das concessionárias, aplica-se o quanto disposto no art. 37, §6º, da Constituição Federal. Com efeito, por expressa dicção do dispositivo, além dos entes da Administração direta e indireta, também se submetem a esse regime todos os particulares que atuem na prestação de serviço público por delegação como é o caso das concessionárias e permissionárias de serviços.

Nestes casos em que o particular prestador do serviço ou entidade da administração indireta causa o dano por conduta de seus agentes a responsabilidade da concessionária (ou entidade da administração indireta) é objetiva e o Estado tem responsabilidade subsidiária – e objetiva – por esta atuação.

Cite-se como exemplo a contratação de uma empresa para prestação do serviço de transporte público, na qual um passageiro sofre acidente dentro do ônibus e morre. A responsabilidade será objetiva da empresa prestadora de serviço público, bem como do ente estatal. Nesses casos, a responsabilidade do Estado é objetiva, porém subsidiária à da empresa prestadora do serviço.

Em outras palavras, sendo o dano causado por uma entidade prestadora de serviços públicos, somente é possível a responsabilização do Estado após o esgotamento das tentativas de pagamento por parte da empresa pelos prejuízos causados, uma vez que a concessionária executa o serviço público por sua conta e risco.

Em suma, a responsabilidade subsidiária se dá quando o Estado responde pelos danos causados por outra pessoa jurídica. Neste caso, a obrigação de reparar o dano é da pessoa jurídica prestadora do serviço e, caso seja inviável esse pagamento, o Estado é chamado à responsabilidade. É oportuno mencionar que a **responsabilidade subsidiária** não pode ser confundida com a **responsabilidade solidária.** Nesta, ambos responderiam, ao mesmo tempo, solidariamente, enquanto na subsidiária o Estado só é chamado se o prestador de serviços não tiver condições financeiras.

Assim, a concessionária que presta o serviço por sua conta e risco responde de forma objetiva pelos danos causados e o Estado responde de forma subsidiária. Por seu turno, uma concessionária posterior, que venha a assumir a prestação do serviço público, após regular seleção licitatória, não será responsabilizada pelos danos causados à usuária pela concessionária anterior.

› **QUESTÃO 153.** Observe a seguinte notícia, do Informativo do STF nº 777:

> "**PSV:** remuneração do serviço de iluminação pública (Enunciado 41 da Súmula Vinculante) – O Plenário acolheu proposta de edição de enunciado de súmula vinculante com o seguinte teor: 'O serviço de iluminação pública não pode ser remunerado mediante taxa'.

Assim, tornou vinculante o conteúdo do Verbete 670 da Súmula do STF".

A vedação mencionada justifica-se porque

a) trata-se de serviço *uti universi*, devendo ser custeado por impostos ou pela instituição de contribuição específica para seu custeio, pelos municípios.

b) se trata de *uti singuli*, porém de natureza indelegável, devendo por essa razão ser custeado exclusivamente por impostos.

c) caso seja delegada sua prestação ao particular, a remuneração se dará por tarifa, e não por taxa.

d) o serviço de iluminação pública não admite prestação sob nenhum tipo de concessão e, portanto, seria incabível a remuneração de um concessionário privado por meio da cobrança do usuário.

e) embora se trate de serviço público indivisível, o seu custeio já está embutido nos preços públicos pagos aos concessionários de fornecimento de energia elétrica, conforme disposições contratuais padronizadas pela ANEEL.

RESPOSTA:

Para que seja realizada a devida análise desta questão, resta necessário explicar que os serviços públicos podem ser diferenciados em **serviços *uti singuli* ou individuais** e **serviços *uti universi* ou gerais**, tomando por base a forma de fruição destas atividades pelos usuários.

a) **Serviços *uti singuli*:** são aqueles serviços prestados a toda a coletividade, nos quais, o poder público pode individualizar a utilização. Com efeito, trata-se de serviço prestado a toda a coletividade, sem distinções discriminatórias. No entanto, na prestação de tais serviços, é possível mensurar quanto cada usuário dele usufruiu e, por isso, a cobrança pode ser feita mediante o pagamento de taxas ou tarifas. Podem ser citados, como exemplos, os de energia elétrica, telefonia e transporte público. Nestes casos, *verbi gratia*, o particular deverá arcar, na utilização do serviço de energia elétrica, com prestação proporcional à quantidade utilizada, mediante medição a ser efetivada pelo prestador do serviço público.

Podem ser designados como **serviços divisíveis**, haja vista a possibilidade de se dividir a utilização entre os usuários, distribuindo o ônus da prestação de forma proporcional à utilização individual.

b) **Serviços *uti universi*:** são os serviços que não podem ser divididos em sua utilização, ou seja, não é possível saber quanto cada usuário utilizou destes serviços. Nestes casos, o poder público presta o serviço à toda a coletividade que o usufrui simultaneamente, não sendo possível determinar a quantidade utilizada por cada um individualmente. Como não é possível mensurar a utilização de cada cidadão, estes serviços são custeados pela receita geral decorrente da arrecadação dos impostos. Citem-se como exemplos os serviços de Iluminação Pública e de Limpeza Pública. Configuram-se **serviços indivisíveis**, não sendo possível dividir o ônus da prestação em proporção igual à utilização.

Neste sentido, em compatibilidade com o gabarito da questão, é inconstitucional uma taxa que tenha como finalidade arcar com os custos de um serviço indivisível, como é o caso da utilização das vias públicas para prestação de serviços públicos por concessionária, como, por exemplo, a instalação de postes, dutos ou linhas de transmissão. Assim, já se manifestou a jurisprudência e doutrina. Com efeito, a base de cálculo para cobrança de taxas deve ser um serviço *uti singuli*, sob pena de inconstitucionalidade da exação.

Inclusive, acerca do tema, o Supremo Tribunal Federal editou a súmula 670, dispondo que "*o serviço de iluminação pública não*

***pode ser remunerado mediante taxa*". Com efeito, a inconstitucionalidade decorre do fato de que a natureza do serviço não admite a individualização da cobrança.**

> **QUESTÃO 154.** Nos termos da Súmula Vinculante 27, do Supremo Tribunal Federal, "Compete à Justiça estadual julgar causas entre consumidor e concessionária de serviço público de telefonia, quando a ANATEL não seja litisconsorte passiva necessária, assistente, nem opoente". Está contida no posicionamento do Tribunal a compreensão de que

a) a agência reguladora posiciona-se juridicamente em relação ao usuário do serviço público como fornecedora do serviço.

b) a concessionária de serviço público mantém com a agência reguladora uma relação jurídica caracterizada como de consumo.

c) é facultativa, a critério da agência reguladora, a sua inserção como parte na relação jurídica caracterizada como de consumo, tendo por objeto o serviço público regulado.

d) serviço público não pode ser considerado objeto de relação de consumo, estando sujeito ao regime exorbitante característico das relações jurídicas de direito administrativo.

e) há relação jurídica caracterizada como de consumo entre o usuário e a concessionária de serviço público.

RESPOSTA:

As agências reguladoras são criadas para regulação de normatização de atividades de interesse público. Isso abrange o controle de prestação de serviços públicos, bem como a exploração de atividades econômicas de interesse coletivo. Também é possível a criação de agências para controlar atividades de fomento que, por serem direcionadas à coletividade, devem sofrer fiscalização do ente estatal.

A ANATEL - Agência Nacional de Telecomunicações - disciplinada pela Lei 9.472/97, representa uma espécie de *Agência que regula a prestação de serviços públicos,* atuando na fiscalização de serviços públicos propriamente ditos.

Neste sentido, a Lei 9.472/97 define que compete à União, por intermédio do órgão regulador e nos termos das políticas estabelecidas pelos Poderes Executivo e Legislativo, organizar a exploração dos serviços de telecomunicações. A organização inclui, entre outros aspectos, o disciplinamento e a fiscalização da execução, comercialização e uso dos serviços e da implantação e funcionamento de redes de telecomunicações, bem como da utilização dos recursos de órbita e espectro de radiofrequências.

A respeito da Súmula Vinculante 27, a fim de esclarecer o seu conteúdo, resta necessário destacar que o entendimento do Supremo Tribunal Federal indica que "**a prestação de serviço de telefonia e cobrança do seu preço tarifário é relação jurídica instaurada, exclusivamente, entre a concessionária de serviço público federal e o usuário consumidor, não havendo interesse na lide do poder concedente, no caso a União, representada pela Anatel, falecendo em consequência, competência à Justiça Federal para processar e Julgar a lide, que deve, inquestionavelmente, ser resolvida na Justiça Comum Estadual**" (AI 740217, Relator Ministro Dias Toffoli, Decisão Monocrática, julgamento em 7.2.2012, *DJe* de 27.2.2012).

Por seu turno, o Superior Tribunal de Justiça, na súmula 506, define que "a Anatel não é parte legítima nas demandas entre concessionária e o usuário de telefonia decorrentes de relação contratual".

Desta forma, a prestação de serviço de telefonia e cobrança de tarifas é relação jurídica caracterizada como de consumo entre o usuário e a concessionária de serviço público, sendo de competência da Justiça Comum Estadual.

> **QUESTÃO 155.** Os municípios "A", "B" e "C" firmaram um termo de ajustamento de conduta com o Ministério Público se obrigando a implantar e operar um único aterro sanitário para regularizar a destinação dos resíduos sólidos produzidos pelos seus munícipes. Levando-se em conta a atual legislação brasileira sobre a cooperação entre entes federativos, assinale a alternativa que indica o tipo de ajuste que os municípios citados podem firmar entre si:

a) Termo de parceria.

b) Contrato de concessão de serviços públicos.

c) Concessão administrativa.

d) Contrato de gestão.

e) Nenhuma das alternativas anteriores.

RESPOSTA:

O art. 241, da Constituição da República, define que "*A União, os Estados, o Distrito Federal e os Municípios disciplinarão por meio de lei os consórcios públicos e os convênios de cooperação entre os entes federados, autorizando a gestão associada de serviços públicos, bem como a transferência total ou parcial de encargos, serviços, pessoal e bens essenciais à continuidade dos serviços transferidos*".

Para regulamentação do dispositivo transcrito, foi editada a Lei 11.107/05, **segundo a qual os consórcios públicos são uma forma de gestão associada de entes federativos na prestação de serviços públicos.** Explique-se.

Primordialmente, cumpre ressaltar que o consórcio público não é um contrato administrativo, já que neste há vontades divergentes das partes contratantes. Em verdade, no consórcio estabelecido pela Lei 11.107/05, as vontades dos entes consorciados são convergentes. Com efeito, enquanto no contrato, o Poder Público, na busca do interesse coletivo, celebra uma avença com alguém que tem como mote o lucro, no consórcio, ocorre gestão associada dos entes federados que se unem para prestação de serviços de interesse comum. Note-se que as vontades dos consorciados são idênticas, referindo-se à prestação de determinado serviço público com a finalidade de atender ao corpo social.

Neste sentido, pode-se estabelecer que o consórcio público é a gestão associada dos entes federativos, de qualquer esfera de governo, para a prestação de serviços públicos de interesse comum. O conceito sofre algumas críticas doutrinárias, mormente pelo fato de se enxergar uma brecha para violação da autonomia federativa, haja vista a possibilidade de a União interferir na gestão de serviços de interesse local ou regional, que seriam de competência dos municípios e estados do local de prestação, respectivamente.

Diferentemente do que ocorria na legislação anterior, os consórcios podem ser formados por entes federativos de esferas de governo diferentes, não havendo a previsão de formação somente com entidades de mesma esfera de poder. Todavia, a lei dispõe que a União somente participará de consórcios públicos em que também façam parte todos os Estados em cujos territórios estejam situados os Municípios consorciados.

Assim, com base na Lei 11.107/05, os Municípios "A", "B" e "C" deverão formar consórcio público a fim implantar e operar um único aterro sanitário para regularizar a destinação dos resíduos sólidos produzidos pelos seus munícipes, com a finalidade de atender ao corpo social.

> **QUESTÃO 156.** Sobre as parcerias público-privadas (Lei 11.079/2004 – Lei de PPP), é CORRETO afirmar que:

a) São contratos de parcerias público-privadas as concessões patrocinadas, as concessões administrativas e as concessões comuns.

b) A elaboração do projeto executivo pode ser delegada ao parceiro privado, mas não a do projeto básico, que deve integrar o instrumento convocatório da licitação.

c) O aporte de recursos do parceiro público para o parceiro privado exige a prévia execução das obras, a respectiva medição e o início da prestação do serviço.

d) A concessão administrativa é o contrato de concessão de serviços públicos ou de obras públicas quando envolver, adicionalmente à tarifa cobrada dos usuários, a contraprestação pecuniária do parceiro público ao parceiro privado.

e) A obrigação de constituir sociedade de propósito específico para implantar e gerir o objeto da parceria público-privada tem como fonte a Lei de PPP.

RESPOSTA:

A Parceria Público-Privada deve ser gerida por uma sociedade de propósito específico, a qual deve ter sido criada previamente à celebração do contrato, ficando responsável, além da gestão, pela implantação da parceria. Esta é previsão feita pelo art. 9º, da Lei 11.079/04 (Lei das PPP).

Neste sentido, a sociedade de propósito específico é criada pelo ente público e pelo parceiro privado, com a única finalidade de implantar e gerir a contratação. Ressalte-se que a sociedade pode ser companhia, inclusive de capital aberto, com a negociação de valores mobiliários em mercado de ações e deverá ser instituída depois de realizada a licitação e antes da celebração do contrato de concessão especial.

Ademais, a entidade deverá obedecer a padrões de governança corporativa e adotar contabilidade e demonstrações financeiras padronizadas, conforme definido em regulamento. Por fim, a lei, ainda, determina que o Poder Público não poderá deter a maioria de capital social votante desta entidade específica, caso contrário ficaria comprometida a sua imparcialidade, salvo em casos de aquisição da maioria daquele capital por instituição financeira controlada pelo Poder Público, quando houver inadimplemento de contratos de financiamento.

> **QUESTÃO 157.** Acerca de serviços e obras públicas, assinale a opção correta.

a) Os serviços notariais e de registro são serviços públicos, por isso os seus funcionários são servidores públicos selecionados por meio de concurso público.

b) Em caso de inadimplemento das obrigações pelos usuários de serviço público concedido, é permitida a interrupção do serviço pelo concessionário, depois de prévio aviso e de considerado o interesse da coletividade, o que representa, de acordo com alguns administrativistas, uma exceção ao princípio da continuidade dos serviços públicos.

c) O prestador de serviços públicos não tem a obrigação legal de utilizar técnicas modernas e atuais na execução desses serviços, pois a atualização do modelo de negócio ou da tecnologia utilizada na prestação do serviço é uma decisão livre do gestor público, do concessionário ou do permissionário.

d) O princípio democrático impõe que a prestação, ou não, de determinado serviço público seja um ato discricionário do governante, de modo que ele tenha autonomia até mesmo para deixar de prestar determinado serviço público em função de sua agenda política, por exemplo.

e) A prestação de serviço público não se classifica como atividade econômica pela impossibilidade de se cobrar dos beneficiários o pagamento pela prestação individualizada do serviço.

RESPOSTA:

No que tange à interrupção por inadimplemento do usuário (não obstante se trate de matéria divergente na doutrina nacional), a princípio a possibilidade de paralisação do serviço deve ser considerada constitucional, bastando que o usuário seja previamente avisado, nos moldes exigidos pela legislação.

Com efeito, a maioria dos estudiosos entende que esta regra é garantidora do princípio da continuidade, uma vez que a manutenção de serviços públicos àqueles que estão inadimplentes pode ensejar a impossibilidade futura de que a atividade seja mantida a todos os que estão adimplentes com suas prestações, em virtude da inviabilidade econômica que será causada ao prestador.

Cabe ressaltar que, em observância clara ao princípio da continuidade e com o intuito de minimizar a paralisação da atividade, a Lei 8.987/95 dispõe que a interrupção dos serviços, nas hipóteses de inadimplemento do usuário não poderá iniciar-se na sexta-feira, no sábado ou no domingo, nem em feriado ou no dia anterior a feriado. Isso porque ensejaria um desconforto ao cidadão que teria que aguardar até o próximo dia útil para fazer a regularização.

> **QUESTÃO 158.** A sociedade empresária Alfa é concessionária que presta o serviço público municipal de transporte coletivo intramunicipal de passageiros. No curso do contrato de concessão, o poder concedente constatou que a concessionária circulava com ônibus sem ar-condicionado, com pneus carecas e bancos rasgados, não equipou seus coletivos com portas acessíveis a pessoas com deficiência, além de inobservar as rotas e horários das linhas de ônibus. A concessionária, assim, descumpriu cláusulas contratuais e normas legais sobre o serviço prestado, não cumpriu as penalidades impostas por infrações nos devidos prazos e não atendeu à intimação do poder concedente no sentido de regularizar a

prestação do serviço. No caso em tela, o poder concedente deve proceder à extinção do contrato de concessão, mediante a:

a) anulação, cuja declaração por decreto do Prefeito a ser publicado no diário oficial deverá ser precedida da verificação da inadimplência da concessionária em processo administrativo, assegurados o contraditório e a ampla defesa, mediante indenização prévia.

b) encampação, cuja autorização decorre de lei específica, que consiste na retomada do serviço pelo poder concedente durante o prazo da concessão, por motivo de inexecução total ou parcial do contrato, após prévio pagamento da indenização para garantir a continuidade do serviço público.

c) encampação, que deve ser decretada no bojo de processo judicial, assegurados o contraditório e a ampla defesa, mediante indenização ulterior das parcelas dos investimentos vinculados a bens reversíveis, ainda não amortizados ou depreciados, para garantir a continuidade do serviço público.

d) caducidade, que deve ser decretada no bojo de processo judicial, assegurados o contraditório e a ampla defesa, mediante indenização prévia das parcelas dos investimentos vinculados a bens reversíveis, ainda não amortizados ou depreciados, para garantir a continuidade do serviço público.

e) caducidade, cuja declaração por decreto do Prefeito deverá ser precedida da verificação da inadimplência da concessionária em processo administrativo, assegurado o direito à ampla defesa, independentemente de indenização prévia.

RESPOSTA:

A caducidade representa a rescisão unilateral do contrato justificada por motivo de inadimplemento do particular contratado. Nestes casos, a empresa concessionária deixa de cumprir suas obrigações contratuais e, em virtude deste descumprimento, enseja a possibilidade de extinção da relação contratual por iniciativa do Poder Público. A caducidade se dá por meio da edição de um decreto, pelo chefe do Poder Executivo, no qual se instaura um processo administrativo, em respeito ao contraditório e ampla defesa.

Neste processo, a concessionária deverá justificar suas faltas, sendo possível, inclusive, a aplicação de penalidades pelo concedente, independentemente da ocorrência da caducidade.

A Lei 8.987/95, em seu art. 38, §1º, define algumas situações em que poderá ser declarada a caducidade do contrato de concessão.

> **QUESTÃO 159.** Sobre a concessão e a permissão de serviços públicos aos particulares, assinale a alternativa CORRETA:

a) O contrato de concessão de serviço público poderá prever o emprego de mecanismos privados para a resolução de disputas decorrentes ou relacionadas ao contrato, inclusive a arbitragem, a ser realizada no Brasil e em língua portuguesa.

b) A diferenciação entre permissão e concessão de serviços públicos, em nosso ordenamento jurídico-constitucional, funda-se, em especial, na constatação de que a concessão é ato administrativo, a permissão, por sua vez, tem natureza jurídica de contrato administrativo.

c) Toda concessão ou permissão de serviço público pressupõe a prestação adequada do serviço, inclusive a observância das condições de continuidade do serviço, fato que impede a interrupção da prestação dos serviços públicos pelo concessionário ou permissionário, ainda que motivada pela inadimplência do usuário.

d) A Constituição admite a delegação da titularidade dos serviços públicos em favor dos concessionários e permissionários de serviços públicos, desde que a delegação seja precedida de licitação, necessariamente na modalidade concorrência, no caso de concessão.

RESPOSTA:

O gabarito da questão foi firmado com base no art. 23-A, da Lei 8.987/95, o qual define que o contrato de concessão poderá prever o emprego de mecanismos privados para resolução de disputas decorrentes ou relacionadas ao contrato, inclusive a arbitragem, a ser realizada no Brasil e em língua portuguesa, nos termos da Lei nº 9.307, de 23 de setembro de 1996.

A matéria encontra acirradas críticas doutrinárias, pelo fato de que as controvérsias envolvendo a Administração Pública devem ser analisadas por agentes licitamente investidos na qualidade de julgadores pelo próprio Estado. A previsão da arbitragem viola a indisponibilidade do interesse público, uma vez que admite que particulares resolvam contendas de relevância para toda a coletividade.

Neste sentido, Celso Antônio Bandeira de Mello[9], ao tratar da arbitragem prevista na Lei 11.079/04, para contratos de concessão especiais, estabelece que *"Não é aceitável, perante a Constituição, que particulares, árbitros, como suposto no art. 11, III, possam solver contendas nas quais estejam em causa interesses concernentes a serviços públicos, os quais não se constituem em bens disponíveis, mas indisponíveis, coisas* extra commercium*"*. Ainda se manifestando acerca do tema, o ilustre doutrinador dispõe que *"Envolve interesses de elevada estatura, pertinentes à sociedade como um todo; e, bem por isto, quando suscitar algum quadro conflitivo entre partes, só pode ser soluto pelo Poder Judiciário"*.

9. MELLO, Celso Antônio Bandeira de – Curso de Direito Administrativo. São Paulo: Malheiros, 26ª ed. 2009.

> **QUESTÃO 160.** Pessoas jurídicas de direito privado, sem finalidade lucrativa, instituídas por iniciativa de particulares, a fim de desempenharem atividades e serviços não exclusivos do Estado e que firmam para isso termo de parceria são conhecidas como:

a) Serviço social autônomo.

b) Organização da sociedade civil de interesse público.

c) Cooperativa.

d) Entidade de apoio.

e) Organização social.

RESPOSTA:

O vínculo entre as OSCIP's e o Poder Público é obtido por meio da celebração de **termo de parceria**, destinado à formação de vínculo de cooperação entre as partes, para o fomento e a execução das atividades de interesse público. Esse termo discriminará direitos, responsabilidades e obrigações das partes signatárias. É importante salientar que a celebração do Termo de Parceria será precedida de consulta aos Conselhos de Políticas Públicas das áreas correspondentes de atuação existentes, nos respectivos níveis de governo.

O termo permite a destinação de valores públicos às instituições privadas, mediante dotação orçamentária, com liberação destes recursos em conta bancária específica, não havendo a previsão de cessão de servidores e bens públicos. Ademais, não há dispensa de licitação expressa em lei, o que justifica a necessidade de licitar para as contratações celebradas com terceiros para execução de suas atividades.

Ressalte-se que, para a celebração do termo de parceria, não há necessidade de realização de procedimento licitatório, haja vista o vínculo ter natureza jurídica de convênio. Inclusive, pode-se perceber, da leitura do art. 6º da Lei 9.790/99, que o termo de parceria é ato vinculado do poder público. Sendo assim, caso a entidade cumpra os requisitos de lei para a qualificação como OSCIP, a Administração não pode negar o vínculo.

> **QUESTÃO 161.** Com relação às organizações sociais (OS) e às organizações da sociedade civil de interesse público (OSCIP), assinale a opção correta.

a) As OS representam um novo modelo de parceria estabelecido entre Estado e sociedade, regulado por meio de contrato de gestão.

b) As OS constituem modelo de organização pública estatal, destinada a desempenhar serviços públicos, por meio de qualificação específica.

c) As OS podem receber, para o desempenho de suas atividades, imóveis e mobiliários de entidades públicas, mediante permissão de uso, mas não lhe podem ser cedidos servidores públicos.

d) O instrumento que estabelece a relação entre o Estado e uma OSCIP é o termo de delegação.

e) A qualificação como OSCIP, após cumpridos os requisitos legais, constitui ato discricionário.

RESPOSTA:

O vínculo estabelecido entre as OS´s e o Poder Público é efetivado mediante a celebração do **contrato de gestão**. Por meio deste contrato, a entidade se qualifica como organização social e poderá gozar de todos os privilégios referentes a esta qualificação como a dotação orçamentária, cessão de bens públicos e cessão de servidores públicos.

Inicialmente, a lei estabelece alguns requisitos para que esta entidade privada sem fins lucrativos possa se qualificar como organização social, mediante a celebração do contrato de gestão. Assim, é pressuposto básico para que as entidades privadas referidas no artigo anterior se habilitem à qualificação como OS, a aprovação, quanto à conveniência e oportunidade de sua qualificação como organização social, do Ministro ou titular de órgão supervisor ou regulador da área de atividade correspondente ao seu objeto social e do Ministro de Estado da Administração Federal e Reforma do Estado.

› **QUESTÃO 162.** O contrato de gestão é o instrumento firmado entre o poder público e a entidade qualificada como organização social para fins de formação de parceria entre as partes com o ânimo de fomento e de execução de atividades relativas a determinadas áreas previstas em lei, dentre as quais NÃO se inclui:

a) o ensino e a pesquisa científica.

b) a cultura.

c) a saúde.

d) o desenvolvimento tecnológico.

e) nenhuma das alternativas anteriores responde ao comando da questão.

RESPOSTA:

Segundo o art. 1º e 5º, da Lei 9.637/98, as áreas de atuação das organizações sociais são ensino, pesquisa científica, desenvolvimento tecnológico, proteção e preservação do meio ambiente, cultura e saúde. Desempenham, portanto, atividade de interesse público, mas que não se caracterizam como serviços públicos *stricto sensu*, razão pela qual é incorreto afirmar que as organizações sociais são concessionárias ou permissionárias. *In verbis:*

> *Art. 1º O Poder Executivo poderá qualificar como organizações sociais pessoas jurídicas de direito privado, sem fins lucrativos, cujas atividades sejam dirigidas ao ensino, à pesquisa*

> *científica, ao desenvolvimento tecnológico, à proteção e preservação do meio ambiente, à cultura e à saúde, atendidos aos requisitos previstos nesta Lei.*
>
> *Art. 5º Para os efeitos desta Lei, entende-se por contrato de gestão o instrumento firmado entre o Poder Público e a entidade qualificada como organização social, com vistas à formação de parceria entre as partes para fomento e execução de atividades relativas às áreas relacionadas no art. 1º.*

Assim, a resposta da questão é a letra "e" porque todas as outras tratam de atividades relacionadas ao contrato de gestão.

> **QUESTÃO 163.** Determinado estado da Federação pretende propor a celebração de parceria com uma organização da sociedade civil na área de preservação do meio ambiente, visando à consecução de interesse público e recíproco. Tal parceria envolverá o repasse de recursos financeiros do estado para a organização. Nessa situação, deverá ser firmado o instrumento denominado:

a) termo de parceria, realizado mediante prévio chamamento público.

b) termo de colaboração, realizado mediante prévio chamamento público.

c) convênio, que dependerá de prévia licitação.

d) acordo de cooperação, que prescinde de licitação.

RESPOSTA:

Como é cediço, a celebração da parceria da Organização da Sociedade Civil com o Poder público pode ser feita mediante termo de colaboração ou termo de fomento sendo precedido de um procedimento simplificado de escolha denominado chamamento público. O que difere um termo de colaboração do termo de fomento é a iniciativa do projeto de trabalho. Assim, será termo de colaboração quando a iniciativa parte do Poder público, já o termo de fomento ocorre quando a iniciativa parte da entidade privada. Em ambos os casos haverá transferência de recursos públicos. Há também a possibilidade de se realizar acordo de cooperação, no qual não haverá transferência de recursos financeiros.

O chamamento público é um procedimento seletivo simplificado, regulamentado pela Lei 13.019/14, com a intenção de garantir a impessoalidade do ente público na escolha da entidade privada que celebrará os termos de colaboração ou de fomento. Com efeito, busca, por meio do certame, evitar o favorecimento de particulares em razão de interesses políticos, familiares ou pessoais, em detrimento da finalidade pública.

Neste sentido, inclusive, como meio para garantir a integridade do certame e evitar a frustração ao caráter competitivo, o art. 24, §2º, da Lei 13.019/14 regulamenta que *"É vedado admitir, prever, incluir ou tolerar, nos atos de convocação, cláusulas ou condições que comprometam, restrinjam ou frustrem o seu caráter competitivo em decorrência de qualquer circunstância impertinente ou irrelevante para o específico objeto da parceria, admitidos: I – a seleção de propostas apresentadas exclusivamente por concorrentes sediados ou com representação atuante e reconhecida na unidade da Federação onde será executado o objeto da parceria; II – o estabelecimento de cláusula que delimite o território ou a abrangência da prestação de atividades ou da execução de projetos, conforme estabelecido nas políticas setoriais."*

O procedimento seguirá determinadas etapas, quais sejam: publicação do edital no *site* do órgão interessado, classificação das propostas pela comissão de seleção, habilitação da entidade e encerramento.

> **QUESTÃO 164.** Acerca dos serviços sociais autônomos, julgue os itens a seguir:

I. As entidades de cooperação governamental, às quais são destinados recursos oriundos de contribuições parafiscais, têm por finalidade desenvolver atividade social que represente a prestação de serviço de utilidade pública em benefício de certos grupamentos sociais ou profissionais.

II. As entidades de cooperação governamental não integram a estrutura da administração pública indireta, e, dada a natureza jurídica de direito privado que ostentam, não se submetem ao controle do tribunal de contas.

III. Conforme entendimento do STF, as entidades de serviços sociais autônomos integrantes do sistema "S" não se submetem à exigência do concurso público para a contratação de pessoal.

IV. As entidades de serviços sociais autônomos submetem-se a licitações para a realização de contratações, em cumprimento aos estritos termos da Lei n.º 8.666/1993.

Estão certos apenas os itens

a) I e II.

b) I e III.

c) II e IV.

d) I, III e IV.

e) II, III e IV.

RESPOSTA:

Item I: correto; o Serviço Social Autônomo representa as entidades criadas mediante autorização legal para realização de atividade de fomento, auxílio e capacitação de determinadas categorias profissionais, seja a indústria ou o comércio. É o chamado sistema "s" e abarca determinadas entidades. Como exemplo, o SESC (Serviço Social do Comércio).

Com a intenção de auxiliar na execução de suas atividades, o poder público lhes transfere a capacidade tributária. Com efeito, os entes do serviço social autônomo gozam de parafiscalidade, que é a transferência do poder de cobrar tributos, chamada capacidade tributária.

Item II: incorreto. Item IV: incorreto; por receberem verba pública, através da cobrança de tributos, os entes do serviço social autônomo ficam sujeitos a controle pelo Tribunal de Contas e devem respeitar os princípios inerentes à licitação pública para suas contratações. A exigência de licitações, nos termos da Lei 8.666/93, foi afastada por entendimento do TCU acerca da matéria que define a obrigatoriedade destes entes obedecerem aos princípios básicos do procedimento licitatório, sem a necessidade de observância das modalidades definidas na lei geral.

Sendo assim, as entidades do sistema "s" devem seguir regramento próprio para contratações, respeitando os princípios atinentes à licitação.

Item III: correto; no que tange ao regime de pessoal, os empregados destas entidades são regidos pela Consolidação das Leis do Trabalho e não dependem de concurso público de provas ou de provas e títulos para ingresso em suas atividades.

Com efeito, a regra do concurso público de provas ou de provas e títulos é definida para os servidores estatais, sejam eles estatutários ou celetistas que atuam nos entes da Administração Direta e Indireta, não se estendendo aos empregados das entidades do terceiro setor, que ostentam qualidade de particulares. Este entendimento, inclusive, já foi pacificado na jurisprudência do Tribunal de Contas da União, por meio da edição do acórdão 17/1999, proferido pelo plenário do órgão.

Não obstante não serem considerados servidores públicos e nem dependerem de concurso público para contratação, os empregados destas entidades são considerados agentes públicos, amplamente considerados, inclusive para fins penais e para fins de aplicação da lei de improbidade administrativa (Lei 8.429/92).

> **QUESTÃO 165.** Nos termos da doutrina do Direito Administrativo, quanto às entidades que atuam paralelamente ao Estado, é correto afirmar que

a) o credenciamento de organizações não governamentais para fins de repasse de recursos públicos ocorre por meio do instrumento de consórcio público.

b) as organizações sociais firmam termos de parceria com o poder público, instrumento pelo qual assumem a gestão de determinados serviços públicos não lucrativos.

c) conforme entendimento do Supremo Tribunal Federal, a OAB e demais Conselhos de Classe são pessoas jurídicas de direito público integrantes da Administração Pública Indireta.

d) as Organizações da Sociedade Civil de Interesse Público são entidades privadas, sem fins lucrativos e, portanto, não integram o rol de entidades da Administração Pública Indireta.

RESPOSTA:

As organizações da sociedade civil de interesse público são particulares, sem finalidade lucrativa, criadas para prestação de serviços públicos não exclusivos de promoção da assistência social, promoção da cultura, defesa e conservação do patrimônio histórico e artístico, promoção gratuita da educação e da saúde, promoção da segurança alimentar e nutricional, defesa, preservação e conservação do meio ambiente e promoção do desenvolvimento sustentável, entre outras definidas em lei.

Como afirmado pelo gabarito da questão, as organizações da sociedade civil de interesse público são uma espécie de entidade paraestatal, haja vista sua atuação ao lado da Administração Pública, praticando atos e realizando atividades de interesse do Estado, na busca de trazer benefícios à sociedade.

> **QUESTÃO 166.** Assinale a alternativa **incorreta**:

Não **se aplicam** as exigências da Lei n. 13.019/2014 (dispõe sobre Organização da Sociedade Civil e Marco Regulatório do Terceiro Setor):

a) Às transferências de recursos homologadas pelo Congresso Nacional ou autorizadas pelo Senado Federal naquilo em que as disposições específicas dos tratados, acordos e convenções internacionais conflitarem com a Lei n. 13.019/2014;

b) Aos contratos de gestão celebrados com organizações sociais, desde que cumpridos os requisitos previstos na lei específica das organizações sociais;

c) Aos pagamentos realizados a título de anuidades, contribuições ou taxas associativas em favor de organismos internacionais ou entidades que sejam obrigatoriamente constituídas por membros de Poder ou do Ministério Público;

d) Aos pagamentos realizados a título de anuidades, contribuições ou taxas associativas em favor de organismos internacionais ou entidades que sejam obrigatoriamente constituídas por: dirigentes de órgão ou de entidade da administração pública e/ou pessoas jurídicas de direito público e de direito privado interno;

e) Às parcerias entre a administração pública e os serviços sociais autônomos.

RESPOSTA:

A banca examinadora formulou esta questão com base na literalidade do art. 3º, da Lei 13.019/14. Vejamos:

"Art. 3º Não se aplicam as exigências desta Lei:

I – às transferências de recursos homologadas pelo Congresso Nacional ou autorizadas pelo Senado Federal naquilo em que as disposições específicas dos tratados, acordos e convenções internacionais conflitarem com esta Lei;

II – (revogado);

III – aos contratos de gestão celebrados com organizações sociais, desde que cumpridos os requisitos previstos na Lei nº 9.637, de 15 de maio de 1998;

IV – aos convênios e contratos celebrados com entidades filantrópicas e sem fins lucrativos nos termos do § 1º do art. 199 da Constituição Federal;

V – aos termos de compromisso cultural referidos no § 1º do art. 9º da Lei nº 13.018, de 22 de julho de 2014;

VI – aos termos de parceria celebrados com organizações da sociedade civil de interesse público, desde que cumpridos os requisitos previstos na Lei nº 9.790, de 23 de março de 1999;

VII – às transferências referidas no art. 2º da Lei nº 10.845, de 5 de março de 2004, e nos arts. 5º e 22 da Lei nº 11.947, de 16 de junho de 2009;

VIII – (VETADO);

IX – aos pagamentos realizados a título de anuidades, contribuições ou taxas associativas em favor de organismos internacionais ou entidades que sejam obrigatoriamente constituídas por:

a) membros de Poder ou do Ministério Público;

b) dirigentes de órgão ou de entidade da administração pública

c) pessoas jurídicas de direito público interno;

d) pessoas jurídicas integrantes da administração pública;

X – às parcerias entre a administração pública e os serviços sociais autônomos".

Desta forma, a banca examinadora, na alínea "c", IX, do artigo supratranscrito, apenas acrescentou a expressão "pessoa jurídica de direito privado interno", a qual desqualifica a assertiva correspondente ao gabarito da questão.

› QUESTÃO 167

"[...] é a qualificação jurídica dada a pessoa jurídica de direito privado, sem fins lucrativos, instituída por iniciativa de particulares, e que recebe delegação do Poder Público, mediante contrato de gestão, para desempenhar serviço público de natureza social" (Maria Sylvia Zanella Di Pietro, Direito Administrativo, 2012: 565).

A definição acima se refere às

a) Serviços sociais autônomos.

b) Organizações não-governamentais.

c) Organizações sociais.

d) Fundações de apoio.

e) Organizações da Sociedade Civil de Interesse Público.

RESPOSTA:

As organizações sociais são particulares, sem fins lucrativos, criadas pela Lei 9.637/98, para prestação de serviços públicos não exclusivos de Estado, tais como ensino, pesquisa científica, desenvolvimento tecnológico, proteção e preservação do meio ambiente, entre outros definidos na própria lei. Assim como as demais entidades paraestatais, não integram a estrutura da Administração Pública direta ou indireta, não dependendo de lei para a sua criação e as atividades por ela exercidas são aqueles serviços não exclusivos.

A legislação foi preponderante como propulsora da reforma do Estado, por meio do programa de publicização da atividade, uma vez que inclui atividades públicas dentro da estrutura de entidades privadas, com a finalidade de se alcançar o interesse coletivo e difundir a execução de serviços de interesse da coletividade.

Com efeito, o art. 1º, da Lei 9.637/98, dispõe acerca dos serviços a serem executados pelas organizações sociais, definindo um rol de atividades que é de livre prestação pela iniciativa privada, como é o caso da educação e da saúde, por exemplo.

Não obstante não sejam delegatárias de serviços públicos e atuarem em nome próprio sob o regime de direito privado, pelo fato de executarem atividades de interesse social, sem escopo de lucro, estas organizações recebem auxílio do ente estatal de diversas formas e, consequentemente, se sujeitam a algumas restrições impostas à fazenda pública.

O vínculo com o Poder Público é efetivado mediante a celebração do **contrato de gestão**. Por meio deste contrato, a entidade se qualifica como organização social e poderá gozar de todos os privilégios referentes a esta qualificação como a dotação orçamentária, cessão de bens públicos e cessão de servidores públicos.

Inicialmente, a lei estabelece alguns requisitos para que esta entidade privada sem fins lucrativos possa se qualificar como organização social, mediante a celebração do contrato de gestão. Assim, é pressuposto básico para que as entidades privadas referidas no artigo anterior habilitem-se à qualificação como OS, a aprovação, quanto à conveniência e oportunidade de sua qualificação como organização social, do Ministro ou titular de órgão supervisor ou regulador da área de atividade correspondente ao seu objeto social e do Ministro de Estado da Administração Federal e Reforma do Estado.

> **QUESTÃO 168.** A propósito do processo administrativo disciplinar, a Lei nº 8.112/1990 estatui que

a) é vedada a *reformatio in pejus* nos recursos interpostos contra a pena aplicada.

b) a responsabilidade administrativa do servidor será afastada sempre que houver absolvição na esfera criminal.

c) a comissão que atuar na sindicância deve conduzir o processo administrativo disciplinar dela resultante.

d) a revisão do processo disciplinar não gera direito à reintegração em favor de ocupante de cargo em comissão que dele tenha sido destituído.

e) o servidor acusado deve ser representado por advogado, devendo-se nomear defensor dativo com essa qualidade, em caso de revelia.

RESPOSTA:

Inicialmente, vale esclarecer que a Revisão não tem prazo, logo, o pedido pode ser feito a qualquer tempo, desde que haja a alegação de **fatos novos** por parte do servidor ou circunstâncias suscetíveis de justificar a inocência do punido ou a inadequação da penalidade aplicada. Em caso de falecimento, ausência ou desaparecimento do servidor, a lei permite expressamente que a revisão do processo seja requerida por qualquer pessoa da família e, em casos de incapacidade, o respectivo curador será responsável por fazer o requerimento de revisão.

Conforme disposição legal, o requerimento de revisão do processo será dirigido ao Ministro de Estado ou autoridade equivalente, que, se autorizar a revisão, encaminhará o pedido ao dirigente do órgão ou entidade onde se originou o processo disciplinar. Dessa forma, a autoridade que julgou o Processo Administrativo Disciplinar, originariamente, será competente para julgamento da Revisão. No entanto, desta vez, diante de fatos novos que não foram considerados para embasar a decisão anterior.

O art. 182, da Lei 8.112/90, define que julgada procedente a revisão, será declarada sem efeito a penalidade aplicada, restabelecendo-se todos os direitos do servidor, exceto em relação à destituição do cargo em comissão, que será convertida em exoneração. Ademais, o parágrafo único, deste dispositivo legal, indica que da revisão do processo não poderá resultar agravamento de penalidade.

> **QUESTÃO 169.** Assinale a afirmativa CORRETA sobre concurso público:

a) O limite de idade, em regra, é legítimo em face do art. 7º, XXX, da Constituição, excetuando-se as hipóteses em que, por analogia, sejam ultrapassados os limites de idade para nomeação ao Supremo Tribunal Federal (STF), Superior Tribunal de Justiça (STJ), tribunais regionais federais (TRFs), Tribunal Superior do Trabalho (TST), os tribunais regionais do trabalho (TRTs), Tribunal de Contas da União (TCU) e a ministros civis do Superior Tribunal Militar (STM).

b) O limite de idade será legítimo sempre que o edital do concurso, ato administrativo que representa a "lei interna" do certame, trouxer a restrição fixada pela Administração Pública obediente ao princípio da razoabilidade, havendo vício insanável nos casos de omissão do edital.

c) O limite de idade apenas será ilegítimo em face do art. 7º, XXX, da Constituição, quando for verificado, em desvio de finalidade, prática arbitrária e imotivada por parte da Administração.

d) O limite de idade para inscrição em concurso público apenas é legítimo quando justificado pela natureza das atribuições do cargo a ser preenchido.

RESPOSTA:

O gabarito da presente questão foi fixado com base na súmula n. 683, do Supremo Tribunal Federal, a qual define que o limite de idade para a inscrição em concurso público só se legitima em face do art. 7º, XXX, da CF, quando possa ser justificado pela natureza das atribuições do cargo a ser preenchido.

O entendimento sumulado deve ser ampliado, não somente para restrição referente a idade, mas também em relação a sexo (masculino ou feminino), altura mínima, entre outras restrições e precisa ser lido à luz do disposto no art. 7º, XXX, combinado com o art. 39, §3º, ambos da Constituição Federal.

> **QUESTÃO 170.** De acordo com a Constituição Federal de 1988, o servidor público titular de cargo efetivo que sofre limitação em sua capacidade física, enquanto permanecer nesta condição,

a) poderá ser readaptado para exercício de cargo cujas atribuições e responsabilidades sejam compatíveis com essa condição, desde que possua a habilitação e o nível de escolaridade exigidos para o cargo de destino, sendo que a remuneração será a prevista para o novo cargo, podendo ou não coincidir com a do cargo de origem.

b) poderá ser readaptado para exercício de cargo cujas atribuições e responsabilidades sejam compatíveis com essa condição, desde que possua a habilitação e o nível de escolaridade exigidos para o cargo de destino, mantida a remuneração do cargo de origem.

c) ficará afastado de suas funções até que sua capacidade integral seja recuperada, ainda que haja cargo vago compatível com sua condição, percebendo a remuneração do cargo de origem.

d) ficará afastado de suas funções até que cesse a limitação sofrida, ainda que haja cargo vago compatível com sua condição, sem perceber qualquer tipo de remuneração.

e) poderá ser readaptado para exercício de cargo cujas atribuições e responsabilidades sejam compatíveis com essa condição, ainda que não possua a habilitação e o nível de escolaridade exigidos para o cargo de destino, pois se trata de caso atípico, mantida a remuneração do cargo de origem.

RESPOSTA:

A banca examinadora, fixou esse gabarito com base no art. 37, § 13, da CF, que indica o seguinte: "o servidor público titular de cargo efetivo poderá ser readaptado para exercício de cargo cujas atribuições e responsabilidades sejam compatíveis com a limitação que tenha sofrido em sua capacidade física ou mental, enquanto permanecer nesta condição, desde que possua a habilitação e o nível de escolaridade exigidos para o cargo de destino, mantida a remuneração do cargo de origem".

> **QUESTÃO 171.** Em relação ao exercício de cargo público, a Lei nº 8.112/1990 dispõe que

a) o prazo concedido ao servidor que deva ter exercício em outro município em razão de ter sido removido é declinável.

b) a promoção interrompe o tempo de exercício.

c) é de quinze dias o prazo para o servidor empossado em cargo público entrar em exercício, contados da data da nomeação.

d) ao chefe imediato para onde for nomeado ou designado o servidor compete dar-lhe exercício.

e) a entrada em exercício em cargo público dependerá de prévia inspeção médica oficial.

RESPOSTA:

O servidor que deva ter exercício em outro município em razão de ter sido removido, redistribuído, requisitado, cedido ou posto em exercício provisório terá, no mínimo, dez e, no máximo, trinta dias de prazo, contados da publicação do ato, para a retomada do efetivo desempenho das atribuições do cargo, incluído nesse prazo o tempo necessário para o deslocamento para a nova sede.

Além disso, com base no art. 18, §2º, da Lei 8.112/90, é facultado ao servidor declinar dos prazos estabelecidos acima.

> **QUESTÃO 172.** Assinale a alternativa CORRETA.

a) Cargos, empregos e funções públicas não são acessíveis aos estrangeiros.

b) A investidura em cargo, emprego ou função pública depende de aprovação prévia em concurso público.

c) É vedado aos servidores públicos exercer qualquer outra função pública, salvo uma de magistério.

d) O exercício do direito de greve, sob qualquer forma ou modalidade, é vedado aos policiais civis e a todos os servidores públicos que atuem diretamente na área de segurança pública.

e) Os servidores públicos adquirem estabilidade após dois anos de efetivo exercício da função.

RESPOSTA:

Inicialmente, cumpre ressaltar que os servidores militares não têm direito de greve nem de sindicalização, por expressa vedação constitucional, sejam eles das forças armadas ou policiais militares estaduais e integrantes do corpo de bombeiros militar dos estados. A norma está definida no art. 142, §3º, IV, da Carta Magna que dispõe que *"ao militar são proibidas a sindicalização e a greve"*.

O Supremo Tribunal Federal, no julgamento do Recurso Extraordinário com Agravo (ARE) 654432, ao qual se deu repercussão geral, afirmou o entendimento de que a **vedação ao direito de greve também se estende aos policiais civis**. A tese firmada dispõe que "*(1) o exercício do direito de greve, sob qualquer forma ou modalidade, é vedado aos policiais civis e a todos os servidores públicos que atuem diretamente na área de segurança pública. (2) É obrigatória a participação do Poder Público em mediação instaurada pelos órgãos classistas das carreiras de segurança pública, nos termos do artigo 165 do Código de Processo Civil, para vocalização dos interesses da categoria*"

> **QUESTÃO 173.** Entre as opções abaixo, apenas uma, nos termos da Lei nº 8.112/90, NÃO é causa de demissão do servidor público. Assinale-a:

a) Inassiduidade habitual.

b) Coagir subordinado, no sentido de filiar-se a partido político.

c) Proceder de forma desidiosa.

d) Receber presente ou vantagem de qualquer espécie, em razão de suas atribuições.

e) Participar de gerência ou administração de sociedade.

RESPOSTA:

A penalidade de demissão deve ser aplicada pelo Presidente da República, Presidentes das Casas do Poder Legislativo e dos Tribunais Federais e Procurador-Geral da República, de acordo com o órgão ou Poder ao qual o servidor esteja vinculado, nos moldes definidos no art. 141, da Lei 8.112/90.

Dentre as condutas apresentadas pela questão, não é punível com demissão "coagir subordinado, no sentido de filiar-se a partido político".

Sendo assim, com base no art. 132, da Lei 8.112/90, vejamos as infrações disciplinares que são puníveis com demissão: a) valer-se do cargo para lograr proveito pessoal ou de outrem, em detrimento da dignidade da função pública; b) participar de gerência ou administração de sociedade privada; c) atuar, como procurador ou intermediário, junto a repartições públicas, salvo quando se tratar de benefícios previdenciários ou assistenciais de parentes até o segundo grau, e de cônjuge ou companheiro; d) receber propina, comissão, presente ou vantagem de qualquer espécie; e) aceitar comissão, emprego ou pensão de estado estrangeiro; f) praticar usura; g) proceder de forma desidiosa; h) utilizar pessoal ou recursos materiais da repartição em serviços ou atividades particulares.

> **QUESTÃO 174.** De acordo com o entendimento do STF, no que se refere à inscrição de candidatos que possuam tatuagens gravadas na pele, não havendo lei que disponha sobre o tema, os editais de concursos públicos

a) estão impedidos de restringi-la, com exceção dos casos em que essas tatuagens violem valores constitucionais.

b) devem restringi-la com base na relação objetiva e direta entre tatuagem e conduta atentatória à moral e aos bons costumes.

c) estão impedidos de restringi-la, para garantir o pleno e livre exercício da função pública.

d) devem restringi-la, quando se tratar de cargo efetivo da polícia militar.

RESPOSTA:

O entendimento do Supremo Tribunal Federal acerca do tema indica que os editais de concurso público não podem estabelecer restrição a pessoas com tatuagem, salvo situações excepcionais em razão de conteúdo que viole valores constitucionais (Info 835, do STF).

Neste sentido, conforme a jurisprudência consolidada, qualquer restrição para o acesso a cargo público constante em editais de concurso depende de sua específica menção em ei formal, de acordo com o art. 37, I, da Carta Magna.

Sendo assim, mesmo diante de situações que justifiquem as restrições de ingresso, estas regras devem ser estipuladas por meio de lei, não sendo suficiente a disposição no edital do certame, como forma de impedir o acesso daqueles que se enquadrarem na vedação explícita. De fato, somente a lei tem competência para definir os requisitos de ingresso, não podendo ser suprida a ausência de determinação legal, por previsão em ato administrativo.

Por outro lado, no julgamento proferido pelo Supremo Tribunal Federal ficou fixado o entendimento de que a previsão legislativa do requisito não pode ofender direitos fundamentais, à proporcionalidade ou que se revele descabido para o exercício da função pública objeto do certame. Sendo assim, os obstáculos para o acesso a cargos públicos devem estar relacionados com a natureza e as atribuições das funções a serem desempenhadas.

Desta maneira, não pode ser considerada qualquer ligação objetiva e direta entre o fato de um indivíduo possuir tatuagens em seu corpo e uma suposta conduta atentatória à moral, aos bons costumes ou ao ordenamento jurídico. Inclusive, a opção pela tatuagem configura um aspecto da manifestação de pensamento e de expressão, assegurada pela Carta Maior, no seu art. 5º, IV e IX.

Por fim, vale ressaltar que por outro lado, ficou fixado o posicionamento de que tatuagens que representem obscenidades, ideologias terroristas, discriminatórias, que preguem a violência e a criminalidade, discriminação de raça, credo, sexo ou origem, temas inegavelmente contrários às instituições democráticas, podem ser consideradas como obstáculos ao acesso à função pública.

> **QUESTÃO 175.** Quanto ao servidor público, extinto o cargo ou declarada a sua desnecessidade, após a estabilidade,

a) ficará em disponibilidade, com remuneração proporcional ao tempo de serviço, sendo vedado seu aproveitamento em outro cargo público.

b) será exonerado *ad nutum*, sem direito à remuneração.

c) será obrigatoriamente exonerado, sendo-lhe garantidos os direitos inerentes ao cargo.

d) será obrigatoriamente demitido, sendo-lhe garantidos os direitos inerentes ao cargo.

e) ficará em disponibilidade, com remuneração proporcional ao tempo de serviço, até seu adequado aproveitamento em outro cargo público.

RESPOSTA:

A Constituição Federal prevê que, caso haja a extinção ou declaração de desnecessidade de cargo público, o servidor público estável ocupante do cargo não poderá ser demitido ou exonerado, sendo transferido para a disponibilidade. Nestas situações, o servidor deixa de exercer as funções temporariamente e mantém o vínculo com a administração pública. A disponibilidade é remunerada proporcionalmente ao tempo de serviço. Veja-se o quanto disposto no texto constitucional.

Art. 41. § 3º Extinto o cargo ou declarada a sua desnecessidade, o servidor estável ficará em disponibilidade, com remuneração proporcional ao tempo de serviço, até seu adequado aproveitamento em outro cargo. (Redação dada pela Emenda Constitucional n. 19, de 1998)

Frise-se que não há prazo para o término da disponibilidade, mas o servidor tem a garantia de que, surgindo cargo vago compatível, seu aproveitamento será obrigatório.

› **QUESTÃO 176.** Com fundamento na legislação e na jurisprudência do STJ e do STF a respeito dos agentes públicos e do regime jurídico dos servidores públicos civis da União, assinale a opção correta.

a) Os efeitos financeiros de decisão, proferida por magistrado em mandado de segurança, que acate o pedido de reintegração de servidor público no cargo devem incidir a partir da data da impetração do mandado, embora os efeitos funcionais devam retroagir à data do ato de demissão.

b) O servidor público federal que se valer do cargo ocupado para lograr proveito pessoal, em detrimento da dignidade da função pública, poderá receber pena diversa da demissão, de acordo com a discricionariedade do administrador.

c) Será correta a decisão proferida por magistrado que declare a nulidade de processo administrativo disciplinar no âmbito do qual tenha sido promovida a citação por edital de servidor público federal que se encontrava em lugar incerto e não sabido, visto que essa forma de citação é vedada pela Lei n.º 8.112/1990.

d) Será ilegítimo o ato da administração pública que desconte os dias não trabalhados da remuneração de servidores públicos participantes de movimento paredista, sendo obrigatório, em tal hipótese, que a administração pública promova a compensação dos dias paralisados.

e) A estabilidade típica do regime estatutário não se estende aos empregados públicos de sociedade de economia mista prestadora de serviço público, razão pela qual a demissão desses trabalhadores pode se dar mesmo que sem motivação ou justificativa.

RESPOSTA:

O gabarito encontra-se em consonância com a jurisprudência do Superior Tribunal de Justiça, que em sede de Mandado de Segurança nº 19.992 – DF, se posicionou no sentido de que os efeitos funcionais devem retroagir à data da demissão indevida, visto tratar-se de reintegração, enquanto que os efeitos financeiros devem incidir a partir do Mandamus. Vejamos:

> ADMINISTRATIVO. MANDADO DE SEGURANÇA. SERVIDOR PÚBLICO FEDERAL. USO INDEVIDO DE DIÁRIAS. PARECER DA COMISSÃO PROCESSANTE PELA APLICAÇÃO DA SANÇÃO DE SUSPENSÃO. MODIFICAÇÃO PELA AUTORIDADE COATORA. APLICAÇÃO DA PENA DE DEMISSÃO. IMPUTAÇÃO DE ATO DE IMPROBIDADE E DE VALIMENTO DO CARGO PARA LOGRAR PROVEITO PESSOAL. NÃO OBSERVÂNCIA DO QUE DISPÕE O ART. 168, PARÁGRAFO ÚNICO, DA LEI N. 8.112/90. AUSÊNCIA DE FUNDAMENTAÇÃO VÁLIDA. DEMISSÃO CALCADA NO DEPOIMENTO DA IMPETRANTE ANTE A FALTA DE ESCLARECIMENTOS SOBRE OS MOTIVOS DAS VIAGENS A SERVIÇO.
>
> *Omissis*
>
> 4. Ordem concedida para anular o ato de demissão, com a reintegração da impetrante no cargo, ressalvando o direito da Administração Pública de prosseguir na apuração dos fatos e aplicar a sanção cabível. **Os efeitos funcionais devem retroagir à data do ato demissório. Já os efeitos financeiros incidem a partir da data da impetração, nos termos das Súmulas 269 e 271 do STF, ficando reservado o direito às diferenças remuneratórias às vias ordinárias.** Sem honorários advocatícios (Súmula 105/STJ).

(STF – Mandado de Segurança 19.992 –DF, Ministro Relator Benedito Gonçalves, Julgado em 26/02/2014)

Frise-se que reintegração é forma de provimento derivado por reingresso, que enseja o retorno do servidor público estável ao cargo que ocupava anteriormente, em virtude da anulação do ato de demissão.

Desta forma, diante do que foi exposto acima, a jurisprudência do Supremo Tribunal Federal, afirma que os efeitos financeiros de decisão, proferida por magistrado em mandado de segurança, que acate o pedido de reintegração de servidor público no cargo devem incidir a partir da data da impetração do mandado, embora os efeitos funcionais devam retroagir à data do ato de demissão.

> **QUESTÃO 177.** As normas constitucionais que delineiam os contornos do regime jurídico dos servidores públicos preconizam a possibilidade de contratação sem prévio concurso público de provas e títulos para

I. empregos públicos, em sociedades de economia mista e empresas públicas que atuem em regime de competição no mercado.

II. cargos em comissão, destinados exclusivamente a funções de chefia, direção e assessoramento.

III. contratações temporárias, limitadas a 20% do quadro permanente efetivo.

Está correto as situações descritas APENAS em

a) III.

b) I.

c) I e II.

d) II e III.

e) II.

RESPOSTA:

O requisito básico para garantia de impessoalidade, moralidade e isonomia no acesso a cargos públicos é a realização de concurso público, de provas ou de provas e títulos, uma vez que os critérios de seleção são objetivos, não se admitindo quaisquer espécies de favoritismos ou discriminações indevidas. Neste sentido, o art. 37, II, da Constituição Federal dispõe que "*a investidura em* ***cargo ou emprego público*** *depende de aprovação prévia em concurso público de provas ou de provas e títulos, de acordo com a natureza e a complexidade do cargo ou emprego, na forma prevista em lei, ressalvadas as nomeações para cargo em comissão declarado em lei de livre nomeação e exoneração*".

Após a análise do dispositivo legal supracitado, verifica-se que, ao contrário do que afirma o Item I da questão, a investidura em emprego público depende de aprovação prévia em concurso público de provas ou de provas e títulos.

Além disso, a lei definirá as exigências a serem determinadas para o ingresso em cada carreira pública, sendo que o mérito do sujeito será o único critério a ser avaliado na escolha dos servidores, devendo-se estipular os requisitos de ingresso sempre em respeito ao Princípio da Razoabilidade.

No entanto, é cediço que a exigência de concurso público pode ser excepcionalizada por disposição constitucional. De fato, para assunção de determinados cargos ou funções, a realização de concurso não atende às necessidades de interesse público, o que enseja a possibilidade de ingresso mediante nomeação direta. Podem ser listadas as exceções, espraiadas em diversos dispositivos da Constituição Federal, como exemplo: **a) cargos em comissão; b) servidores temporários**; c) cargos eletivos; d) ex-combatentes; e) agentes comunitários de saúde e agentes de combate às endemias.

O Item II da questão mostra-se de acordo com esta exceção que se refere aos cargos em comissão. O próprio art. 37, II da Carta Magna define que estes cargos são ocupados para exercício de funções de direção, chefia e assessoramento e, em virtude da necessidade de confiança pessoal que possuem estas atividades, são cargos de livre nomeação e livre exoneração.

Quanto à exceção que se refere à contratação de servidores para prestação de serviços temporários de excepcional interesse público, a Constituição da República não estabelece o concurso público como exigência para ingresso. De fato, por tratar-se de situação excepcional, transitória e pela necessidade de se atender uma situação urgente, a realização de procedimento seletivo poderia ensejar prejuízos aos interesses da Administração.

No entanto, o Item III da questão mostra-se incorreto no que se refere à limitação de 20% do quadro permanente efetivo. Conforme o entendimento do Supremo Tribunal Federal, para a validade desse tipo de contratação é fundamental que haja previsão legal da hipótese de contratação temporária, que o prazo da contratação seja por tempo determinado, que a necessidade seja temporária e que o interesse público seja excepcional.

› **QUESTÃO 178.** Cássio de Paula, após regular concurso público, foi admitido por autarquia municipal, na qualidade de empregado público, sob regime celetista, em 1990. Em 2013, o Município editou lei implementando o regime jurídico único, enquadrando todos os servidores celetistas concursados como servidores titulares de cargo efetivo. Em 2014, acusado de falta grave, Cássio de Paula foi demitido do cargo autárquico que ocupava, após regular processo administrativo disciplinar. Ainda naquele ano, ajuizou ação na Justiça Comum Estadual, em face da autarquia municipal, cumulando dois pedidos: i) reintegração no cargo público, sob alegação de ter sido injustamente demitido; ii) pagamento de horas extras, referentes ao período em que laborou sob regime celetista, sob alegação de que não teriam sido regularmente pagas pelo ente autárquico à ocasião.

Diante de tal situação, em relação à competência da Justiça Comum Estadual, é correto concluir que:

a) É possível conhecer de ambos os pedidos, pois a implantação do regime jurídico único torna a Justiça Comum Estadual competente para todas as questões relativas ao vínculo de trabalho entre o servidor e a autarquia.

b) Não é possível conhecer do pedido referente à reintegração em cargo público, pois a investidura do autor é nula, por inconstitucionalidade da lei municipal que o enquadrou como servidor titular de cargo efetivo; o pedido referente ao pagamento de horas extras devidas durante o regime celetista somente pode ser deduzido na Justiça do Trabalho.

c) É possível conhecer de ambos os pedidos, pois os servidores públicos estão sujeitos à competência da Justiça Comum Estadual, seja qual for a natureza de seu vínculo laboral.

d) Não é possível conhecer dos pedidos, em face da incompetência da Justiça Comum Estadual para apreciar demandas ajuizadas por servidor cujo regime inicial era celetista.

e) É possível conhecer do pedido relativo à reintegração no cargo público; porém, o pedido referente ao pagamento de horas extras devidas durante o regime celetista somente pode ser deduzido na Justiça do Trabalho.

RESPOSTA:

A banca examinadora utilizou o entendimento do Superior Tribunal de Justiça para a elaboração desta questão. Vejamos.

Com base na Súmula 97, do STJ, "compete à Justiça do Trabalho processar e julgar reclamação de servidor público relativamente a

vantagens trabalhistas anteriores à instituição do regime jurídico único".

Já a Súmula 137, do STJ, determina que "compete à Justiça Comum Estadual processar e julgar ação de servidor público municipal, pleiteando direitos relativos ao vínculo estatutário".

Assim, com base na jurisprudência supratranscrita, com base nos dados apresentados pela questão, a Ação ajuizada perante a Justiça Comum Estadual poderá conhecer do pedido relativo à reintegração no cargo público, pois, com base na Súmula 137, do STJ, compete à Justiça Comum Estadual processar e julgar ação de servidor público municipal, pleiteando direitos relativos ao vínculo estatutário.

Contudo, em relação ao pedido referente ao pagamento de horas extras devidas durante o regime celetista somente pode ser deduzido na Justiça do Trabalho, com base na Súmula 97, do Superior Tribunal de Justiça.

> **QUESTÃO 179.** O Governador do Estado de Roraima pretende encaminhar à Assembleia Legislativa Estadual, um projeto de lei para instituir o regime de previdência complementar para os servidores estaduais, nos termos do que dispõe a Constituição Federal, em seu art. 40, § 14. Com base no que dispõem as normas constitucionais sobre esse assunto, deve-se concluir que

a) somente os servidores celetistas e comissionados poderão ser compelidos a aderir a esse regime, visto que para os servidores titulares de cargo efetivo, a Constituição prevê sua vinculação exclusiva ao regime próprio de previdência do ente político ao qual pertencem.

b) tal regime se aplica apenas aos servidores vinculados às empresas públicas e sociedades de economia mista, visto que somente essas entidades podem criar os chamados "fundos de pensão" necessários ao custeio desse regime.

c) apenas os servidores que já estiverem aposentados por ocasião da entrada em vigor da lei que instituir tal regime ficarão a ele vinculados, sendo que os servidores em exercício permanecerão vinculados ao regime próprio de previdência do Estado.

d) os servidores titulares de cargo comissionado podem se vincular ao regime de previdência complementar, desde que manifestem de forma expressa a opção de se desvincularem do regime geral de previdência social.

e) o teto de percepção de proventos equivalente ao limite máximo de benefícios do regime geral de previdência não poderá ser imposto aos servidores que ingressaram na Administração Estadual antes da data de publicação da lei que instituiu o regime de previdência complementar.

RESPOSTA:

A redação da Emenda Constitucional n. 41/03 deixava claro que, enquanto o poder público não implementar um regime complementar público ao regime próprio, a aposentadoria dos servidores públicos não se submeterá ao teto e estes continuarão aposentando-se sobre o valor total de sua remuneração e contribuindo sobre este mesmo valor. Isso porque a incidência do teto do regime geral de previdência social é previsto constitucionalmente para o regime próprio de previdência, dependendo, entretanto, sua efetivação de uma lei criadora de um regime que complemente o público. Esta é a redação do art. 40, §14º que dispõe que "*A União, os Estados, o Distrito Federal e os Municípios, desde que instituam regime de previdência complementar para os seus respectivos servidores titulares de cargo efetivo, poderão fixar, para o valor das aposentadorias e pensões a serem concedidas pelo regime de que trata este artigo, o limite máximo estabelecido para os benefícios do regime geral de previdência social de que trata o art.201*".

Vale acrescentar que em 2012, foi editada a Lei 12.618 , que institui o regime de previdência complementar para os servidores públicos federais titulares de cargo efetivo, inclusive os membros dos órgãos que menciona; fixa o limite máximo para a concessão de aposentadorias e pensões pelo regime de previdência de que trata o art. 40 da Constituição Federal.

A lei foi regulamentada pela edição do Decreto 7.808/12 que cria a FUNPRESP, no âmbito do poder executivo. É importante ressaltar que todos aqueles servidores que ingressaram no serviço público antes da regulamentação do regime complementar de previdência não se submetem às normas definidas de adequação ao teto de proventos do regime próprio de previdência, salvo se for de seu interesse.

No entanto, aqueles que ingressarem posteriormente terão seus proventos de aposentadoria limitados ao teto estipulado para os benefícios pagos aos segurados do regime geral de previdência social, sendo possível complementar esses valores, caso optem por aderir ao regime complementar criado com essa finalidade.

› **QUESTÃO 180.** Considere as seguintes afirmações:

I. Só por lei se pode sujeitar a exame psicotécnico a habilitação de candidato a cargo público.

II. É inconstitucional a vinculação do reajuste de vencimentos de servidores estaduais ou municipais a índices federais de correção monetária.

III. É inconstitucional toda modalidade de provimento que propicie ao servidor investir-se, sem prévia aprovação em concurso público destinado ao seu provimento, em cargo que não integra a carreira na qual anteriormente investido.

Conforme jurisprudência do Supremo Tribunal Federal, está correto o que se afirma em

a) I e III, apenas.

b) III, apenas.

c) I, II e III.

d) I e II, apenas.

e) II e III, apenas.

RESPOSTA:

Item I: correto; existe muita divergência entre os doutrinadores acerca da possibilidade de realização dos psicotestes e dos limites de atuação do poder público na condução destes exames, dado o grau de subjetivismo de que se revestem as decisões tomadas nesta seara.

O Decreto 6.944/09 regulamenta a realização de exames psicotécnicos em concursos públicos realizados pelo Poder Executivo da União e define, em seu art. 14, §1º, que o exame de avaliação psicológica consiste "*no emprego de procedimentos científicos destinados a aferir a compatibilidade das características psicológicas do candidato com as atribuições do cargo*". No mesmo sentido, o decreto garante que exames de avaliação psicológica devem ser realizados mediante previsão legal específica.

Por sua vez, o Conselho Nacional de Justiça e o Conselho Nacional do Ministério Público regulamentam a possibilidade de realização destes exames para provimento de cargos nas carreiras da magistratura e, para ingresso nos quadros do *parquet*, respectivamente, nos moldes definidos pelo edital do concurso.

Em todos os casos, a realização do exame psicotécnico fica submetida à autorização por meio de lei, consoante orientação estampada nos diplomas que regulamentam o tema que, inclusive, já foi objeto de deliberação pelo Supremo tribunal Federal concluída com a edição da Súmula Vinculante 44 que estabelece que "*Só por lei se*

pode sujeitar a exame psicotécnico a habilitação de candidato a cargo público".

Item II: correto; esse é o entendimento estampado na Súmula Vinculante 42, do Supremo Tribunal Federal, ao dispor que "é inconstitucional a vinculação do reajuste de vencimentos de servidores estaduais ou municipais a índices federais de correção monetária".

Item III: correto; haja vista a exigência de realização de concurso público para ingresso na atividade pública permanente: não se admite qualquer espécie de provimento derivado que permita ao servidor assumir cargo em outra carreira que não aquela em que foi regularmente investido por meio de concurso. Por exemplo, o servidor que é aprovado em concurso para assumir cargo de técnico do Tribunal Regional do Trabalho da 5ª Região não pode ser promovido a analista deste tribunal, já que o ingresso na nova carreira depende de aprovação em outro concurso público com exigências específicas, de acordo com as atribuições do novo cargo. Esse é o entendimento estampado na Súmula Vinculante 43, do Supremo Tribunal Federal, ao dispor que "*É inconstitucional toda modalidade de provimento que propicie ao servidor investir-se, sem prévia aprovação em concurso público destinado ao seu provimento, em cargo que não integra a carreira na qual anteriormente investido*".

> **QUESTÃO 181.** No que concerne ao regime jurídico do servidor estatutário e do empregado público e ao regime de previdência social para ambos, assinale a opção correta.

a) O RGPS organizado pelo INSS se aplica aos empregados das pessoas jurídicas de direito privado da administração indireta e aos empregados públicos em geral, deles excluídos os servidores ocupantes exclusivamente de cargos em comissão e os servidores temporários.

b) O RGPS é obrigatório para os servidores que ingressaram no serviço público até a data da publicação do ato de instituição desse regime, e facultativo para os que ingressaram no serviço público depois da instituição desse regime.

c) Em que pese a alteração promovida pela Emenda Constitucional n.º 19, que implementou, em 1998, a reforma da administração pública, permanece válida a norma constitucional que determina que todos os entes federativos devem instituir regime jurídico único para os servidores da administração pública direta, das autarquias e das fundações de direito público.

d) O regime de emprego público regulamentado pela Lei n.º 9.962/2000 incide sobre os servidores da administração federal direta, mas não sobre os servidores das autarquias, das empresas públicas e das sociedades de economia mista.

e) Os cargos em comissão e as funções de confiança podem ser exercidos por qualquer pessoa, servidor público ou não, cabendo à legislação ordinária estabelecer os casos, as condições e os percentuais mínimos de cargos comissionados destinados aos servidores de carreira.

RESPOSTA:

O texto constitucional, originariamente, estabelecia a obrigatoriedade de obediência a regime jurídico único por todos os entes da Administração Direta, autárquica e fundacional. Neste diapasão, foi editada a Lei 8.112/90, criando o regime estatutário no âmbito federal.

Com a introdução da Emenda Constitucional nº 19/98, a regra foi alterada e foi abolido o regime jurídico único, sendo admitido o ingresso de servidores celetistas (regidos pela consolidação das leis trabalhistas e sob regime de emprego) e estatutário nos quadros das entidades mencionadas. Sendo assim, o regime passou a ser misto.

Diante da concessão da medida cautelar proferida na ADI 2135, o STF, desde 2007, suspendeu a eficácia do art. 39, *caput*, da CF, com a redação dada pela EC 19/1998, o que rendeu ensejo ao retorno da redação anterior, na qual havia sido instituído o **regime jurídico único** para os servidores da administração direta, das autarquias e fundações públicas. No âmbito da União, o regime foi instituído pela Lei 8.112/90. Desse modo, não se admite mais o ingresso de servidores celetistas para prestação de serviços nos entes da administração direta, autárquica e fundacional.

> **QUESTÃO 182.** No que diz respeito ao regime brasileiro de servidores públicos, assinale a alternativa CORRETA.

a) O Processo Administrativo Disciplinar – PAD tem o prazo de 140 dias para conclusão e julgamento, que pode ser prorrogado e suspender o prazo prescricional para a aplicação da respectiva sanção administrativa.

b) O *caput* do art. 39 da Constituição Federal, com a redação da EC 19/98 (contratação de servidores por regime diverso do estatutário), teve sua aplicabilidade suspensa pelo STF, ressalvando-se a validade dos atos e contratações anteriormente realizados.

c) A eventual investidura de servidor público sem prévio concurso pode ser convalidada pelo prazo decadencial do art. 54 da Lei 9.784/1999, desde que comprovada a boa-fé do servidor.

d) Desde que previsto em lei, o salário-mínimo deve ser usado como indexador de base de cálculo das vantagens de servidor público ou de empregado público.

e) A fixação de vencimentos dos servidores públicos pode ser objeto de convenção coletiva.

RESPOSTA:

Em 1998, com a aprovação e publicação da Emenda Constitucional nº 19, as regras anteriormente definidas foram alteradas e foi abolida a exigência do regime jurídico único na Administração Direta, autárquica e fundacional, passando-se a admitir, a convivência de servidores de ambos os regimes no mesmo órgão ou entidade. Assim, por meio de lei a ser expedida por cada um dos entes federativos, ficariam definidos quais os regimes a serem aplicados aos seus servidores, podendo haver a contratação de empregados e nomeação de estatutários simultaneamente.

Ocorre que, a alteração feita pela Emenda Constitucional nº 19/98 foi objeto de muitas críticas doutrinárias e foi alvo de Ação Direta de Inconstitucionalidade, ajuizada com a finalidade de se restaurar o regime jurídico único vigente, até então.

Desse modo, em 02 de agosto de 2007, o Supremo Tribunal Federal concedeu a medida cautelar para suspender, até a decisão final da ação, a eficácia da nova redação conferida pela Emenda ao art. 39 da Constituição Federal, em virtude de aparente vício formal de tramitação da norma. Com efeito, o plenário da Câmara Federal havia mantido, em primeiro turno, a redação originária do art. 39, somente admitindo a alteração no segundo turno de votação, o que enseja a inconstitucionalidade do dispositivo alterado.

Em virtude dessa decisão, passou-se a admitir somente um regime de servidores nos entes da Administração Direta, autárquica e fundacional, não mais sendo possível a implantação de regimes múltiplos em cada uma das entidades. Com efeito, restaura-se, no âmbito federal, a obrigatoriedade de aplicação da Lei 8.112/90.

Entretanto, por sua vez, todos **os servidores que ingressaram no serviço público antes da decisão liminar proferida na ADI 2135, sob**

o regime de empregos públicos, mantêm o seu vínculo inalterado, haja vista a irretroatividade da decisão proferida, o que torna a assertiva correta. Por óbvio, o Supremo Tribunal Federal poderá determinar, na decisão final, a conversão do regime.

> **QUESTÃO 183.** Sobre a proibição da prática de nepotismo, é correto afirmar que:

a) a competência para a iniciativa de lei sobre o nepotismo é privativa do Chefe do Poder Executivo.

b) a vedação do nepotismo exige a edição de lei formal que coíba a sua prática.

c) é necessária a prova de vínculo de amizade ou troca de favores entre o nomeante e o nomeado para a caracterização do nepotismo.

d) a Súmula Vinculante n. 13, do Supremo Tribunal Federal, esgotou todas as possibilidades de configuração de nepotismo na Administração Pública.

e) ressalvada situação de fraude à lei, a nomeação de parentes para cargos públicos de natureza política não configura nepotismo na Administração Pública.

RESPOSTA:

Como requisito para ingresso nas carreiras públicas, deve-se exigir, em respeito ao princípio da moralidade e da impessoalidade das nomeações, que o agente não possua vínculo familiar com o nomeante. Trata-se de requisito negativo de acesso e que deve ser tratado com muito cuidado.

A princípio, analise-se que, em decorrência do princípio da indisponibilidade do interesse público, toda a atuação do administrador deve-se pautar, unicamente, na busca pelo interesse da coletividade, não dando margem a escolhas pessoais, com a intenção de beneficiar a si mesmo ou aos seus parentes. Nesse sentido, todos os atos praticados pelos agentes estatais respeitam a impessoalidade, ou seja, não são definidos em razão da pessoa que será atingida pela conduta pública, além de visar a uma maior eficiência na execução da atividade administrativa. As atividades públicas se pautam ainda pela moralidade e isonomia, como princípios orientadores da atuação do Estado.

Dentro deste sistema, a nomeação de parentes ou cônjuge da autoridade pública nomeante vai de encontro a todos estes princípios e não encontra qualquer respaldo no ordenamento constitucional vigente. Em suma, consoante entendimento de Marçal Justen Filho, "*O sujeito titular da competência para promover a investidura em cargo em comissão ou função gratificada não pode exercitá-la em favor do cônjuge, companheiro ou parente até o terceiro grau (em linha reta, colateral ou por afinidade)*". Trata-se de garantia, portanto, da vedação de atuação do agente, visando interesses privados.

A matéria já era objeto de regulamentação legal. A Lei 8.112/90, em seu art. 117, VIII, define que é punível com advertência a prática do nepotismo, expondo que configura infração administrativa "*manter sob sua chefia imediata, em cargo ou função de confiança, cônjuge, companheiro ou parente até o segundo grau civil*".

A matéria continuou sendo alvo de discussão doutrinária e a vedação ao nepotismo foi inserida em resoluções do Conselho Nacional de Justiça e do Conselho Nacional do Ministério Público, as quais vedam a prática nas carreiras sujeitas a sua regulamentação.

Em 2008, o Supremo Tribunal Federal expediu a Súmula Vinculante n. 13 que dispõe que "*A nomeação de cônjuge, companheiro ou parente em linha reta, colateral ou por afinidade, até o terceiro grau, inclusive, da autoridade nomeante ou de servidor da mesma pessoa jurídica, investido em cargo de direção, chefia ou assessoramento, para o exercício de cargo em comissão ou de confiança, ou, ainda, de função gratificada na Administração Pública direta e indireta, em qualquer dos Poderes da União, dos Estados, do Distrito Federal e dos municípios, compreendido o ajuste mediante designações recíprocas, viola a Constituição Federal".*

Perceba que a súmula veda a realização de designações recíprocas, ou seja, não se admite que, de forma indireta se garanta a nomeação do parente do agente público, por meio de troca de favores ou favorecimentos pessoais para parentes de outros agentes. Neste sentido, não é possível que o juiz "B" nomeie a esposa do juiz "A" para exercer a função de assessoria em seu gabinete e, em troca, o juiz "A" garanta a nomeação da esposa ou companheira do Juiz "B" para exercer função gratificada em seu gabinete. Essa reciprocidade de nomeações, conhecida como "nepotismo cruzado" é vedada expressamente pelo texto da súmula, impedindo qualquer expediente que, ainda de forma indireta, atente contra a impessoalidade das nomeações. Lembre-se, ainda, que o texto da súmula abrange a nomeação de companheiros, assim entendidos aqueles que possuam relação de união estável com a autoridade nomeante.

É importante ressaltar que as Súmulas Vinculantes têm o poder de determinar a atuação da Administração Pública e do Poder Judiciário, entretanto não vincula a atuação política de Estado, ou seja, os atos políticos praticados pelo ente público não se sujeitam às regras definidas nas orientações judiciais.

Sendo assim, o Supremo Tribunal Federal já se manifestou no sentido da inaplicabilidade da vedação ao nepotismo quando se tratar de nomeação de agentes para o exercício de cargos políticos, como é o caso de secretário ou de ministro de estado, situação na qual a nomeação do parente não encontra óbice, desde que o sujeito tenha condições técnicas de exercer o *múnus* público a ele transferido por meio da nomeação. O julgado tratou de situação na qual o prefeito de determinado município nomeou seu irmão (parente de segundo grau civil na linha colateral) para o exercício do cargo de Secretário de Transporte.

> **QUESTÃO 184.** A respeito de admissão ao serviço público, está consolidado que

a) é inconstitucional, por ofensa ao princípio da isonomia, a remarcação de teste de aptidão física de candidata grávida à época da realização, sem que haja expressa previsão no edital.

b) o surgimento de novas vagas ou a abertura de novo concurso para o mesmo cargo, durante o prazo de validade do certame, gera automaticamente o direito à nomeação dos candidatos aprovados fora das vagas previstas no edital.

c) nas situações jurídicas em que a Constituição Federal autoriza a acumulação de cargos, o teto remuneratório é considerado em relação a cada um deles, e não ao somatório recebido.

d) na hipótese de posse em cargo público determinada por decisão judicial, o servidor faz jus à indenização, sob o fundamento que deveria ter sido investido em momento anterior.

RESPOSTA:

É indispensável que a referida acumulação respeite o teto remuneratório de pagamento de servidores previsto no art. 37, XI da CF/8, qual seja o subsídio do Ministro do Supremo Tribunal Federal. Ocorre que, tradicionalmente, o entendimento dominante seria de que a soma das remunerações referentes aos cargos acumulados não poderia ultrapassar este valor.

Todavia, cumpre ressaltar que a jurisprudência do Supremo Tribunal Federal firmou o entendimento de que, quando houver acumulação legal de cargos, as remunerações serão analisadas isoladamente para fins de obediência ao teto remuneratório, ou seja, não será feita a soma das remunerações. Desta forma, desde que o teto remuneratório seja respeitado em cada cargo, não há qualquer problema em se ultrapassar o teto de remuneração com a soma dos vencimentos.

> **QUESTÃO 185.** A garantia, aos litigantes, em processos judicial ou administrativo, e aos acusados em geral, do direito ao contraditório e ampla defesa, com os meios e recursos a ele inerentes, leva ao reconhecimento:

a) admite-se a utilização de informações obtidas com quebra de sigilo, no processo administrativo, independente de autorização judicial, desde que haja a devida motivação para a prática do ato.

b) o protesto de certidão de dívida ativa constitui meio coercitivo indevido para o pagamento de tributos.

c) é sempre legítima cláusula do edital de concurso que restrinja participação do candidato em razão de responder a inquérito ou ação penal.

d) é inconstitucional a exigência de depósito ou arrolamento prévios de dinheiro ou bens para a admissibilidade de recurso administrativo.

RESPOSTA:

Súmula Vinculante n. 21 pelo Supremo Tribunal Federal dispondo que: "*É inconstitucional a exigência de depósito ou arrolamento prévios de dinheiro ou bens para admissibilidade de recurso administrativo*". Analisando este dispositivo, interpreta-se que tal exigência seria inconstitucional por restringir o acesso ao duplo grau e, consequentemente, inviabilizar o exercício pleno da ampla defesa. Na mesma esteira, o Superior Tribunal de Justiça também editou a Súmula 373, definindo que "*É ilegítima a exigência de depósito prévio para admissibilidade de recurso administrativo*".

> **QUESTÃO 186.** A regra no serviço público é a vedação da acumulação remunerada de cargos. No entanto, a ordem constitucional-administrativa estabelece hipóteses de acumulação lícita de cargos, desde que haja compatibilidade de horários e seja observado o chamado teto remuneratório, previsto no art. 37, XI, da Constituição Federal. Nessa perspectiva, assinale a alternativa correta:

a) Aos militares dos Estados, do Distrito Federal e dos Territórios aplicam-se as previsões de acumulação constitucionalmente lícita de cargos, empregos e funções, nas mesmas condições dos servidores públicos, com prevalência da atividade militar.

b) É possível a acumulação lícita de um cargo ou emprego privativo de profissional de saúde com um cargo técnico ou científico, desde que haja compatibilidade de horários e seja observado o teto remuneratório.

c) É lícita a acumulação de cargos ou empregos privativos de profissionais de saúde, com profissões regulamentadas, desde que haja compatibilidade de horários e seja observado o teto remuneratório mediante o somatório dos ganhos do agente público.

d) Nos casos constitucionalmente autorizados de acumulação de cargos, empregos e funções, a incidência do teto remuneratório previsto no art. 37, inciso XI, da Constituição Federal, deve ser observada mediante o somatório dos ganhos do agente público.

RESPOSTA:

Diferentemente do que ocorre para os militares das forças armadas, em relação aos militares dos Estados, Distrito Federal e territórios, a possibilidade de acumulação de cargos se torna mais ampla, não abrangendo somente os cargos de médico. Isso porque a Emenda Constitucional 101/2019 alterou o art. 42, §3º da Carta Magna que passa a dispor que *"Aplica-se aos militares dos Estados, do Distrito Federal e dos Territórios o disposto no art. 37, inciso XVI, com prevalência da atividade militar"*.

Dessa forma, além da possibilidade acumulação de cargos de profissional de saúde, o militar estadual de nível superior, por exemplo, poderá cumular seu cargo com um outro de professor.

> **QUESTÃO 187.** As Leis do Serviço Público ou "Leis de Rolland" estabelecem que o serviço público deve observar os deveres de continuidade, de mutabilidade e de igualdade. À luz do princípio da continuidade no serviço público, assinale a alternativa correta sobre o direito de greve dos servidores públicos:

a) A Constituição Federal assegura ao servidor público o direito à livre associação sindical e o direito de greve a ser exercido nos termos e nos limites definidos em lei específica; considerando a falta de regulamentação do direito de greve, esses servidores simplesmente estão impedidos de exercer o direito de greve.

b) Os Municípios poderão constituir guardas municipais destinadas à proteção de seus bens, serviços e instalações, cujo exercício do direito de greve observará o previsto em lei específica, pois não exercem atividade própria de segurança pública.

c) O servidor público em estágio probatório que participa de movimento grevista comete falta grave, ele pratica ato desabonador de sua conduta, que deverá ser considerado em sua avaliação, razão pela qual não poderá por ser confirmado no cargo efetivo.

d) A atividade policial é carreira de Estado imprescindível à manutenção da normalidade democrática, sendo impossível sua complementação ou substituição pela atividade privada, razão pela qual o exercício do direito de greve, sob qualquer forma ou modalidade, é vedado aos policiais civis.

RESPOSTA:

Em relação à possibilidade de realização de movimentos paredistas pelos agentes estatais, inicialmente, cumpre ressaltar que **os servidores**

militares não têm direito de greve, nem de sindicalização, por expressa vedação constitucional. Com efeito, a proibição está expressa no art. 142, IV da Carta Magna e se aplica aos que prestam serviços às forças armadas, como exército, marinha e aeronáutica, mas também se estende aos militares dos estados, incluindo a polícia militar e o corpo de bombeiros.

Nestas corporações, deve-se atentar para o respeito à hierarquia e à disciplina e o movimento grevista pode prejudicar as relações travadas, indispensáveis à garantia de manutenção da segurança da sociedade.

Vale salientar que o Supremo Tribunal Federal, no julgamento do Recurso Extraordinário com Agravo (ARE) 654432, ao qual se deu repercussão geral, afirmou o entendimento de que a **vedação ao direito de greve também se estende aos policiais civis**. A tese firmada dispõe que "*(1) o exercício do direito de greve, sob qualquer forma ou modalidade, é vedado aos policiais civis e a todos os servidores públicos que atuem diretamente na área de segurança pública. (2) É obrigatória a participação do Poder Público em mediação instaurada pelos órgãos classistas das carreiras de segurança pública, nos termos do artigo 165 do Código de Processo Civil, para vocalização dos interesses da categoria*"

> QUESTÃO 188. Sobre a Lei de Improbidade Administrativa e a jurisprudência do Supremo Tribunal Federal, é INCORRETO afirmar:

a) Para a responsabilização por ato de improbidade administrativa, é necessária a comprovação de ato doloso, considerando-se dolo a vontade livre e consciente de alcançar o resultado ilícito tipificado, não bastando a voluntariedade do agente.

b) Sócio de pessoa jurídica de direito privado que, comprovadamente, induza ou concorra dolosamente para a prática do ato de improbidade imputado à empresa, participando e recebendo benefícios diretos, estará sujeito à aplicação da Lei de Improbidade Administrativa, respondendo nos limites da sua participação.

c) Não configura improbidade a ação ou omissão decorrente de divergência interpretativa da lei, baseada em jurisprudência, ainda que não pacificada, mesmo que não venha a ser posteriormente prevalecente nas decisões dos órgãos de controle ou dos tribunais do Poder Judiciário.

d) Prescrevem em cinco anos as ações de ressarcimento ao erário fundadas na prática de ato doloso tipificado na Lei de Improbidade Administrativa.

e) Não respondida.

RESPOSTA:

Com as alterações feitas pela Lei 14.230/21, o art. 23, da Lei de Improbidade passou a prevê que a ação para a aplicação das sanções previstas nesta Lei prescreve em 8 (oito) anos, contados a partir da ocorrência do fato ou, no caso de infrações permanentes, do dia em que cessou a permanência.

Na sua origem, a Lei 8.429/92 definia prazos de prescrição diversos, dependendo de quem estivesse no polo passivo da demanda, como forma de evitar que a manutenção do agente no cargo impedisse a apuração dos atos de improbidade administrativa.

Assim, em se tratando de detentor de cargo em comissão, função ou mandato, por exemplo, o prazo prescricional, que era de 5 (cinco) anos, somente teria início quando o agente não estivesse mais ocupando o cargo. A norma impedia que o agente se aproveitasse da sua posição para evitar sofrer as sanções pelo ilícito praticado.

Após a alteração sofrida em 2021, a lei considera como termo *a quo* para a contagem do prazo de prescrição a ocorrência do fato, favorecendo aqueles que conseguirem a reeleição, em caso de cargos eletivos, por exemplo.

> **QUESTÃO 189.** João, ex-secretário de Fazenda do Estado Ômega, foi condenado pela prática de ato de improbidade administrativa por ter, dolosamente, na época em que exercia a função pública, recebido vantagem econômica, consistente em propina no valor de duzentos mil reais, para omitir ato de ofício a que estava obrigado. A sentença judicial já transitada em julgado condenou João à perda dos valores acrescidos ilicitamente ao patrimônio e ao pagamento de multa civil equivalente ao valor do acréscimo patrimonial.

Atualmente, o processo está em fase de cumprimento de sentença, mas João demonstrou incapacidade financeira de saldar imediatamente o débito resultante da condenação pela prática de improbidade administrativa.

No caso em tela, de acordo com a Lei de Improbidade Administrativa, o juiz poderá:

a) autorizar o parcelamento do débito, em até quarenta e oito parcelas mensais corrigidas monetariamente;

b) suspender a exigibilidade do débito, por até trinta e seis meses, com a prévia e indispensável oitiva da pessoa jurídica lesada;

c) autorizar o parcelamento do débito, em até três parcelas, com a prévia e indispensável oitiva do Ministério Público e do Tribunal de Contas;

d) converter a obrigação de pagar em outras sanções, como a perda de eventual função pública atual e a suspensão dos direitos políticos por até doze anos;

e) converter a obrigação de pagar em proibição de contratar com o poder público ou de receber benefícios ou incentivos fiscais ou creditícios, pelo prazo não superior a doze anos.

RESPOSTA:

De acordo com o art. 18, §4º, da Lei 8.429/92, o juiz poderá autorizar o parcelamento, em até 48 (quarenta e oito) parcelas mensais corrigidas monetariamente, do débito resultante de condenação pela prática de improbidade administrativa se o réu demonstrar incapacidade financeira de saldá-lo de imediato.

> **QUESTÃO 190.** Acerca do que dispõe o texto vigente da Lei nº 8.429/92 (Lei de Improbidade Administrativa), é INCORRETO afirmar:

a) A instauração de inquérito civil para apuração dos ilícitos de que trata a Lei 8.429/92 suspende o curso do prazo prescricional por, no máximo, 120 (cento e vinte) dias corridos, recomeçando a correr após a sua conclusão ou, caso não concluído, esgotado o prazo de suspensão.

b) São causas interruptivas do prazo prescricional: (i) o ajuizamento da ação de improbidade administrativa; (ii) a publicação da sentença condenatória; (iii) a publicação de decisão ou acórdão de Tribunal de Justiça ou Tribunal Regional Federal que confirma sentença condenatória ou que reforma sentença de improcedência; (iv) a publicação de decisão ou acórdão do Superior Tribunal de Justiça que confirma acórdão condenatório ou que reforma acórdão de improcedência; (v) a publicação de decisão ou acórdão do Supremo Tribunal Federal que confirma acórdão condenatório ou que reforma acórdão de improcedência.

c) A ação para a aplicação das sanções previstas na Lei 8.429/92 prescreve em 8 (oito) anos, contados a partir da ocorrência do fato ou, no caso de infrações permanentes, do dia em que cessou a permanência.

d) A autoridade judicial competente poderá determinar o afastamento do agente público do exercício do cargo, do emprego ou da função, sem prejuízo da remuneração, quando a medida for necessária à instrução processual ou para evitar a iminente prática de novos ilícitos.

RESPOSTA:

A questão solicita que seja marcada a alternativa errada, sendo que a letra "A" define prazo diverso da previsão legal. O art. 23, §1º, da Lei 8.429/92, prevê que a instauração de inquérito civil ou de processo administrativo para apuração dos ilícitos referidos nesta Lei suspende o curso do prazo prescricional por, no máximo, 180 (cento e oitenta) dias corridos, recomeçando a correr após a sua conclusão ou, caso não concluído o processo, esgotado o prazo de suspensão.

Atente-se para o fato de que a instauração de processos investigatórios não é causa interruptiva do prazo de prescrição, mas tão somente suspensiva. Assim, o prazo ficará suspenso enquanto durar o processo ou por até 180 dias, caso o processo se alongue além disso, voltando a contar, sem que haja o seu reinício.

Mais uma vez, a medida é benéfica para os agentes públicos, haja vista o fato de que os inquéritos civis instaurados no âmbito dos órgãos ministeriais tendem a se alongar para além dos 180 dias, ensejando risco de prescrição da pretensão punitiva durante os atos de investigação, mormente pelo fato de que o próprio acusado terá direito de manifestação e produção de provas durante o inquérito, podendo ensejar sua demora proposital e consequente encerramento do prazo prescricional.

Assim, tomando em conjunto essa norma, com a norma anterior, que garante o direito de contraditório e de produção de provas do particular no bojo do inquérito civil, mais uma vez, se está diante de risco de impunidade pela demora criada pelo próprio acusado.

> **QUESTÃO 191.** Considerada a disciplina legal acerca da improbidade administrativa, observada a Lei n.º 8.429/1992 (LIA) com as alterações promovidas pela Lei n.º 14.230/2021, assinale a opção correta

a) A constatação do caráter culposo do ato praticado por quem exerce a função pública não se revela suficiente para afastar a caracterização de ato de improbidade administrativa.

b) Os sócios, cotistas e diretores de pessoa jurídica de direito privado, via de regra, respondem pelo ato de improbidade que venha a ser imputado à pessoa jurídica.

c) O sucessor de quem que causar dano ao erário está sujeito à obrigação de reparar os cofres públicos até o limite do valor do patrimônio transferido, exceto nas hipóteses de alteração contratual, de transformação, de incorporação, de fusão ou de cisão societária.

d) Não obstante a independência entre as instâncias civil, penal e administrativa, em caso de lesão ao patrimônio público em decorrência de ato de improbidade, a reparação do dano deverá deduzir o ressarcimento já efetuado nas demais instâncias que tiverem por objeto os mesmos fatos.

e) Em havendo o ressarcimento integral e efetivo do dano pelo sujeito ativo do ato de improbidade administrativa que cause prejuízo ao erário ou enriquecimento ilícito, não lhe serão aplicáveis as sanções alusivas à perda de bens ou valores.

RESPOSTA:

O art. 12, §6º, da Lei 8.429/92, estabelece que se ocorrer lesão ao patrimônio público, a reparação do dano a que se refere esta Lei deverá deduzir o ressarcimento ocorrido nas instâncias criminal, civil e administrativa que tiver por objeto os mesmos fatos.

> **QUESTÃO 192.** Constitui ato de improbidade administrativa que atenta contra os princípios da administração pública:

a) revelar ou permitir que chegue ao conhecimento de terceiro, antes da respectiva divulgação oficial, teor de medida política ou econômica capaz de afetar o preço de mercadoria, bem ou serviço

b) permitir, facilitar ou concorrer para que terceiro se enriqueça ilicitamente

c) frustrar a licitude de processo licitatório ou de processo seletivo para celebração de parcerias com entidades sem fins lucrativos, ou dispensá-los indevidamente, acarretando perda patrimonial efetiva

d) permitir ou facilitar a aquisição, permuta ou locação de bem ou serviço por preço superior ao de mercado

e) realizar operação financeira sem observância das normas legais e regulamentares ou aceitar garantia insuficiente ou inidônea

RESPOSTA:

O art. 11, da Lei 8.429/92, define que constitui ato de improbidade administrativa que atenta contra os princípios da administração pública a ação ou omissão dolosa que viole os deveres de honestidade, de imparcialidade e de legalidade, revelar fato ou circunstância de que tem ciência em razão das atribuições e que deva permanecer em segredo, propiciando beneficiamento por informação privilegiada ou colocando em risco a segurança da sociedade e do Estado.

Sendo assim, constitui ato de improbidade administrativa que atenta contra os princípios da administração pública a ação ou omissão dolosa que viole os deveres de honestidade, de imparcialidade e de legalidade, caracterizada por uma das seguintes condutas: revelar fato ou circunstância de que tem ciência em razão das atribuições e que deva permanecer em segredo, propiciando beneficiamento por informação privilegiada ou colocando em risco a segurança da sociedade e do Estado; negar publicidade aos atos oficiais, exceto em razão de sua imprescindibilidade para a segurança da sociedade e do Estado ou de outras hipóteses instituídas em lei; frustrar, em ofensa à imparcialidade, o caráter concorrencial de concurso público, de chamamento ou de procedimento licitatório, com vistas à obtenção de benefício próprio, direto ou indireto, ou de terceiros; deixar de prestar contas quando esteja obrigado a fazê-lo, desde que disponha das condições para isso, com vistas a ocultar irregularidades; revelar ou permitir que chegue ao conhecimento de terceiro, antes da respectiva divulgação oficial, teor de medida política ou econômica capaz de afetar o preço de mercadoria, bem ou serviço; descumprir as normas relativas à celebração, fiscalização e aprovação de contas de parcerias firmadas pela administração pública com entidades privadas; nomear cônjuge, companheiro ou parente em linha reta, colateral ou por afinidade, até o terceiro grau, inclusive, da autoridade nomeante ou de servidor da mesma pessoa jurídica investido em cargo de direção, chefia ou assessoramento, para o exercício de cargo em comissão ou de confiança ou, ainda, de função gratificada na administração pública direta e indireta em qualquer dos Poderes da União, dos Estados, do Distrito Federal e dos Municípios, compreendido o ajuste mediante designações recíprocas; praticar, no âmbito da administração pública e com recursos do erário, ato de publicidade que contrarie o disposto no § 1º do art. 37 da Constituição Federal, de forma a promover inequívoco enaltecimento do agente público e personalização de atos, de programas, de obras, de serviços ou de campanhas dos órgãos públicos.

> **QUESTÃO 193.** A Lei nº 8.429, de 2 de junho de 1992, dispõe sobre as sanções aplicáveis aos agentes públicos nos casos de prática de improbidade. Sobre a legislação em referência, assinale a alternativa correta:

a) Os atos de improbidade são caracterizados pela lesão contra a administração direta, indireta ou fundacional; ficam excluídos, portanto, os atos praticados contra empresas incorporadas ao patrimônio público.

b) O particular em colaboração com a Administração Pública, que possui vínculo transitório e não remunerado, não está sujeito à incidência da Lei de Improbidade Administrativa, Lei nº 8.429, de 1992.

c) Aquele que, mesmo não agente público, induza ou concorra para a prática do ato de improbidade ou dele se beneficie sob qualquer forma direta ou indireta, estará sujeito, no que couber, às sanções previstas na Lei de Improbidade Administrativa.

d) O estágio é ato educativo escolar supervisionado, desenvolvido no ambiente de trabalho, razão pela qual ao estagiário que atua no serviço público não poderá ser imputada a prática de ato de improbidade.

RESPOSTA:

Ressalte-se que, **além dos agentes públicos, particulares também podem responder por improbidade, desde que se beneficiem ou concorram para a prática do ato**. Dessa forma, a lei de improbidade não se aplica somente a agentes públicos, estabelecendo sanções a particulares, alheios à estrutura do Estado.

Nesse contexto, a lei, após a alteração sofrida em 2021, passa a admitir a prática de atos de improbidade administrativa por **pessoas jurídicas**.

Com efeito, a lei inova ao permitir a aplicação de seus termos às pessoas jurídicas que atuem em razão de convênio ou contratos de repasse ou qualquer acordo equivalente, ao lado do Estado, no exercício de funções públicas.

Cabe salientar, todavia, que esse dispositivo tende a ser esvaziado pelo fato de que não são cumuláveis as sanções da Lei 8.429/92 com as sanções da Lei 12.846/13. Assim, como a maioria dos atos de improbidade administrativa também se caracteriza como ato lesivo nos moldes da lei "anticorrupção empresarial", dificilmente, haverá aplicabilidade concreta dessa sanção.

Nesses casos, inclusive, o dirigente ou administrador da Pessoa Jurídica somente poderá figurar no polo passivo da ação de improbidade, se houver a demonstração de que participou e se beneficiou diretamente da prática do ato. Nesse caso, responderá no limite da sua culpabilidade e do seu benefício.

Ademais, é interessante verificar que a entidade privada que recebe dinheiro público por meio de convênios e acordos pode sofrer o ato de improbidade, quando seus agentes desviarem verbas recebidas em decorrência de repasse do ente público e, da mesma forma, podem praticar o ato de improbidade, nos moldes desse dispositivo.

É importante ainda informar que o Superior Tribunal de Justiça não admite que o particular pratique ato de improbidade sozinho, estando sempre vinculado à prática deste ato em conjunto com um agente público.

> **QUESTÃO 194.** João foi condenado à perda da função pública e ao ressarcimento de quinhentos mil reais ao erário estadual pela prática de ato doloso de improbidade administrativa. Atualmente, o processo encontra-se em fase de cumprimento de sentença e, apesar de João ostentar altíssimo padrão de vida e de haver indícios de que o devedor possui patrimônio expropriável, até agora não houve o ressarcimento ao erário. As medidas ordinárias de praxe para satisfação da obrigação já foram tentadas, sem êxito. O Ministério Público, autor da ação, requereu ao Juízo a aplicação de medidas executivas atípicas consistentes na apreensão de passaporte e na suspensão da CNH de João. De acordo com a jurisprudência do Superior Tribunal de Justiça, em tese, a pretensão ministerial é:

a) possível, eis que João foi condenado por ato de improbidade administrativa na modalidade dolosa, razão pela qual o não cumprimento voluntário da obrigação no prazo de quinze dias já dá ensejo, automaticamente, à adoção das medidas atípicas requeridas pelo Ministério Público.

b) possível, desde que tais medidas sejam adotadas de modo subsidiário, por meio de decisão que contenha fundamentação adequada às especificidades da hipótese concreta, com observância do contraditório substancial e do postulado da proporcionalidade.

c) possível, desde a data em que o cartório certificar o trânsito em julgado da sentença, pois a partir dessa data está implícito o *periculum in mora* consistente no risco em concreto de dilapidação do patrimônio do executado, cabendo ao juízo o decreto de ofício de tais medidas.

d) inviável, pois, em sede de cumprimento de sentença que determinou o pagamento de quantia certa a título de ressarcimento ao erário, não são cabíveis quaisquer medidas atípicas executivas, eis que incompatíveis com o interesse público implícito nas ações desta natureza.

e) inviável, pois, em sede de cumprimento de sentença que determinou o pagamento de quantia certa a título de ressarcimento ao erário, não são cabíveis quaisquer medidas atípicas executivas, eis que não previstas na Lei de Improbidade Administrativa.

RESPOSTA:

Vale destacar o entendimento firmado pelo STJ no sentido de que é "possível ao juiz adotar meios executivos atípicos desde que, verificando-se a existência de indícios de que o devedor possua patrimônio apto a cumprir a obrigação a ele imposta, tais medidas sejam adotadas de modo subsidiário, por meio de decisão que contenha fundamentação adequada às especificidades da hipótese concreta, com observância do contraditório substancial e do postulado da proporcionalidade" (REsp 1.854.289/PB, Re. Min. Nancy Andrighi, j. em 26/02/2020).

> **QUESTÃO 195.** A lei exige, no que tange à proteção do patrimônio histórico e artístico, na vizinhança da coisa tombada, sem prévia autorização do órgão competente,

a) que os imóveis adjacentes sejam destinados apenas à moradia.

b) que os imóveis adjacentes sejam também tombados, se demonstrado o valor histórico ou artístico dos mesmos.

c) que haja desapropriação do entorno com finalidade de demolição para destacar o imóvel tombado.

d) que os imóveis adjacentes sejam destinados à moradia ou a atividades culturais.

e) que não se possa construir de forma a impedir ou reduzir a visibilidade do bem protegido.

RESPOSTA:

Nesta questão, a banca examinadora definiu o gabarito com base no art. 18, do Decreto 25/1937, o qual estabelece que sem prévia autorização do Serviço do Patrimônio Histórico e Artístico Nacional, não se poderá, na vizinhança da coisa tombada, fazer construção que lhe impeça ou reduza a visibilidade, nem nela colocar anúncios ou cartazes, sob pena de ser mandada destruir a obra ou retirar o objeto, impondo-se neste caso a multa de cinquenta por cento do valor do mesmo objeto.

> **QUESTÃO 196.** A respeito das formas de intervenção do Estado na propriedade, a instalação de redes de energia elétrica é exemplo de:

a) servidão administrativa.

b) desapropriação indireta.

c) tombamento.

d) requisição administrativa.

e) ocupação temporária.

RESPOSTA:

A servidão administrativa representa uma restrição imposta pelo ente estatal a bens privados, determinando que seu proprietário suporte a utilização do imóvel pelo Estado, o qual deverá usar a propriedade de forma a garantir o interesse público. Desse modo, o bem poderá ser utilizado para a prestação de um determinado serviço público (a execução de uma obra, por exemplo), sempre com a intenção de satisfazer as necessidades coletivas.

Assim como no direito civil, pode-se determinar a existência de um prédio serviente. Sendo que, na servidão administrativa, o interesse público é dominante. Em suma, o instituto se configura na utilização de um bem privado pelo ente estatal para a prestação de um determinado serviço público ou execução de atividade de interesse público.

Pode-se verificar, portanto, que a servidão afeta o caráter exclusivo da propriedade, uma vez que impõe ao proprietário o dever de suportar a utilização do bem pelo poder público, independentemente de sua concordância.

Podem ser citados como exemplos, a necessidade de o poder público utilizar uma parcela de terreno privado com a finalidade de instalação de postes e fios de energia elétrica, para que este serviço seja regularmente prestado à vizinhança, ou, até mesmo, a aposição de uma placa, por determinação do município, no muro de um imóvel particular, com a informação acerca do nome da rua ou avenida em que o bem se localiza.

> **QUESTÃO 197.** Em razão de uma intensa chuva, diversas casas de determinado município foram inundadas, o que obrigou os moradores a deixarem suas residências. Por essa razão, o prefeito do município cogitou abrigá-los no ginásio de uma escola particular que funciona na cidade.

Nessa situação hipotética,

a) como a situação envolve aspectos meramente particulares, o prefeito não poderia transformar o ginásio em abrigo, sob pena de violação ao direito de propriedade.

b) o município poderia realizar a ocupação temporária do ginásio particular, independentemente de procedimento administrativo prévio, mas seria devida indenização ao particular caso se constatasse dano decorrente da utilização do referido espaço.

c) o município poderia realizar a requisição administrativa do ginásio particular, independentemente de procedimento administrativo prévio, até a extinção da situação de perigo, garantindo-se ao particular indenização pelo tempo de uso do bem.

d) o município poderia realizar a ocupação temporária do ginásio particular, independentemente de procedimento administrativo prévio, mas seria garantida ao particular indenização pelo tempo de uso do bem.

e) o município poderia realizar a requisição administrativa do ginásio particular, independentemente de procedimento administrativo prévio, até a extinção da situação de perigo, mas seria devida indenização ao particular caso se constatasse dano decorrente da utilização do citado espaço.

RESPOSTA:

A requisição é intervenção restritiva na propriedade privada que visa a solucionar situações de iminente perigo, mediante a utilização de bens privados pelo ente estatal, enquanto durar a situação de risco. Trata-se de aplicação do princípio da função social da propriedade, regulamentado no art. 5º, XXIII, da Constituição da República, submetendo os bens privados à utilização pelo Estado em casos de necessidade pública.

Assim, dispõe o texto constitucional, em seu art. 5º, XXV, que, "*no caso de **iminente perigo público**, a autoridade competente poderá usar de propriedade particular, assegurada ao proprietário indenização ulterior, se houver dano*".

Cite-se como exemplo de requisição, situação de enchente na qual muitas famílias ficaram desabrigadas, sendo necessário ao poder público a requisição de um galpão inutilizado de um particular com a intenção de assentar as famílias até a solução definitiva.

Por se tratar de situação de perigo ou de guerra declarada, aponta-se pela aplicação do art. 22, III, da Carta Magna, no que tange à competência legislativa, sendo esta atribuída à União Federal, de forma exclusiva.

Valendo-se desta competência, já foram editados alguns diplomas legais criando requisição de bens em situações específicas. Podem ser citados como exemplos, o Decreto-Lei 4.812/42 que trata da requisição de bens móveis e imóveis necessários às forças armadas e à defesa passiva da população e a Lei 7.565/86 que prevê a requisição de aeronaves.

> **QUESTÃO 198.** Em relação à intervenção do Estado na propriedade privada, assinale a alternativa correta.

a) É interditado ao Poder Judiciário decidir sobre a ocorrência, ou não, da utilidade pública na desapropriação, o que não impede, porém, a revisão judicial quanto à competência, forma e regularidade processual do ato de declaração.

b) Como modo de aquisição originária de propriedade por pessoas jurídicas políticas, é vedada a transferência dos bens desapropriados a terceiros.

c) A requisição administrativa recai sobre bens, móveis ou imóveis, ou serviços, particulares ou públicos, para atender a necessidades coletivas.

d) Concessionárias de serviços públicos podem promover desapropriações somente se autorizadas por lei específica, responsabilizando-se pelas indenizações e pelo ajuizamento da ação judicial devida.

e) Na qualidade de ato administrativo complexo, o tombamento não admite direito de defesa do proprietário sobre sua anuência, as medidas que deverá tomar para preservação e melhorias do bem, nem sobre o valor devido de indenização.

RESPOSTA:

O gabarito da presente questão foi fixado de acordo com o art. 9º, do Decreto-Lei 3.365/41, o qual define que ao Poder Judiciário é vedado, no processo de desapropriação, decidir se verificam ou não os casos de utilidade pública.

Considera-se **utilidade pública** a situação em que o ente público terá necessidade de utilizar o bem diretamente, seja para uma obra pública ou para a prestação de um determinado serviço, sendo a situação regulamentada no Decreto-lei 3.365/41. Neste sentido, dispõe o art. 5º do mencionado diploma que *"Consideram-se casos de utilidade pública: a) a segurança nacional; b) a defesa do Estado; c) o socorro público em caso de calamidade; d) a salubridade pública; e) a criação e melhoramento de centros de população, seu abastecimento regular de meios de subsistência; f) o aproveitamento industrial das minas e das jazidas minerais, das águas e da energia hidráulica; g) a assistência pública, as obras de higiene e decoração, casas de saúde, clínicas, estações de clima e fontes medicinais; h) a exploração ou a conservação dos serviços públicos; i) a abertura, conservação e melhoramento de vias ou logradouros públicos; a execução de planos de urbanização; o parcelamento do solo, com ou sem edificação, para sua melhor utilização econômica, higiênica ou estética; a construção ou ampliação de distritos industriais; j) o funcionamento dos meios de transporte coletivo; k) a preservação e conservação dos monumentos históricos e artísticos,* *isolados ou integrados em conjuntos urbanos ou rurais, bem como as medidas necessárias a manter-lhes e realçar-lhes os aspectos mais valiosos ou característicos e, ainda, a proteção de paisagens e locais particularmente dotados pela natureza; l) a preservação e a conservação adequada de arquivos, documentos e outros bens moveis de valor histórico ou artístico; m) a construção de edifícios públicos, monumentos comemorativos e cemitérios; n) a criação de estádios, aeródromos ou campos de pouso para aeronaves; o) a reedição ou divulgação de obra ou invento de natureza científica, artística ou literária; p) os demais casos previstos por leis especiais".*

› **QUESTÃO 199.** Com relação à desapropriação, é correto afirmar que

a) a declaração de utilidade pública impede que o proprietário aliene o bem objeto da declaração.

b) a ação de desapropriação é uma ação especial, cujo objeto diz respeito a todos os possíveis aspectos da decisão administrativa de desapropriar.

c) a desapropriação por interesse social deverá efetivar-se mediante acordo, ou intentar-se judicialmente, dentro de 5 (cinco) anos contados da data da respectiva declaração.

d) a fase executória da desapropriação, como instrumento que extingue a propriedade privada, não poderá ser promovida por concessionários de serviço público.

e) a desapropriação poderá abranger a área contígua necessária ao desenvolvimento da obra a que se destina, e as zonas que se valorizarem extraordinariamente, em consequência da realização do serviço. Em qualquer caso, a declaração de utilidade pública deverá compreendê-las, mencionando quais as indispensáveis à execução da obra e as que se destinam à revenda.

RESPOSTA:

A desapropriação por zona se efetiva em razão da realização de obra pública, na qual o ente estatal tenha a necessidade de desapropriar, não somente o espaço necessário à construção da obra, mas também a zona vizinha a esta construção.

O art. 4º, do Decreto-Lei 3.365/41, preconiza que a desapropriação poderá abranger a área contígua necessária ao desenvolvimento da obra a que se destina, e as zonas que se valorizarem extraordinariamente, em consequência da realização do serviço. Em qualquer caso, a declaração de utilidade pública deverá compreendê-las, mencionando-se quais as indispensáveis à continuação da obra e as que se destinam à revenda.

Ou seja, a desapropriação ocorre em terreno além do necessário para a realização da obra, sendo que a lei exige que o decreto expressamente disponha sobre sua razão, discriminando, inclusive, que parcela da desapropriação é feita para a obra e qual a parcela do terreno em que a desapropriação ocorre por zona.

> **QUESTÃO 200.** Diversas são as formas de intervenção do Estado na propriedade, o que revela o poder de império estatal ao qual se sujeitam os particulares.

Desse modo, é CORRETO afirmar que o direito à preempção municipal é:

a) Ocupação temporária.

b) Servidão administrativa.

c) Limitação administrativa.

d) Requisição.

RESPOSTA:

A limitação administrativa trata-se de restrição de caráter geral, não atingindo um bem especificamente, mas sim todos os proprietários que estiverem na situação descrita na norma.

Desta forma, é muito comum vislumbrar a existência de limitações administrativas em regras urbanísticas, muitas vezes estipuladas por normas locais. O Estatuto da Cidade, previsto na Lei 10.257/2001 define algumas regras que são exemplos de limitação.

Com efeito, o art. 25, da mencionada lei, criou o Direito de Preempção, que, nada mais é, senão uma espécie de limitação administrativa que estipula que determinadas áreas do município podem ser atingidas pelo direito de preferência (preempção), mediante lei municipal. Neste caso, o direito de preempção confere ao Poder Público Municipal, preferência para aquisição de imóvel urbano, objeto de alienação onerosa entre particulares, ou seja, todos os proprietários de bens localizados nesta área, ao alienarem seus terrenos, deverão oferecer primeiramente ao Poder Público.

Conforme exposto, deverá ser editada uma lei que discrimine quais áreas do município se sujeitarão a esta restrição, tomando por base que o direito de preempção será exercido sempre que o Poder Público necessitar de áreas para regularização fundiária; execução de programas e projetos habitacionais de interesse social; constituição de reserva fundiária; ordenamento e direcionamento da expansão urbana; implantação de equipamentos urbanos e comunitários; criação de espaços públicos de lazer e áreas verdes; criação de unidades de conservação ou proteção de outras áreas de interesse ambiental ou proteção de áreas de interesse histórico, cultural ou paisagístico. Nestes casos, a lei poderá determinar a incidência do direito por, no máximo, cinco anos. Após este prazo, somente se admitirá nova lei instituindo o direito de preempção sobre a mesma área depois de respeitado o prazo de um ano de carência.

O poder público será notificado pelo particular, sendo-lhe concedido o prazo de trinta dias para definir se possui, ou não, interesse na aquisição do bem, nos termos da proposta formulada pelo particular. À notificação mencionada será anexada proposta de compra assinada por terceiro interessado na aquisição do imóvel, da qual constarão preço, condições de pagamento e prazo de validade.

Após este prazo, caso o poder público não manifeste interesse na aquisição do bem, o particular poderá vendê-lo, nos mesmos termos da proposta apresentada ao Estado, a qualquer pessoa interessada. Caso queira alterar a proposta, primeiramente, deverá fazer uma nova proposta ao Poder Público, sob pena de violar o direito de preempção. Concretizada a venda a terceiro, o proprietário fica obrigado a apresentar ao Município, no prazo de trinta dias, cópia do instrumento público de alienação do imóvel.

Dentro do seu prazo de vigência, caso o direito de preempção não seja respeitado, a alienação feita indevidamente ao particular será nula e o Poder Público, nos termos da lei, poderá adquirir o bem pelo valor da transação ou pelo valor venal do bem, o que for mais baixo.

> **QUESTÃO 201.** Assinale a alternativa correta.

a) As limitações administrativas são restrições à propriedade de caráter geral que, como regra, geram o dever de indenizar o proprietário.

b) As servidões administrativas são restrições à propriedade de caráter concreto, podendo gerar o dever de indenizar o proprietário em caso de dano comprovado.

c) Nos tombamentos que resultam em esvaziamento do conteúdo econômico do direito de propriedade, a jurisprudência não reconhece o dever de indenizar o proprietário, pois não há transferência do bem ao Estado.

d) As requisições de bens fungíveis se equiparam às desapropriações no que se refere ao requisito da prévia e justa indenização em dinheiro.

e) Os imóveis expropriados já definitivamente incorporados ao domínio público, ainda quando afetados a um serviço público, podem ser objeto de reivindicação.

RESPOSTA:

A **servidão** é uma restrição imposta pelo ente estatal a bens privados, determinando que seu proprietário suporte a utilização do imóvel pelo Estado, o qual deverá usar a propriedade de forma a garantir o interesse público. Desse modo, o bem poderá ser utilizado para a prestação de um determinado serviço público (a execução de uma obra, por exemplo), sempre com a intenção de satisfazer as necessidades coletivas.

Outrossim, se diante da instituição de servidão administrativa, a medida **ensejar em um prejuízo ao proprietário**, será devida a **indenização prévia**. Ressalte-se que o poder público não atribui um valor a título de pagamento pela servidão, não se confundindo com o instituto da locação de bens.

> **QUESTÃO 202.** A União publicou decreto expropriatório por utilidade pública de imóvel urbano. No decreto, declarou-se o interesse de instalar, no referido imóvel, a sede de determinado órgão público federal. A administração pública imitiu-se na posse do bem e realizou as reformas necessárias. Em seguida, as atividades do órgão público foram inauguradas no imóvel. O prazo do decreto expropriatório caducou sem que a

administração propusesse acordo para o pagamento da indenização nem ajuizasse, para esse fim, a ação judicial.

Acerca dessa situação hipotética, assinale a opção correta à luz das normas e precedentes jurisprudenciais a respeito da desapropriação.

a) A ação de indenização tem natureza pessoal e deve ser proposta pelo proprietário no foro de domicílio da pessoa jurídica expropriante.

b) Conforme o entendimento atual do STJ, o prazo para a interposição da ação indenizatória, pelo proprietário, é de vinte anos, contados da imissão na posse.

c) O proprietário poderá obter a restituição do bem mediante a propositura de ação reivindicatória contra a União.

d) Ocorreu desapropriação indireta, que, comparada à desapropriação comum, caracteriza-se pela inversão entre as fases de pagamento da indenização e apossamento do bem desapropriado.

e) Não houve ilegalidade na imissão na posse ocorrida, visto que o ato administrativo é dotado de autoexecutoriedade e decorreu dos poderes transferidos à administração pelo decreto expropriatório.

RESPOSTA:

A desapropriação indireta ocorre nas situações em que o Estado invade o bem privado sem respeitar os procedimentos administrativos e judiciais inerentes à desapropriação. Com efeito, configura verdadeiro esbulho ao direito de propriedade do particular perpetrado pelo ente público, de forma irregular e ilícita. Também é conhecida pela doutrina com a designação de **apossamento administrativo.**

No caso em tela, verifica-se a desapropriação indireta visto que o decreto expropriatório caducou e o Poder Público se manteve no imóvel, sem realizar os trâmites legais, quiçá o pagamento da indenização.

> **QUESTÃO 203.** Determinada lei federal criou um refúgio de vida silvestre que abrange áreas particulares repletas de nascentes e lagos. Decorridos seis anos, os proprietários das áreas abrangidas ajuizaram ação de indenização por desapropriação indireta. O poder público apresentou contestação em que alegou prescrição e o descabimento de indenização, uma vez que a criação da unidade de conservação não impôs gravames adicionais além dos que já incidiam por força de leis anteriores, como o Código Florestal. O poder público aduziu, ainda, que não promovera o desapossamento das terras.

Com relação a essa situação hipotética e considerando a legislação de regência e a jurisprudência do STJ, assinale a opção correta.

a) O pagamento de indenização só ocorrerá se for caracterizada a desapropriação indireta, pois outras restrições ao direito de propriedade não são indenizáveis.

b) Há APPs na área objeto da lide, mas isso é irrelevante para o deslinde da causa.

c) Caso não tenha havido o desapossamento irreversível da propriedade, como alega o poder público, não restará caracterizada a desapropriação indireta.

d) No caso em apreço, a prescrição foi consumada, uma vez que é quinquenal o prazo para se obter indenização da fazenda pública em decorrência de desapropriação indireta.

e) A criação de unidade de conservação de proteção integral em área privada implica, necessariamente, o pagamento de indenização.

RESPOSTA:

O gabarito se encontra em conformidade com a jurisprudência do STJ que afirma que caso não tenha havido o desapossamento irreversível da propriedade, não restará caracterizada a desapropriação indireta. Observe:

> DIREITO ADMINISTRATIVO. PROCESSUAL CIVIL. RECURSO ESPECIAL. DESAPROPRIAÇÃO. PARCELA DE IMÓVEL. CRIAÇÃO. LAGO ARTIFICIAL. USINA HIDRELÉTRICA. INDENIZAÇÃO PAGA. PRETENSÃO. REPARAÇÃO. PARCELA IMOBILIÁRIA DIVERSA. IMPOSSIBILIDADE DE USO. CULTIVO AGRÍCOLA. CRIAÇÃO. ÁREA DE PRESERVAÇÃO PERMANENTE. MERA LIMITAÇÃO ADMINISTRATIVA. PRESCRIÇÃO QUINQUENAL. OCORRÊNCIA. INAPLICAÇÃO. SÚMULAS 39/STJ E 119/STJ. PEDIDO. LUCROS CESSANTES. PREJUDICADO. 1. A desapropriação indireta somente se dá com o efetivo desapossamento do imóvel em favor do ente expropriante, tal não ocorrendo com a simples limitação decorrente da criação de área de preservação permanente, situação em que o proprietário mantém o domínio da gleba mas com restrições impostas por norma de direito ambiental. 2. Essa situação, por caracterizar-se como limitação administrativa, autoriza seja o proprietário indenizado, limitada a sua pretensão, no entanto, ao prazo prescricional quinquenal de que trata o art. 10 do Decreto-Lei 3.365/1941, disposição de regência específica da matéria. 3. Precedente idêntico: AgRg no REsp 1.361.025/MG (Rel. Ministro Humberto Martins, Segunda Turma, julgado em 18/04/2013, DJe 29/04/2013). 4. Agravo regimental não provido.
>
> (STJ – AgRg nos EDcl no REsp: 1417632 MG 2013/0205644-3, Relator: Ministro MAURO CAMPBELL MARQUES, Data de Julgamento: 06/02/2014, T2 – SEGUNDA TURMA, Data de Publicação: DJe 11/02/2014)

› **QUESTÃO 204.** Acerca da intervenção do Estado na propriedade, assinale a opção correta.

a) Limitações administrativas são determinações de caráter individual por meio das quais o poder público impõe aos proprietários determinadas obrigações, positivas, negativas ou permissivas, com o fim de condicionar as propriedades ao atendimento da função social.

b) Compete à União e aos estados desapropriar por interesse social, para fins de reforma agrária, mediante prévia e justa indenização em títulos da dívida agrária, o imóvel rural que não estiver cumprindo a sua função social.

c) Segundo entendimento do STF, a desapropriação-confisco, prevista no art. 243 da CF, incide sobre a totalidade da propriedade em que forem cultivadas plantas psicotrópicas, e não apenas sobre a área efetivamente plantada.

d) A servidão administrativa instituída por acordo com o proprietário do imóvel, ao contrário daquela instituída por sentença judicial, prescinde da declaração de utilidade pública do poder público.

e) A instituição de requisição administrativa, quando recair sobre bens imóveis, não dispensa o prévio e necessário registro na matrícula do imóvel.

RESPOSTA:

A Desapropriação Confisco trata-se de desapropriação específica, na qual a lei não prevê o pagamento de qualquer espécie de indenização. Com efeito, esta desapropriação NÃO É INDENIZÁVEL e, por isso, parte da doutrina designa esta retirada da propriedade do particular de expropriação, diferenciando das desapropriações propriamente ditas que seriam realizadas mediante indenização.

O Supremo Tribunal Federal vem decidindo que todo o terreno será desapropriado, ainda que a plantação psicotrópica se restrinja a uma parcela da propriedade. De fato, caso o proprietário do bem utilize somente parte de seu imóvel para a cultura ilegal de plantas psicotrópicas, a expropriação incidirá sobre toda a sua propriedade, inclusive pelo fato de que a nova redação da Carta Constitucional não mais se refere à tomada de "glebas", mas sim de propriedades utilizadas de forma indevida. *In verbis:*

> EMENTA: RECURSO EXTRAORDINÁRIO. CONSTITUCIONAL. EXPROPRIAÇÃO. GLEBAS. CULTURAS ILEGAIS. PLANTAS PSICOTRÓPICAS. ARTIGO 243 DA CONSTITUIÇÃO DO BRASIL. INTERPRETAÇÃO DO DIREITO. LINGUAGEM DO DIREITO. LINGUAGEM

JURÍDICA. ARTIGO 5º, LIV DA CONSTITUIÇÃO DO BRASIL. O CHAMADO PRINCÍPIO DA PROPORCIONALIDADE. 1. Gleba, no artigo 243 da Constituição do Brasil, só pode ser entendida como a propriedade na qual sejam localizadas culturas ilegais de plantas psicotrópicas. O preceito não refere áreas em que sejam cultivadas plantas psicotrópicas, mas as glebas, no seu todo. 2. A gleba expropriada será destinada ao assentamento de colonos, para o cultivo de produtos alimentícios e medicamentosos. 3. A linguagem jurídica corresponde à linguagem natural, de modo que é nesta, linguagem natural, que se há de buscar o significado das palavras e expressões que se compõem naquela. Cada vocábulo nela assume significado no contexto no qual inserido. O sentido de cada palavra há de ser discernido em cada caso. No seu contexto e em face das circunstâncias do caso. Não se pode atribuir à palavra qualquer sentido distinto do que ela tem em estado de dicionário, ainda que não baste a consulta aos dicionários, ignorando-se o contexto no qual ela é usada, para que esse sentido seja em cada caso discernido. A interpretação/aplicação do direito se faz não apenas a partir de elementos colhidos do texto normativo [mundo do dever-ser], mas também a partir de elementos do caso ao qual será ela aplicada, isto é, a partir de dados da realidade [mundo do ser]. 4. O direito, qual ensinou CARLOS MAXIMILIANO, deve ser interpretado "inteligentemente, não de modo que a ordem legal envolva um absurdo, prescreva inconveniências, vá ter a conclusões inconsistentes ou impossíveis". 5. O entendimento sufragado no acórdão recorrido não pode ser acolhido, conduzindo ao absurdo de expropriar-se 150 m^2 de terra rural para nesses mesmos 150 m^2 assentar-se colonos, tendo em vista o cultivo de produtos alimentícios e medicamentosos. 6. Não violação do preceito veiculado pelo artigo 5o, LIV da Constituição do Brasil e do chamado "princípio" da proporcionalidade. Ausência de "desvio de poder legislativo" Recurso extraordinário a que se dá provimento. RE 543974 / MG – MINAS GERAIS

STF. RECURSO EXTRAORDINÁRIO. Relator(a): Min. EROS GRAU Julgamento: 26/03/2009 Órgão Julgador: Tribunal Pleno.

› **QUESTÃO 205.** Considere a seguinte afirmação:

O tombamento é constituído mediante ato do Poder Executivo que, observada a legislação pertinente, estabelece o alcance da limitação ao direito de propriedade, ato emanado do Poder Legislativo não podendo alterar essas restrições.

De acordo com o ordenamento jurídico brasileiro vigente, tal como compreendido pelo Supremo Tribunal Federal, a afirmação está

a) incorreta, eis que o tombamento é um ato misto, cabendo ao Poder Executivo decretá-lo após o Poder Legislativo haver fixado as limitações a incidirem sobre o bem no caso concreto.

b) incorreta, eis que, em face do princípio da legalidade, o Poder Legislativo pode interferir em qualquer matéria.

c) correta, eis que ao Poder Legislativo não cabe praticar atos que, em caráter individual e concreto, digam respeito a limitações ao exercício do direito de propriedade.

d) incorreta, eis que o tombamento, em regra, é veiculado por ato do Poder Legislativo.

e) correta, eis que o ato do Poder Legislativo, alterando tombamento concretamente fixado por ato do Poder Executivo, seria incompatível com o princípio da harmonia entre os Poderes.

RESPOSTA:

A Constituição Federal de 1988 adotou a clássica teoria de tripartição de funções do Estado, organizada por Montesquieu, sendo essas funções divididas entre poderes devidamente organizados. Nesse sentido, na Constituição Federal, em seu art. 2º, fica definido o funcionamento de três poderes: o Legislativo, o Executivo e o Judiciário, sendo que tais poderes são independentes e harmônicos entre si. *Litteris*:

> Art. 2º São Poderes da União, independentes e harmônicos entre si, o Legislativo, o Executivo e o Judiciário.

A independência tratada no artigo refere-se ao fato de nenhum Poder está subordinado a outro Poder. Ou seja, todos os Poderes que agem com autonomia, livre das influências dos demais poderes.

Neste sentido, a assertiva "e" encontra-se correta visto que se o Poder Legislativo ao alterar um tombamento efetivado pelo Poder Executivo estaria interferindo e gerenciando na forma como o Poder Executivo atua, ferindo a independência e a autonomia dos Poderes prevista na Carta Magna.

Ainda, neste sentido, o Supremo Tribunal Federal, enfrentou a questão na Ação Direta de Inconstitucionalidade nº 1.796-4, abaixo transcrita:

> AÇÃO DIRETA DE INCONSTITUCIONALIDADE. LEI DISTRITAL N. 1.713, DE 3 DE SETEMBRO DE 1.997. QUADRAS RESIDENCIAIS DO PLANO PILOTO DA ASA NORTE E DA ASA SUL. ADMINISTRAÇÃO POR PREFEITURAS OU ASSOCIAÇÕES DE MORADORES. TAXA DE MANUTENÇÃO E CONSERVAÇÃO. SUBDIVISÃO DO DISTRITO FEDERAL. FIXAÇÃO DE OBSTÁCULOS QUE DIFICULTEM O TRÂNSITO DE VEÍCULOS E PESSOAS. BEM DE USO COMUM. TOMBAMENTO. COMPETÊNCIA DO PODER EXECUTIVO PARA ESTABELECER AS RESTRIÇÕES DO DIREITO DE PROPRIEDADE. VIOLAÇÃO DO DISPOSTO NOS ARTIGOS 2º, 32 E 37, INCISO XXI, DA CONSTITUIÇÃO DO BRASIL.
>
> (...)
>
> 5. O tombamento é constituído mediante ato do Poder Executivo que estabelece o alcance da limitação ao direito de propriedade. Incompetência do Poder Legislativo no que toca a essas restrições, pena de violação ao disposto no artigo 2º da Constituição do Brasil.
>
> (ADI 1.796-4 DF – Ministro Eros Grau – Plenário – Data de Publicação 12.09.2008)

> **QUESTÃO 206.** É correto afirmar em relação à desapropriação de imóveis que:

a) A desapropriação em nenhuma hipótese pode se dar sem justa indenização.

b) Os concessionários de serviços públicos poderão promover desapropriações mediante autorização expressa em lei ou contrato.

c) A desapropriação por utilidade pública deverá efetivar-se mediante acordo ou intentar-se judicialmente, dentro de dois anos, contados da data da expedição do respectivo decreto, e findos os quais este caducará.

d) A denominada "desapropriação indireta", muito comum em nosso país, é uma espécie de desapropriação de fato, permitida pela legislação brasileira, indenizável em até cinco anos.

e) Havendo interesse público predominante, os Estados poderão desapropriar bens públicos federais, e os Municípios poderão desapropriar os Estaduais.

RESPOSTA:

A competência para executar a desapropriação é atribuída, inicialmente, ao ente federativo que declarou a utilidade pública ou interesse social. Nestes casos, a competência é incondicionada. Afinal, quem declara a necessidade no bem, poderá promover a desapropriação posterior.

Ademais, **se admite a delegação da competência executória para entes da Administração Indireta, bem como para concessionárias de serviços públicos** e, até mesmo, para consórcios públicos, firmados nos moldes da Lei 11.107/05. Estas **pessoas jurídicas de direito privado** não têm competência para decretar o interesse no bem, mas **poderão promover a desapropriação,** mediante o pagamento do valor indenizatório e imissão na propriedade.

Neste sentido, inclusive, o Decreto-Lei 3.365/41, em seu art. 3º, dispõe que: *"Art. 3º Podem promover a desapropriação, mediante autorização expressa constante de lei ou contrato: (Redação dada pela Lei nº 14.273, de 2021) I – os concessionários, inclusive aqueles contratados nos termos da Lei nº 11.079, de 30 de dezembro de 2004; (Redação dada pela Lei nº 14.273, de 2021) II – as entidades públicas; (Redação dada pela Lei nº 14.273, de 2021) III – as entidades que exerçam funções delegadas do poder público; e(Redação dada pela Lei nº 14.273, de 2021) IV – as autorizatárias para a exploração de ferrovias como atividade econômica. (Incluído pela Lei nº 14.273, de 2021)".*

› **QUESTÃO 207.** Sobre Desapropriação, julgue as afirmativas abaixo.

I. Não obstante a declaração de utilidade pública ou de interesse social seja atividade administrativa afeta ao Poder Executivo, o art. 8º do Decreto-lei n. 3.365/41 autoriza o Poder Legislativo a tomar a iniciativa da desapropriação cumprindo, neste caso, ao Executivo, praticar os atos necessários à sua efetivação.

II. É lícito ao proprietário construir no bem declarado de utilidade pública ou de interesse social. Portanto o valor das eventuais construções que venham a ser realizadas será incluído no valor da indenização quando a desapropriação for efetivada.

III. Somente é lícito discutir no âmbito da ação de desapropriação o valor a ser pago a título de indenização e eventuais incidentes da própria ação de desapropriação. Outros aspectos relativos à desapropriação que podem resultar na anulação do processo, como o desvio de finalidade, devem ser levados à apreciação judicial por meio de ação rescisória, consoante previsto no Decreto-lei n. 3. 365/41.

IV. É legítimo ao poder público expropriante solicitar, em casos de urgência, a imissão provisória na posse do bem, o que poderá ser feita após despacho nesse sentido pelo juízo do feito, independentemente da citação do réu, mediante o depósito da quantia arbitrada de conformidade legal.

A alternativa que contém todas as afirmativas corretas é:

a) I e II

b) I e III

c) I, II e IV

d) I e IV

e) II e III

RESPOSTA:

Item I: correto; por meio da Declaração de Utilidade Pública, o Poder Público manifesta o seu interesse na futura desapropriação, informando que o bem apontado atende às necessidades públicas, definindo qual a finalidade que será dada à propriedade, após sua aquisição pelo ente estatal. É necessário que o ato declaratório defina qual o bem que será objeto da desapropriação e qual a finalidade do ato a ser executado.

A declaração pode ser feita de duas formas, por meio de Decreto Expropriatório, nos moldes definidos pelo art. 6º, do Decreto-Lei 3.365/41 ou mediante a edição de lei de efeitos concretos. Ou seja, pode ser feita tanto por ato do Poder Legislativo como pelo chefe do Poder Executivo dos entes federados. Neste sentido, o art. 8º, do referido Decreto-Lei define:

> **Art. 8º** O Poder Legislativo poderá tomar a iniciativa da desapropriação, cumprindo, neste caso, ao Executivo, praticar os atos necessários à sua efetivação.

Item II: incorreto; com a Declaração Expropriatória ocorrerá a **fixação do estado do bem**. Isto significa que o Poder Público fixa o estado em que o bem se encontra no momento da declaração e, por isso, qualquer melhoria ou construção realizada no bem após a declaração não será abarcada pela indenização. Com efeito, a declaração é um marco a ser utilizado para fins de indenização das benfeitorias.

A lei ressalva que a indenização será devida, mesmo que a execução ocorra após o ato declaratório nas benfeitorias necessárias e úteis; estas últimas, somente se forem autorizadas pelo Estado. Sendo assim, não serão indenizáveis as benfeitorias voluptuárias feitas após a declaração, bem como as benfeitorias úteis não autorizadas.

Neste mesmo sentido, a doutrina e jurisprudência vêm reiterando que construções feitas após a declaração de interesse público não serão indenizadas pelo ente expropriante. Veja o que dispõe a Súmula 23 do Supremo Tribunal Federal:

> **Súmula 23 do STF:** Verificados os pressupostos legais para o licenciamento da obra, não o impede a declaração de utilidade pública para desapropriação do imóvel, mas o valor da obra não se incluirá na indenização, quando a desapropriação for efetivada.

Item III: incorreto; efetivada a citação do Réu, na Ação de Desapropriação, este terá o prazo de quinze dias, conforme lei processual, para apresentação de defesa, a qual, no mérito, apenas poderá versar acerca do **valor indenizatório. Vícios processuais também poderão ser analisados como matéria da contestação.** Dessa forma, não se admite nenhuma outra matéria de defesa, no bojo da ação de desapropriação, além das estipuladas em lei, seja a alegação de nulidade ou vício formal do ato de desapropriação.

Ocorrendo vício de legalidade no ato de desapropriação, o judiciário poderá analisar, porém não no bojo da Ação de Desapropriação, mas sim em uma ação autônoma. Em outros termos, qualquer discussão de mérito que não diga respeito ao valor da indenização será discutida por meio de **ação direta,** conforme disposição do art. 20 do Decreto-Lei 3.365/41. *Litteris*:

> **Art. 20.** A contestação só poderá versar sobre vício do processo judicial ou impugnação do preço; qualquer outra questão deverá ser decidida por ação direta.

Item IV: correto; o Decreto-Lei 3.365/41 em seu art. 15, § 1º, prevê a imissão na posse pelo Poder Público antes da citação do Réu, mediante o depósito da quantia arbitrada, conforme se verifica abaixo:

> **Art. 15.** Se o expropriante alegar urgência e depositar quantia arbitrada de conformidade com o art. 685 do Código de Processo Civil, o juiz mandará imiti-lo provisoriamente na posse dos bens;
>
> **§ 1º** A imissão provisória poderá ser feita, independente da citação do réu, mediante o depósito.

Neste sentido, o Supremo Tribunal Federal ao enfrentar o tema, decidiu pela constitucionalidade do supracitado artigo, inclusive sumulando o problema. Vejamos:

> **Súmula 652 do STF.** Não contraria a Constituição o art. 15, § 1º, do Decreto-Lei 3.365/41 (Lei de Desapropriação por Utilidade Pública).

› **QUESTÃO 208.** A Súmula 652 do Supremo Tribunal Federal tem o seguinte enunciado: Não contraria a Constituição o art. 15, § 1°, do Decreto-lei n° 3.365/1941 (Lei da Desapropriação por Utilidade Pública).

Já o citado art. 15, é assim redigido: Se o expropriante alegar urgência e depositar quantia arbitrada de conformidade com o art. 685 do Código de Processo Civil, o juiz mandará imiti-lo provisoriamente na posse dos bens.

E seu § 1° prevê que a imissão provisória poderá ser feita, independente da citação do réu, mediante o depósito de quantia fixado por certos critérios, que não necessariamente levam ao preço real do bem, eis que ainda não proferida sentença.

É argumento consistente com a polêmica que ocasionou o posicionamento do STF, ao final sumulado, o fato de a Constituição Federal

a) vedar que o poder público pague pelo bem antes da efetiva aquisição de sua propriedade.

b) determinar que o pagamento da indenização, em ação de desapropriação, dê-se pelo sistema de precatórios.

c) exigir que a ação de desapropriação submeta-se ao devido processo legal.

d) prever que, em regra, a desapropriação ocorra mediante justa e prévia indenização em dinheiro.

e) estabelecer que a imissão provisória na posse dê-se mediante processo administrativo.

RESPOSTA:

Para que a desapropriação seja executada de forma legítima, se faz necessária a presença de dois pressupostos cumulativos, quais sejam, o interesse público – que pode se manifestar por meio de demonstração de utilidade ou necessidade pública e ainda em razão de interesse social – e o pagamento da indenização, pelo ente estatal, em dinheiro.

Neste sentido, dispõe o art. 5º, XXIV, da Constituição Federal. Vejamos:

> **Art. 5º** (...)
>
> **XXIV** – a lei estabelecerá o procedimento para desapropriação por **necessidade** ou **utilidade pública**, ou por **interesse social**, mediante justa e prévia indenização em dinheiro, **ressalvados os casos previstos nesta Constituição**;

Desta forma, o argumento utilizado para firmar a polêmica que ocasionou o posicionamento do STF, ao final sumulado, foi o fato de a Constituição Federal estipular a indenização prévia, justa e em dinheiro.

Nesse sentido, verifica-se o acórdão proferido pelo STF, em sede de Recurso Extraordinário de nº 176108/SP, abaixo transcrito:

> "EMENTA: Ação de desapropriação. Imissão na posse – A imissão na posse, quando há desapropriação, é sempre provisória . – Assim, o § 1º e suas alíneas do artigo 15 do Decreto-Lei 3.365/41 **é compatível com o princípio da justa e prévia indenização em dinheiro previsto no art. 5º, XXIV, da atual Constituição.** Recurso extraordinário conhecido e provido."

> (STF - RE: 176108 SP, Relator: Min. CARLOS VELLOSO, Data de Julgamento: 12/06/1997, Tribunal Pleno, Data de Publicação: DJ 26-02-1999)

› **QUESTÃO 209.** Em relação aos bens públicos, assinale a opção correta.

a) O ordenamento jurídico brasileiro permite que pertençam a particulares algumas áreas nas ilhas oceânicas e costeiras.

b) Por serem abertos a uma utilização universal, o mercado municipal e o cemitério público são considerados bens de uso comum do povo.

c) Em face do atributo da inalienabilidade, os bens públicos dominicais não podem ser alienados.

d) Quando o tribunal de justiça consente o uso gratuito de determinada sala do prédio do foro para uso institucional da defensoria pública local, efetiva-se o instituto da permissão de uso de bem público.

RESPOSTA:

Conforme dicção expressa do art. 20, IV, combinado com o art. 26, II, da Constituição Federal de 1988, é possível que algumas áreas nas ilhas oceânicas e costeiras pertençam a particulares. *Litteris:*

> **Art. 20.** São bens da União:
>
> IV - as ilhas fluviais e lacustres nas zonas limítrofes com outros países; as praias marítimas; as ilhas oceânicas e as costeiras, excluídas, destas, as que contenham a sede de Municípios, exceto aquelas áreas afetadas ao serviço público e a unidade ambiental federal, e as referidas no art. 26, II;
>
> **Art. 26.** Incluem-se entre os bens dos Estados:
>
> II - as áreas, nas ilhas oceânicas e costeiras, que estiverem no seu domínio, excluídas aquelas sob domínio da União, Municípios ou terceiros;

> **QUESTÃO 210.** Analise as assertivas e, depois, assinale a opção correta:

I. Ocorre o apossamento administrativo de propriedade privada sem regular desapropriação, mas a área foi afetada para destinação apta a ensejar a expropriação. No caso, é quinquenal o prazo prescricional para o proprietário postular indenização, em face da Administração Pública, pela perda da propriedade.

II. No âmbito da desapropriação por interesse social, intentada a ação, o proprietário pode discutir, em seu bojo, o preço ofertado c a presença ou não dos pressupostos para a declaração de interesse social, mas não a conveniência e a oportunidade da declaração de interesse social.

III. Não há que se subtrair do Judiciário a apreciação de lesão a direito, de modo que a conveniência e a oportunidade da declaração de interesse social podem ser debatidas no bojo da expropriatória.

a) Apenas a assertiva I é correta.

b) Apenas a assertiva II é correta.

c) Apenas a assertiva III é correta.

d) Todas as assertivas são falsas.

e) Apenas as assertivas I e II estão corretas.

RESPOSTA:

Item I: incorreto; o prazo de prescrição para a propositura da ação de desapropriação indireta enseja algumas discussões doutrinárias e jurisprudenciais. Com efeito, dispõe o art. 10, parágrafo único do Decreto-Lei 3.365/41 define que *"Extingue-se em cinco anos o direito de propor ação que vise a indenização por restrições decorrentes de atos do Poder Público"*.

Este prazo se aplica tão somente em relação a atos administrativo praticados pelo Estado que ensejem restrições a direitos dos particulares. Observe-se que a desapropriação indireta não decorre de qualquer ato administrativo, mas sim de uma situação fática na qual o ente público invade o bem privado sem a prática de qualquer conduta, pelo que não se admite a aplicação do texto legal. Ressalta-se, ainda, o fato de que o texto originário foi modificado em razão de veto presidencial que retirou do dispositivo a inclusão da desapropriação indireta.

Dessa forma, o Superior Tribunal de Justiça, para regulamentar o tema, editou, em 1998, a súmula 119 fixando o prazo de 20 (vinte) anos para prescrição destas ações. Ocorre que esta súmula é contemporânea ao Código Civil de 1916, quando era de 20(vinte) anos o prazo de usucapião extraordinária. Ou seja, a súmula considerava que, após o decurso deste prazo, se o ente estatal estivesse na posse do bem sem qualquer oposição do particular, estaria configurada a usucapião do bem, com a transferência da propriedade, não se tratando de espécie expropriatória.

Atualmente, não se aplica a súmula 119, em sua literalidade, mas o raciocínio aplicado a ela continua vigendo, qual seja a coincidência entre o prazo para a usucapião do bem e a prescrição na ação de desapropriação indireta.

Com efeito, o Código Civil vigente, em seu art. 1238, define que o prazo para a usucapião extraordinária se configurar é de quinze anos, ou seja, se qualquer pessoa possuir como seu imóvel privado por quinze anos ininterruptos, sem oposição do proprietário, caracterizando-se a posse como mansa e pacífica, haverá a aquisição da propriedade. Logo, é de quinze anos o prazo de prescrição da ação de desapropriação indireta, uma vez que este é o prazo para usucapião extraordinária do Código Civil atual.

Recentemente, o Superior Tribunal de Justiça passou a entender que a usucapião extraordinária não deve ser o parâmetro utilizado, nas situações em que o poder público invade o bem, dando função social à propriedade esbulhada. De fato, nestes casos, a legislação prevê a possibilidade de ocorrência de usucapião ordinária, após dez anos de uso ininterruptos, sem oposição do proprietário. Sendo assim, este será o prazo de prescrição para a propositura da ação de desapropriação indireta, razão pela qual a assertiva encontra-se incorreta.

Item II: incorreto; Item III: incorreto; no âmbito da desapropriação por interesse social, intentada a ação, o proprietário pode discutir, em seu bojo, o preço ofertado e vícios processuais, mas não a presença ou não dos pressupostos para a declaração de interesse social.

Tais premissas estão previstas no art. 5º da Lei 4.132/62 combinado com o art. 20 do Decreto-Lei 3.365/41.

Esta mesma justificativa é utilizada para demonstrar a incorreção da assertiva III visto que o Judiciário não pode apreciar a conveniência e a oportunidade da declaração de interesse social em sede de defesa expropriatória.

> **QUESTÃO 211.** No que diz respeito aos bens públicos, assinale a opção correta.

a) O ordenamento jurídico pátrio não admite a concessão acessória de bem público, haja vista a impossibilidade de sua conjugação com uma concessão de serviço público.

b) Caso a administração pública tenha celebrado contrato de permissão de uso de imóvel com entidade sem fins lucrativos pelo prazo de dez anos e promova a rescisão contratual antes do termo fixado, entende o STJ que a providência demanda prévio processo administrativo.

c) A permissão de uso de bem público cria para o permissionário uma faculdade de uso, e, não, uma obrigação.

d) Os bens dominicais integram o patrimônio das pessoas jurídicas de direito público e submetem-se a regime jurídico de direito público.

e) A autorização de uso de bem público cria para o usuário o dever de fazer uso do bem, não sendo compatível, portanto, com a fixação de prazo, devido ao seu caráter transitório.

RESPOSTA:

O gabarito foi firmado com base na atual posição do STJ, que em sede de Recurso em Mandado de Segurança nº 43300/MT assim dispôs:

> ADMINISTRATIVO. PROCESSUAL CIVIL. PERMISSÃO DE USO DE IMÓVEL POR ASSOCIAÇÃO SEM FINS LUCRATIVOS E DE UTILIDADE PÚBLICA. RESCISÃO QUALIFICADA PELA FIXAÇÃO DE PRAZO. NECESSIDADE DE PROCESSO ADMINISTRATIVO PRÉVIO, MESMO EM CASO DE RESCISÃO POR INTERESSE PÚBLICO. PRECEDENTE. 1. Cuida-se de recurso ordinário interposto contra acórdão que denegou o pleito mandamental de anulação do termo unilateral de rescisão de permissão de uso de imóvel público por associação; alega a recorrente que deveria ter havido a observância do devido processo legal e da ampla defesa no caso. 2. **As permissões de uso são, em geral, precárias, unilaterais e discricionárias, porém os autos demonstram que o termo de permissão foi firmado com prazo determinado de 10 (dez) anos** (fl. 28), condicionando-o, pois assim se induziu legítima expectativa da **associação** de fruição do imóvel pelo prazo estabelecido. A situação enseja a aplicação do parágrafo único do art. 78 da Lei n. 8.666/93, **obrigando a Administração Pública a ofertar processo administrativo prévio** à rescisão, com a observância do contraditório e da ampla defesa. 3. "Ao outorgar permissão qualificada ou condicionada de uso, a Administração tem que ter em vista que a fixação de prazo reduz a precariedade do ato, constituindo, em consequência, uma autolimitação ao seu poder de revogá-lo" (Maria Sylvia Zanella Di Pietro, Direito Administrativo, 21 ed. São Paulo, Atlas, 2008, p. 657). 4. "Na hipótese de rescisão por interesse público (art. 78, XII, da Lei n. 8.666/93), deve haver oportunidade de manifestação ao contratado, motivação e caracterização do interesse público, bem como a apuração de perdas e danos - se for do interesse do contratado". Precedente: RMS 27.759/SP, Rel. Ministro Humberto Martins, Segunda Turma, DJe 24.9.2010. Recurso ordinário provido.

(STJ - RMS: 43300 MT 2013/0216763-5, Relator: Ministro HUMBERTO MARTINS, Data de Julgamento: 22/10/2013, T2 - SEGUNDA TURMA, Data de Publicação: DJe 29/10/2013)

Portanto, caso a administração pública tenha celebrado contrato de permissão de uso de imóvel com entidade sem fins lucrativos pelo prazo de dez anos e promova a rescisão contratual antes do termo fixado, entende o STJ que a providência demanda prévio processo administrativo.

> **QUESTÃO 212.** Um Município encaminhou à Câmara de Vereadores proposta de Lei para autorizar a alienação onerosa de um terreno que anteriormente estava destinado para a construção de um teatro e uma oficina de artes, mas que ficaria desafetado com a edição da lei. Diante desse cenário, uma empresa credora do Município, ajuizou uma medida cautelar para impedir a venda do imóvel, a fim de que fosse possível a adoção das providências processuais cabíveis para penhora do imóvel. A medida cautelar ainda não tinha sido julgada, mas o Judiciário acatou o pedido liminar, determinando a suspensão da publicação do edital de concorrência. A decisão

a) encontra fundamento no ordenamento jurídico, tendo em vista que os credores do Estado possuem direito de preferência para quitar seus débitos, antes que seja alienado patrimônio para fazer frente a investimentos.

b) deve ser reformada, tendo em vista que o terreno pertencente ao Município é dotado de imprescritibilidade e inalienabilidade, justamente para garantir que o patrimônio público não seja empregado para custeio ou investimentos.

c) deve ser reformada, em razão da impenhorabilidade que grava os bens públicos, independentemente da afetação direta, tendo em vista que o patrimônio público é indisponível e se presta ao atendimento do interesse público, ainda que indiretamente, por meio do produto apurado com a venda do imóvel.

d) pode ser reformada, desde que o Município garanta o crédito da empresa autora da medida cautelar, tendo em vista que quando ocorre a desafetação do bem público, fica alterado o regime jurídico que o protege, passando para o regime privado.

e) deve ser mantida, tendo em vista que a afetação dada ao bem público não poderia ser alterada, porque destinada ao uso comum do povo, tampouco poderia ser alienada onerosamente a terceiros.

RESPOSTA:

Os bens públicos gozam de determinadas prerrogativas decorrentes do regime jurídico de direito público que lhes é peculiar. Tais garantias podem ser divididas em quatro regras válidas para os bens que ostentem a titularidade pública, quais sejam: a impenhorabilidade, a não-onerabilidade, a imprescritibilidade e a alienabilidade condicionada. Saliente-se que estas garantias não visam assegurar o direito do ente público (titular do bem), mas sim dos particulares que utilizam estes bens, colocados à disposição da coletividade. A inserção dessas garantias no regime desses bens é corolário da supremacia do interesse público sobre o interesse privado.

Portanto, em decorrência da prerrogativa da impenhorabilidade, os bens públicos não podem ser penhorados em juízo para garantia de uma execução contra a fazenda pública, por exemplo. A penhora e arrematação do bem seriam de inquestionável prejuízo a toda a sociedade que dele usufrui. A penhora não surtiria os efeitos necessários, inclusive, pelo fato de que o orçamento público é garantia da execução contra o Estado, uma vez que os débitos judiciais serão inscritos e pagos com respeito à ordem cronológica de precatórios prevista no art. 100 da Constituição Federal de 1988. Dessa forma, o ente estatal é solvente e não depende da constrição judicial dos seus bens para garantir seus débitos.

Ressalte-se, ainda, que, mesmo os bens dominicais, que não estão atrelados a qualquer finalidade pública, gozam desta prerrogativa.

A penhora de bens e o regime de arrematação previsto no Código de Processo Civil não se coadunariam com a impossibilidade de livre alienação de bens. Com efeito, é possível a alienação de bens públicos, somente após o cumprimento dos requisitos da Lei de Licitações Públicas, inclusive a licitação. Dessa forma, a hasta pública judicial seria uma forma não regulamentada de alienação de bens públicos e inadmissível na legislação administrativa brasileira.

› **QUESTÃO 213.** O regime jurídico de direito público que protege os bens públicos imóveis identifica-se, dentre outras características, pela imprescritibilidade, que

a) guarnece os bens de uso comum e os bens de uso especial, mas é excepcionado dos bens dominicais, pois estes são considerados os bens privados da Administração pública e, portanto, não podem se eximir de se submeter ao regime jurídico comum, como expressão do princípio da isonomia.

b) impede que os particulares adquiram a propriedade dos bens públicos por usucapião, independentemente do tempo de permanência no imóvel e da boa-fé da ocupação, mas não se aplica a eventuais ocupantes que possuam natureza jurídica de direito público, pelo princípio da reciprocidade.

c) impede a aquisição de bens públicos, independentemente de sua classificação, por usucapião, o que se aplica a particulares e pessoas jurídicas de direito público e privado, mas também se presta à proteção do patrimônio em face de qualquer instituto que venha a representar a subtração dos poderes inerentes à propriedade pública.

d) determina que o poder público pode promover ações para ressarcimento de danos e responsabilização dos envolvidos indefinidamente, com base no ordenamento jurídico vigente, no caso de ocupações multifamiliares irregulares, que gerem ou tenham gerado efeito favelizador da área.

e) aplica-se reciprocamente à Administração pública e aos administrados, na medida em que aquela também não pode regularizar suas ocupações por meio de usucapião de bens imóveis pertencentes a pessoas físicas ou jurídicas de direito privado.

RESPOSTA:

Com o advento do Código Civil de 2002, positivou-se, por meio do seu artigo 98, a conceituação de bens públicos. Vejamos:

> "**Art. 98.** São públicos os bens do domínio nacional pertencentes às pessoas jurídicas de direito público interno; todos os outros são particulares, seja qual for a pessoa a que pertencerem".

Assim, resta claro que a conceituação dos bens públicos, no entender do legislador, toma por base sua titularidade e não sua utilização no interesse coletivo. Isso porque, não obstante os bens das pessoas jurídicas de direito público sejam públicos, conforme o texto de lei supratranscrito, o Código Civil de 2002 não considera como bens públicos os bens pertencentes às pessoas de direito privado, ainda que estejam atrelados à prestação de serviços de interesse da coletividade.

Nesse sentido, se encontra a doutrina de José dos Santos Carvalho Filho que define "*bens públicos como todos aqueles que, de qualquer natureza e a qualquer título, pertençam às pessoas jurídicas de direito público, sejam elas federativas, como a União, os Estados, o Distrito Federal e os Municípios, sejam da Administração descentralizada, como as autarquias, nestas incluindo-se as fundações de direito público e as associações públicas*".

Insta salientar, no entanto, que, muito embora não constem como bens públicos para a lei civil, os bens das pessoas jurídicas de direito privado que estejam sendo utilizados na prestação de determinado serviço público também devem gozar das prerrogativas de direito público, tais como as garantias de **impenhorabilidade** e não onerabilidade. Assim, **mesmo não sendo abarcados pelo conceito de bens públicos, o regime jurídico administrativo e as garantias inerentes a esse regime se aplicam a esses bens, afetados ao interesse da coletividade.**

Desta forma, cumpre conceituar sobre o que a imprescritibilidade trata: da prescrição aquisitiva ou usucapião e sua inoponibilidade ao Poder Público. Nesse sentido, os bens públicos não podem ser adquiridos pela posse mansa e pacífica por determinado espaço de tempo continuado, nos moldes da legislação civil. Importante salientar que a imprescritibilidade atinge inclusive os bens não afetados, não sendo estes, também, passíveis de usucapião.

Sendo assim, a posse mansa e pacífica de particulares sobre bens públicos, por determinado lapso temporal ininterrupto e sem oposição do ente estatal, não ensejam a aquisição da propriedade por usucapião.

A imprescritibilidade está expressamente prevista no art. 102 do Código Civil. O texto constitucional também prevê a impossibilidade de usucapião sobre bens públicos imóveis, nos artigos 183, §3º e 191, parágrafo único.

Por fim, o Supremo Tribunal Federal editou a Súmula n. 340, que estabelece que *"desde a vigência do Código Civil, os bens dominicais, como os demais bens públicos, não podem ser adquiridos por usucapião"*.

Em verdade, a jurisprudência do Superior Tribunal de Justiça vem-se manifestando no sentido de que a utilização de bens públicos não induz posse, tratando-se de mera detenção pelo particular. Logo, não seria possível a utilização dos meios de defesa possessória por esse particular para proteger sua utilização.

> **QUESTÃO 214.** Sobre a dinâmica dos Bens Públicos, assinale a alternativa **correta**:

a) Bens públicos de nenhuma das esferas federativas (municipal, estadual, federal) estão sujeitos a usucapião e a desapropriação.

b) Dentre as características da permissão de uso de bem público, é possível identificar, entre outras: precariedade, discricionariedade e destinação para finalidades de interesse coletivo.

c) Bens pertencentes a sociedades de economia mista não podem ser penhorados, independentemente da efetiva utilização em serviços públicos, dada a presunção de que todo o aparato de bens da entidade se presta ao interesse público.

d) São bens de uso comum do povo aqueles de utilização pública a exemplo dos estabelecimentos da administração federal, estadual, territorial ou municipal.

e) Desafetação é o ato administrativo pelo qual bem público passa a admitir a exploração econômica por particular, mantendo, entretanto, o caráter de inalienabilidade e imprescritibilidade do bem.

RESPOSTA:

Inicialmente, é preciso esclarecer que a permissão de uso de bem público é o ato administrativo unilateral, discricionário e precário através do qual a Administração Pública permite que um particular utilize privativamente um bem público.

Nas palavras do ilustre José de Carvalho Filho:

> "o delineamento jurídico do ato de permissão de uso guarda visível semelhança com o de autorização de uso. São realmente muito assemelhados. A distinção entre ambos está na predominância, ou não, dos interesses em jogo. Na autorização de uso, o interesse que predomina é o privado, conquanto haja interesse público como pano de fundo. Na permissão de uso, os interesses são nivelados: a Administração tem algum interesse público na exploração do bem pelo particular, e este tem intuito lucrativo na utilização privativa do bem. Esse é que nos parece ser o ponto distintivo."

Desta forma, a permissão tem um claro e forte interesse público para que ao bem seja dada destinação com respeito ao interesse da coletividade.

> **QUESTÃO 215.** No ano de 1963, o Supremo Tribunal Federal adotou, em sua Súmula, o seguinte enunciado, sob o nº 340: Desde a vigência do Código Civil, os bens dominicais, como os demais bens públicos, não podem ser adquiridos por usucapião.

Independentemente de eventual opinião doutrinária minoritária em sentido contrário, tal conclusão, atualmente,

a) mostra-se superada, eis que a Constituição Federal prevê a não sujeição à usucapião dos bens públicos imóveis, mas o Código Civil admite tal sujeição em relação aos bens públicos dominicais móveis ou semoventes.

b) mostra-se superada, eis que vigora novo Código Civil.

c) resta compatível com o direito vigente, eis que a Constituição Federal prevê a não sujeição à usucapião dos bens públicos imóveis, e o Código Civil prevê a mesma não sujeição quanto aos bens públicos em geral, sem excepcionar os dominicais.

d) mostra-se superada, eis que a Constituição Federal excepciona os bens dominicais da não sujeição à usucapião.

e) resta compatível com o direito vigente, eis que a Constituição Federal prevê a não sujeição à usucapião dos bens públicos em geral, superando, nesse ponto, disposição do Código Civil em sentido contrário.

RESPOSTA:

Bens públicos são todos aqueles pertencentes às pessoas jurídicas de direito público.

Neste contexto, o Código Civil de 2002, classificou os bens de acordo com à sua destinação em: bens de uso comum do povo, bens de uso especial e bens dominicais.

Segundo o jurista José dos Santos de Carvalho Filho "*são bens dominicais as terras sem destinação pública específica (entre elas, as terras devolutas, adiante estudadas), os prédios públicos desativados, os bens móveis inservíveis e a dívida ativa.*"

Inerentes a todos os bens públicos, existem 4 prerrogativas, decorrentes do regime jurídico de Direito Público a que se filiam. São elas: a impenhorabilidade, a imprescritibilidade, a não-onerabilidade e a alienabilidade condicionada.

A imprescritibilidade trata-se da impossibilidade de oposição de prescrição aquisitiva (usucapião) em face do Poder Público. Ou seja, os bens públicos não poderão ser usucapidos em face da posse mansa e pacífica por determinado lapso temporal, nos moldes da legislação civil.

Esta garantia está prevista exaustivamente na Constituição Federal, em seu art. 183, § 3º e art. 191, parágrafo único com combinação do art. 102 do Código Civil de 2002, conforme abaixo:

> "**Art. 183** Aquele que possuir como sua área urbana de até duzentos e cinquenta metros quadrados, por cinco anos, ininterruptamente e sem oposição, utilizando-a para sua moradia ou de sua família, adquirir-lhe-á o domínio, desde que não seja proprietário de outro imóvel urbano ou rural.
>
> (...)
>
> § 3º Os imóveis públicos não serão adquiridos por usucapião.
>
> **Art. 191.** Aquele que, não sendo proprietário de imóvel rural ou urbano, possua como seu, por cinco anos ininterruptos, sem oposição, área de terra, em zona rural, não superior a cinquenta hectares, tornando-a produtiva por seu trabalho

> ou de sua família, tendo nela sua moradia, adquirir-lhe-á a propriedade.
>
> Parágrafo único. Os imóveis públicos não serão adquiridos por usucapião.
>
> **Art. 102.** Os bens públicos não estão sujeitos a usucapião".

Desta forma, encontra-se correta a assertiva "c" por afirmar a existência de previsão legal contra a usucapião de bens públicos, tanto a Constituição Federal de 1988, como o Código Civil de 2002.

› **QUESTÃO 216.** Pela perspectiva tão somente das definições constantes do direito positivo brasileiro, consideram-se "bens públicos" os pertencentes a

a) um estado, mas não os pertencentes a um território.

b) um município, mas não os pertencentes a uma autarquia.

c) uma sociedade de economia mista, mas não os pertencentes ao distrito federal.

d) uma fundação pública, mas não os pertencentes a uma autarquia.

e) uma associação pública, mas não os pertencentes a uma empresa pública.

RESPOSTA:

Bens públicos são, a priori, os bens pertencentes às pessoas jurídicas de direito público.

Desta forma, os bens pertencentes à União, aos Estados Membros, aos Municípios e ao Distrito Federal serão bens públicos e terão todas as garantias e prerrogativas decorrentes deste regime jurídico de Direito Público.

Insta salientar, no entanto, que, muito embora não constem como bens públicos para a lei civil, os bens das pessoas jurídicas de direito privado que estejam sendo utilizados na prestação de determinado serviço público também devem gozar das prerrogativas de direito público, tais como as garantias de impenhorabilidade e não onerabilidade. Assim, mesmo não sendo abarcados pelo conceito de bens públicos, o regime jurídico administrativo e as garantias inerentes a esse regime se aplicam a esses bens, afetados ao interesse da coletividade.

Esse entendimento se impõe, haja vista o fato de que as garantias dos bens públicos não são garantias do titular do bem, mas sim da coletividade que usufrui deles.

De outro giro, as associações públicas decorrem da edição da Lei 11.107/05 que criaram os chamados consórcios públicos. A lei dispõe sobre normas gerais para a União, os Estados, o Distrito Federal e os Municípios contratarem consórcios públicos para a realização de objetivos de interesse comum e estabelece que a nova entidade criada, ou seja, o consórcio público constituirá associação pública ou pessoa jurídica de direito privado. É importante entender que a estrutura federativa do estado brasileiro não admitiria a criação de uma nova pessoa da Administração Indireta, diversa das entidades apontadas no art. 37, XIX da Constituição Federal e, por esse, motivo, a associação pública terá natureza jurídica de entidade autárquica.

Em face da sua natureza jurídica de entidade autárquica, o art. 98 do Código Civil dispôs que "*São públicos os bens do domínio nacional pertencentes às pessoas jurídicas de direito público interno; todos os outros são particulares, seja qual for a pessoa a que pertencerem*". Dessa forma, por ostentarem a qualidade de pessoas jurídicas de direito público, todos os bens pertencentes às entidades autárquicas são bens públicos e, portanto, protegidos pelo regime próprio aplicável a esses bens.

Nesse sentido, inclusive, José dos Santos Carvalho, dispõe que são bens públicos aqueles *"de qualquer natureza e a qualquer título, pertençam às pessoas jurídicas de direito público, sejam elas federativas, como a União, os estados, o Distrito Federal e os municípios, sejam da Administração descentralizada, com as autarquias, nestas incluindo-se as fundações de direito público e as associações públicas"*.

Portanto, visto isso, os bens das empresas estatais, expressão essa que engloba as sociedades de economia mista e empresas públicas, não ostentam a qualidade de bens públicos. No entanto, conforme afirmado acima, em relação aos bens que estejam atrelados à prestação de serviços públicos, se aplicam algumas prerrogativas inerentes aos bens públicos.

› **QUESTÃO 217.** Suponha que determinada empresa privada promotora de eventos pretenda utilizar um imóvel público, atualmente sem destinação e cuja propriedade foi adquirida pelo Estado por meio de adjudicação levada a efeito em processo de execução fiscal, para a instalação de um centro de convenções com a finalidade de realizar feiras agropecuárias. Considerando o regime jurídico a que se sujeitam os bens públicos, a utilização do imóvel pelo referido particular, em caráter exclusivo, poderá se dar mediante

a) cessão de uso, que pressupõe a transferência do domínio e se dá, necessariamente, a título oneroso.

b) permissão de uso, em caráter discricionário e precário em razão do interesse no uso beneficiar exclusivamente o particular.

c) autorização de uso, sem prazo determinado e revogável mediante indenização ao particular.

d) permissão qualificada, onerosa e precedida de licitação, que não admite indenização ao particular no caso de revogação a critério da Administração.

e) concessão de uso, precedida de licitação, com prazo determinado, com direito do particular a indenização caso rescindida antes do termo final.

RESPOSTA:

A Concessão de uso trata-se de contrato administrativo que permite o uso de bem público de forma anormal ou privativa, usado para situações mais perenes, permanentes e que dependem de maior investimento financeiro do particular. Não é precária – por ter natureza contratual – tem prazo determinado e requer procedimento licitatório prévio, salvo as hipóteses de dispensa e inexigibilidade.

Como todo contrato administrativo, ela pode ser rescindida antes do termo final, por motivo de interesse público, **ensejando, nesses casos, direito à indenização ao particular contratado.**

> **QUESTÃO 218.** Observe as seguintes características, atribuíveis a determinados bens públicos:

I. pertencem ao domínio do Município ou do Distrito Federal, se localizado(a)s nas respectivas circunscrições, incorporando-se ao domínio da União quando situado(a)s em território federal.

II. são de titularidade da União, assegurada, nos termos da lei, aos Estados, ao Distrito Federal e aos Municípios participação no resultado de sua exploração.

III. pertencem aos Estados, salvo se, por algum título, forem do domínio federal, municipal ou particular.

As descrições I, II e III correspondem, correta e respectivamente, aos seguintes bens:

a) terrenos de marinha e acrescidos – cavidades naturais subterrâneas e os sítios arqueológicos e pré-históricos – os recursos naturais da plataforma continental e da zona econômica exclusiva.

b) bens arrecadados de herança vacante – recursos minerais e potenciais de energia hidráulica – terrenos reservados às margens das correntes e lagos navegáveis.

c) águas superficiais ou subterrâneas, fluentes, emergentes e em depósito – terras tradicionalmente ocupadas pelos índios – terras devolutas indispensáveis à preservação ambiental.

d) cavidades naturais subterrâneas e os sítios arqueológicos e pré-históricos – terras devolutas indispensáveis à defesa das fronteiras – recursos minerais e potenciais de energia hidráulica.

e) recursos minerais e potenciais de energia elétrica – terras devolutas indispensáveis à defesa das vias federais de comunicação – terrenos marginais.

RESPOSTA:

Item I: bens arrecadados de herança vacante. A herança será vacante nos casos em que a não tiver herdeiros sucessíveis. Desta forma, os bens advindos dela serão transferidos ao Município ou Distrito Federal, sendo transferidos à União Federal se localizados em territórios federais. Este é o preceito encontrado no art. 1822, do Código Civil de 2002, abaixo transcrito:

> "Art. 1.822. A declaração de vacância da herança não prejudicará os herdeiros que legalmente se habilitarem; mas, decorridos cinco anos da abertura da sucessão, os bens arrecadados passarão ao domínio do Município ou do Distrito Federal, se localizados nas respectivas circunscrições, incorporando-se ao domínio da União quando situados em território federal".

Item II: recursos minerais e potenciais de energia hidráulica. Ainda que estejam localizados em rios estaduais, pertencem à União os potenciais de energia hidráulica.

Nesse sentido, Marçal Justen Filho, conceitua potenciais de energia hidráulica estabelecendo que *"a expressão potencial de energia hidráulica indica uma manifestação de energia natural, produzida pelo deslocamento físico de massas de água, que comporta transformação em energia elétrica mediante a utilização de equipamentos adequados"*. O autor completa definindo que *"sob o prisma natural, o potencial de energia hidráulica é indissociável da existência das águas. Para fins jurídicos, no entanto, o potencial de energia hidráulica não se confunde com a massa de água propriamente dita"*.

Outrossim, em se tratando de minas e jazidas, estas são bens pertencentes à União e não ao proprietário do solo. Com efeito, o art. 176 da CF estabelece que as jazidas, em lavra ou não, e demais recursos minerais são propriedades distintas da do solo para efeito de exploração ou aproveitamento.

Por fim, cabe colacionar o art. 20, VIII, IX e § 1º, que disciplinam a matéria:

> "**Art. 20.** São bens da União:
>
> **VIII** – os potenciais de energia hidráulica;
>
> **IX** – os recursos minerais, inclusive os do subsolo;
>
> **§ 1º** É assegurada, nos termos da lei, aos Estados, ao Distrito Federal e aos Municípios, bem como a órgãos da administração direta da União, participação no resultado da exploração de petróleo ou gás natural, de recursos hídricos para fins de geração de energia elétrica e de outros recursos minerais no respectivo território, plataforma continental, mar territorial ou zona econômica exclusiva, ou compensação financeira por essa exploração".

Item III: terrenos reservados às margens das correntes e lagos navegáveis; A Constituição Federal de 1988, em seu art. 26, II, dispôs sobre os bens encontrados em áreas costeiras serem do Estado. Vejamos:

> "Art. 26. Incluem-se entre os bens dos Estados:
>
> II – as áreas, nas ilhas oceânicas e costeiras, que estiverem no seu domínio, excluídas aquelas sob domínio da União, Municípios ou terceiros".

Além disso, o ainda vigente Código de Águas, Decreto nº 24.643/34 em seu art. 31 afirma nas exatas palavras da questão, que os terrenos reservados as margens das correntes e lagos navegáveis, pertenceram aos Estados si, por algum título, não forem de outro domínio. *Litteris*:

> "Art. 31. Pertencem aos Estados os terrenos reservados as margens das correntes e lagos navegáveis, si, por algum título, não forem do domínio federal, municipal ou particular".

> **QUESTÃO 219.** Assinale a opção correta acerca do domínio público.

a) As terras devolutas são bens públicos de uso especial que, em regra, integram o patrimônio da União.

b) Diferentemente dos bens de uso comum do povo, os bens de uso especial podem ser alienados mesmo enquanto conservarem a sua qualificação.

c) São considerados bens públicos aqueles integrantes do patrimônio das pessoas jurídicas de direito público interno e das pessoas jurídicas de direito privado que integram a administração pública.

d) O uso privativo dos bens públicos pode se dar tanto por instrumentos de direito público quanto por instrumentos jurídicos de direito privado.

e) Os terrenos de marinha, considerados bens públicos federais, não podem ter seu uso transferido a particulares.

RESPOSTA:

Normalmente, o uso privativo de bens públicos ocorre através das seguintes formas: a) autorização de uso; b) permissão de uso; c) concessão de uso; d) concessão de direito real de uso; e) concessão de uso especial para fins de moradia; e f) cessão de uso.

Além das formas acima descritas, é possível a utilização de bens públicos por meio de instrumentos privados de uso como a enfiteuse e a locação civil, o comodato, etc. Esses instrumentos são matéria de estudo do direito civil.

Para a doutrina majoritária, essa utilização de bens, nos moldes do direito privado será admitida somente para bens dominicais.

> **QUESTÃO 220.** Com relação aos bens públicos, assinale a opção correta.

a) A inalienabilidade é característica tanto dos bens de uso comum do povo como dos bens dominicais e dos de uso especial.

b) A CF admite que os estados, o DF e os municípios, bem como os órgãos da administração direta e indireta de todos os entes federativos, participem no resultado da exploração de recursos minerais no âmbito de seu respectivo território.

c) As terras devolutas são bens públicos que não possuem afetação pública nem foram incorporados ao domínio privado.

d) Os terrenos de marinha são as áreas que, banhadas pelas águas de mar ou de rios navegáveis, integram o patrimônio dos diversos entes federativos e cuja utilização, por particulares, somente é admitida mediante permissão de uso.

e) Devido ao fato de os bens públicos de uso comum se destinarem à utilização geral pelos indivíduos, é vedada a cobrança de remuneração pela utilização desse tipo de bem.

RESPOSTA:

As terras devolutas são terras que não sofrem apossamento de ninguém, não sendo incorporadas ao domínio privado, pertencendo, geralmente, aos Estados-Membros de acordo com os ditames constitucionais do art. 26, IV da CF.

No que concerne à sua classificação, quanto a destinação, enquanto bem público, as terras devolutas normalmente são bens dominicais ou dominiais. Ou seja, são bens que não têm qualquer destinação pública.

Ressaltando-se que a falta de destinação pública de um bem público decorre do instituto da desafetação. Desafetar é, portanto, a supressão da destinação de bem que estava atrelado, de alguma forma, ao interesse público. Ou seja, desafetar é retirar a destinação pública do bem público de uso comum do povo ou de bem público uso especial, transformando-o em um bem público dominical.

› **QUESTÃO 221.** Com base na Lei n.º 9.784/1999, assinale a opção correta acerca da revogação e dos elementos dos atos administrativos.

a) A revogação de um ato administrativo deve apresentar os seus motivos devidamente externados, com indicação dos fatos e dos fundamentos jurídicos.

b) O ato de delegação pode ser revogado a qualquer tempo pela autoridade delegante ou pela autoridade delegada.

c) O ato de delegação deve ser publicado no meio oficial, mas não o de sua revogação.

d) Caso um ato administrativo esteja eivado de vício de legalidade, o Poder Judiciário terá de revogá-lo.

RESPOSTA:

A Lei 9.784/99 determina o dever de motivar os atos administrativos todas as vezes que neguem, limitem ou afetem direitos ou interesses; imponham ou agravem deveres, encargos ou sanções; decidam processos administrativos de concurso ou seleção pública; dispensem ou declarem a inexigibilidade de processo licitatório; decidam recursos administrativos; decorram de reexame de ofício; deixem de aplicar jurisprudência firmada sobre a questão ou discrepem de pareceres, laudos, propostas e relatórios oficiais ou importem anulação, revogação, suspensão ou convalidação de ato administrativo.

Posto isto, verifica-se que a assertiva encontra-se correta e respaldada pelo art. 50, VIII da Lei 9.784/99 conforme transcrição abaixo:

> Art. 50. Os atos administrativos deverão ser motivados, com indicação dos fatos e dos fundamentos jurídicos, quando:
>
> VIII – importem anulação, revogação, suspensão ou convalidação de ato administrativo.

> **QUESTÃO 222.** Em caso de recurso administrativo interposto perante autoridade incompetente, a legislação prevê que

a) o recurso seja remetido à autoridade competente.

b) a autoridade competente seja indicada ao recorrente, sendo-lhe devolvido o prazo para recurso.

c) o seguimento do recurso seja negado.

d) o recurso seja conhecido, embora deva ser desprovido.

e) o processo administrativo correspondente seja arquivado.

RESPOSTA:

Na análise da presente questão, mostra-se importante destacar, imediatamente, o art. 63, da Lei 9.784/99, *literis:*

> "Art. 63. O recurso não será conhecido quando interposto:
>
> I – fora do prazo;
>
> II – perante órgão incompetente;
>
> III – por quem não seja legitimado;
>
> IV – após exaurida a esfera administrativa.
>
> § 1º Na hipótese do inciso II, será indicada ao recorrente a autoridade competente, sendo-lhe devolvido o prazo para recurso.
>
> § 2º O não conhecimento do recurso não impede a Administração de rever de ofício o ato ilegal, desde que não ocorrida preclusão administrativa."

Desta forma, verifica-se que a lei define situações nas quais a administração pública não admitirá o recurso administrativo. Nesse sentido, não será conhecido o recurso sempre que for interposto fora do prazo, se for apresentado após exaurida a esfera administrativa ou interposto por quem não seja legitimado para tanto. A lei prevê ainda o não recebimento de recursos interpostos perante órgão incompetente. Nesses casos, em consonância com o §1º, do dispositivo legal supracitado, será indicada ao recorrente a autoridade competente, sendo-lhe devolvido o prazo para recurso.

Em virtude do princípio da autotutela, estampado na Súmula 473 do Supremo Tribunal Federal, o não conhecimento do recurso não impede a Administração de rever, de ofício, o ato ilegal, desde que não ocorrida preclusão administrativa. Poderá ainda o órgão competente, para decidir o recurso, confirmar, modificar, anular ou revogar, total ou parcialmente, a decisão recorrida, se a matéria for de sua competência.

› **QUESTÃO 223.** A Lei nº 9.784/1999, que regula o processo administrativo, estabelece que

a) deve ser observada a interpretação da norma administrativa da forma que melhor garanta o atendimento do fim público a que se dirige, vedada aplicação retroativa de nova interpretação.

b) não é admitida renúncia de competência, delegação nem avocação.

c) o indeferimento da alegação de suspeição de autoridade no âmbito do processo administrativo poderá ser objeto de recurso, com efeito suspensivo.

d) órgão ou entidade é a unidade de atuação integrante da estrutura da Administração direta e indireta.

e) é vedada a utilização de meio mecânico que reproduza os fundamentos das decisões no caso de solução de vários assuntos da mesma natureza para evitar que sejam prejudicados direito ou garantia dos interessados.

RESPOSTA:

O gabarito desta questão foi estabelecido com base no que prevê o art. 2º, parágrafo único, da Lei 9.784/99. Este dispositivo legal define alguns critérios que devem ser observados nos processos administrativos. Dentre estes critérios, o seu inciso XIII, preconiza que a interpretação da norma administrativa deve ser feita da forma que melhor garanta o atendimento do fim público a que se dirige, vedada aplicação retroativa de nova interpretação.

Os incisos apresentados pelo parágrafo único, do art. 2º, da Lei 9.784/99, definem a atuação do Estado no curso do procedimento, de forma a evitar prejuízos aos interessados, bem como ao interesse público.

› **QUESTÃO 224.** Alexandre, incumbido de julgar processo administrativo com base na Lei n.º 9.784/1999, após incidente de suspeição, foi afastado dessa atividade.

Considerando essa situação hipotética, assinale a opção que corresponde ao motivo que pode ter provocado a suspeição de Alexandre e seu afastamento do processo.

a) Alexandre é inimigo declarado do cônjuge da pessoa interessada.

b) Alexandre litiga judicialmente com a pessoa interessada.

c) Alexandre tem interesse direto ou indireto na matéria.

d) Alexandre participa do processo como testemunha.

RESPOSTA:

A suspeição trata-se de hipótese de afastamento da competência originária como forma de garantia da imparcialidade das decisões administrativas, o que é indispensável à justiça e legitimidade destas decisões. Ressalte-se, ainda, que a suspeição diz respeito à possibilidade de haver favorecimento ou desfavorecimento deliberado de particulares por amizades ou inimizades com o agente público. Nesse sentido, pode ser arguida a suspeição de autoridade ou servidor que tenha amizade íntima ou inimizade notória com algum dos interessados ou com os respectivos cônjuges, companheiros, parentes e afins até o terceiro grau.

Em decorrência disto, Alexandre, foi declarado suspeito e afastado do julgamento do processo administrativo em decorrência de ser inimigo declarado do cônjuge da pessoa interessada, conforme se depreende do art. 20 da Lei 9.784/99 abaixo transcrito:

> Art. 20. Pode ser arguida a suspeição de autoridade ou servidor que tenha amizade íntima ou inimizade notória com algum dos interessados ou com os respectivos cônjuges, companheiros, parentes e afins até o terceiro grau.

> **QUESTÃO 225.** Sobre o processo administrativo, considere as assertivas a seguir.

I – A falta de defesa técnica por advogado no processo administrativo disciplinar viola a Constituição Federal.

II – Aos litigantes, em processo administrativo, asseguram-se o contraditório e a ampla defesa, com os meios e os recursos a ela inerentes, demandando-se a presença de advogado para a elaboração de defesa técnica.

III – O processo administrativo, inclusive aquele que pode concluir pela pena de aposentadoria compulsória ou pela demissão do servidor público, é passível de revisão judicial.

IV – É assegurado ao servidor o direito de acompanhar o processo pessoalmente, arrolar e reinquirir testemunhas, produzir provas e contraprovas e formular quesitos, quando se tratar de prova pericial.

Estão CORRETAS apenas as assertivas:

a) I, II, III e IV.

b) I, II e III.

c) I, II e IV.

d) I, III e IV.

e) III e IV.

RESPOSTA:

Item "I" incorreto. Item "II" incorreto; os itens encontram-se incorretos visto que após a edição da Súmula Vinculante n. 5 do Supremo Tribunal Federal, em 07 de maio de 2008, ficou definido que é facultativo a presença de advogado no processo administrativo disciplinar. Observe-se: *"A falta de defesa técnica por advogado no processo administrativo disciplinar não ofende a Constituição"*.

Item "III" correto; importante ressaltar que a expressão coisa julgada administrativa designa, tão somente, a situação não poderá ser objeto de discussão na esfera administrativa. Repita-se, trata-se de situação na qual há imutabilidade da decisão em esfera administrativa, tão somente. Sempre haverá a possibilidade de recorrer-se às vias judiciais para solução de controvérsias, em decorrência da adoção, no Direito Brasileiro, do sistema de jurisdição única, consagrado no princípio da inafastabilidade, disposto no art. 5º, XXXV da Constituição da República, abaixo transcrito:

> Art. 5º Todos são iguais perante a lei, sem distinção de qualquer natureza, garantindo-se aos brasileiros e aos estrangeiros residentes no País a inviolabilidade do direito à vida, à liberdade, à igualdade, à segurança e à propriedade, nos termos seguintes:
>
> XXXV – a lei não excluirá da apreciação do Poder Judiciário lesão ou ameaça a direito.

Item "IV" correto; a assertiva encontra-se correta já que em respeito à garantia do contraditório, previsto no LV do art. 5º da Constituição Federal de 1988, é assegurado ao servidor o direito de acompanhar o processo pessoalmente ou por intermédio de procurador, arrolar e reinquirir testemunhas, produzir provas e contraprovas e formular quesitos, quando se tratar de prova pericial.

› **QUESTÃO 226.** Considere os seguintes itens:

I. Edição de atos de caráter normativo.

II. Decisão de recursos administrativos.

III. Matérias de competência exclusiva do órgão ou autoridade.

Sobre a competência exercida pelos órgãos administrativos no âmbito da Lei nº 9.784/99, é INCABÍVEL a delegação do constante em

a) I, apenas.

b) I e II, apenas.

c) I, II e III.

d) II e III, apenas.

e) II, apenas.

RESPOSTA:

A delegação está prevista no art. 14, §2º, da Lei 9.784/99 e é a extensão da competência efetivada de um agente competente para um outro de mesma hierarquia ou de hierarquia inferior, em razão de circunstâncias de índole técnica, social, econômica, jurídica ou territorial. Vejamos:

> "**Art. 14.** O ato de delegação e sua revogação deverão ser publicados no meio oficial.
>
> **§ 2º** O ato de delegação é revogável a qualquer tempo pela autoridade delegante".

No que tange a possibilidade de delegação de competência, o art. 13, I, II, II, da citada lei, afirma que não podem ser objetos de delegação, a edição de atos de caráter normativo, a decisão de recursos administrativos, bem como as matérias de competência exclusiva do órgão ou autoridade. Vejamos:

> "**Art. 13**. Não podem ser objeto de delegação:
>
> **I** – a edição de atos de caráter normativo;
>
> **II** – a decisão de recursos administrativos;
>
> **III** – as matérias de competência exclusiva do órgão ou autoridade".

Desta forma, é incabível a delegação de competência de todas as três assertivas, motivo pelo qual a letra "c" é a opção correta.

> **QUESTÃO 227.** De acordo com o disposto na Lei nº 9.784/1999 e na Lei nº 8.112/1990, bem como levando em consideração entendimento do Supremo Tribunal Federal consolidado em súmula vinculante, em processo disciplinar,

a) ao servidor é garantida representação por advogado sempre e desde que a penalidade passível de ser imputada seja de demissão, como forma de adequada observância do contraditório e da ampla defesa.

b) a falta de defesa elaborada por advogado não vicia o processo disciplinar, devendo ser garantida, ao servidor ao qual se imputa a infração, a observância do contraditório e da ampla defesa.

c) somente ao administrado é garantida defesa técnica de advogado como requisito ao correto exercício do contraditório e da ampla defesa, tendo em vista que no caso de se tratar de servidor público aqueles princípios aplicam-se excepcionalmente.

d) o contraditório e a ampla defesa aplicam-se após a imputação de pena ao servidor somente para o caso de condenação, antes da qual inexiste interesse de agir por parte do indiciado.

e) instaurado para apuração de infração disciplinar supostamente cometida por servidor estatutário, é dispensável a defesa técnica formulada por advogado, tendo em vista que a estabilidade impede a aplicação de penalidade de demissão.

RESPOSTA:

A apresentação de defesa, em sede de processo administrativo disciplinar, pode ser feita pelo próprio acusado, não se exigindo, para a lisura do procedimento, a representação por advogado, conforme exposto na Súmula Vinculante n. 5 do Supremo Tribunal Federal. Vejamos:

> "**Súmula Vinculante n. 5:** A falta de defesa técnica por advogado no processo administrativo disciplinar não ofende a Constituição".

Do texto da súmula transcrita, depreende-se que se o acusado não quiser constituir advogado, pode seguir no PAD sozinho, apresentando sua própria defesa. No entanto, se optar pela defesa técnica e a Administração lhe negar, ocorrerá violação da ampla defesa. Não se pode fazer outra interpretação à súmula que não essa, a qual não retira a garantia de constituir advogado ao acusado, mas proporciona o exercício pessoal de defesa pelo mesmo.

Visto isso, a assertiva correta é aquela que afirma que a falta de defesa elaborada por advogado não vicia o processo disciplinar, devendo ser garantida, ao servidor ao qual se imputa a infração, a observância do contraditório e da ampla defesa.

> **QUESTÃO 228.** Após responder a processo administrativo disciplinar, o servidor Marcos Santana sofreu pena de suspensão de suas funções por 30 (trinta) dias, com consequente perda vencimental e reflexos nos seus direitos funcionais. Passados mais de dez anos desde a aplicação da penalidade, ocorre o falecimento de Marcos. Na ocasião, um colega de Marcos, em crise de consciência, confessa que a principal prova documental juntada nos autos do processo disciplinar foi por ele forjada, com a finalidade de prejudicar o colega, de quem era desafeto. Em vista do sucedido, é correto concluir que

a) em vista do falecimento do servidor e do transcurso do tempo, somente será possível a anulação da punição por ação judicial, a ser proposta pelo representante do espólio.

b) com o falecimento do servidor, tornou-se irreversível a punição, em vista do esgotamento dos efeitos do ato administrativo (teoria do fato consumado).

c) embora o falecimento não impeça a anulação da punição, o prazo para anulação dos atos da Administração é quinquenal, o que impossibilita a revisão da punição, seja na esfera administrativa, seja no âmbito judicial.

d) ainda é possível a revisão administrativa da aplicação da sanção, que poderá ser realizada *ex officio* ou mediante requerimento de qualquer pessoa da família do servidor.

e) em vista do transcurso do prazo para anulação dos atos administrativos, que é decenal, tornou-se irreversível o ato administrativo; todavia, o espólio do servidor poderá ajuizar ação de indenização em relação ao colega que provocou sua punição.

RESPOSTA:

A Revisão não tem prazo, logo, o pedido pode ser feito a qualquer tempo, desde que haja a alegação de **fatos novos** por parte do servidor ou circunstâncias suscetíveis de justificar a inocência do punido ou a inadequação da penalidade aplicada. Em caso de falecimento, ausência ou desaparecimento do servidor, a Lei 8.112/90 em seu art. 174, § 1º, permite expressamente que a revisão do processo seja requerida por qualquer pessoa da família e, em casos de incapacidade, o respectivo curador será responsável por fazer o requerimento de revisão. Vejamos:

> "Art. 174. O processo disciplinar poderá ser revisto, a qualquer tempo, a pedido ou de ofício, quando se aduzirem fatos novos ou circunstâncias suscetíveis de justificar a inocência do punido ou a inadequação da penalidade aplicada.
>
> § 1º Em caso de falecimento, ausência ou desaparecimento do servidor, qualquer pessoa da família poderá requerer a revisão do processo".

Ainda dispõe a lei que o requerimento de revisão do processo será dirigido ao Ministro de Estado ou autoridade equivalente, que, se autorizar a revisão, encaminhará o pedido ao dirigente do órgão ou entidade de onde se originou o processo disciplinar. Dessa forma, a autoridade que julgou o Processo Administrativo Disciplinar, originariamente, será competente para julgamento da Revisão. No entanto, desta vez, diante de fatos novos que não foram considerados para embasar a decisão anterior.

> **QUESTÃO 229.** Acerca do processo administrativo, tal como disciplinado na Lei Federal nº 9.784/99, é correto afirmar que

a) a ausência de parecer obrigatório nem sempre impedirá o prosseguimento do processo administrativo até final decisão.

b) se aplica ao processo administrativo o princípio que veda a *reformatio in pejus*, o que se justifica em razão da observância do princípio do devido processo legal.

c) o processo administrativo deve ser formalista, o que se impõe, em observância ao princípio da segurança jurídica.

d) em virtude da indisponibilidade do interesse público, é vedado ao particular interessado no processo formular desistência ou renúncia.

e) se aplica no processo administrativo o princípio da identidade física do juiz, pelo qual o órgão que promoveu a instrução deve ser o mesmo a decidir a questão controversa.

RESPOSTA:

Existem dois tipos de pareceres obrigatórios: os vinculantes e os não vinculantes.

Na hipótese em que o parecer for obrigatório e vinculante, será paralisado o processo até a apresentação do parecer, sem prejuízo da responsabilização civil, penal e administrativa do agente público que deu causa ao atraso.

Já na hipótese em que o parecer for obrigatório e não vinculante, **o processo poderá prosseguir sem a emissão do parecer,** inclusive com a decisão final, sem prejuízo da responsabilização penal, civil e administrativa do agente que deu causa à não emissão do parecer devido, no prazo fixado por lei.

Desta forma, a assertiva encontra-se correta visto que na hipótese de parecer obrigatório e não vinculante, o processo prosseguirá até final decisão. Essa disposição encontra-se no art. 42, § 2º, da Lei 9.784/99, abaixo transcrito:

> "**Art. 42.** Quando deva ser obrigatoriamente ouvido um órgão consultivo, o parecer deverá ser emitido no prazo máximo de quinze dias, salvo norma especial ou comprovada necessidade de maior prazo.
>
> **§ 2º.** Se um parecer obrigatório e não vinculante deixar de ser emitido no prazo fixado, o processo poderá ter prosseguimento e ser decidido com sua dispensa, sem prejuízo da responsabilidade de quem se omitiu no atendimento".

› **QUESTÃO 230.** Sobre o processo administrativo no âmbito da Administração Pública Federal, regulado pela Lei nº 9.784/99, é correto afirmar que

a) o ato de delegação da competência exercida pelos órgãos administrativos é irrevogável.

b) o recebimento de documentos será feito sempre mediante reconhecimento de firma.

c) a avocação temporária da competência atribuída a órgão hierarquicamente inferior é permitida em caráter excepcional e por motivos relevantes devidamente justificados.

d) a única forma admitida para a intimação do interessado é a publicação na imprensa oficial.

e) a adoção de providências acauteladoras pela Administração Pública depende de prévia manifestação do interessado.

RESPOSTA:

A avocação está prevista no art. 15, da Lei 9.784/99, e é a possibilidade conferida ao agente público de, em situações excepcionais, devidamente justificadas, tomar para si, temporariamente, a competência de agente subordinado. Saliente-se que o poder de avocação se sujeita às mesmas vedações da delegação.

> "**Art. 15.** Será permitida, em caráter excepcional e por motivos relevantes devidamente justificados, a avocação temporária de competência atribuída a órgão hierarquicamente inferior".

Portanto, a autoridade superior pode avocar, **excepcionalmente**, e por motivos relevantes devidamente justificados, a competência atribuída a órgão inferior.

> **QUESTÃO 231.** Sobre o processo administrativo no âmbito da Administração Pública Federal, regulado pela Lei nº 9.784/99, é correto afirmar que

a) órgão é a unidade de atuação dotada de personalidade jurídica.

b) todos os atos administrativos devem sempre ser objeto de divulgação oficial.

c) o processo pode ser iniciado tanto de ofício como a pedido do interessado.

d) o requerimento inicial do interessado deve ser feito sempre na forma escrita.

e) a competência exercida pelos órgãos administrativos é irrenunciável, cabendo delegação no caso da edição de atos de caráter normativo.

RESPOSTA:

Diferentemente do que ocorre na função jurisdicional, os processos administrativos podem ser instaurados sem a necessidade de provocação de qualquer particular interessado em face do princípio da oficialidade. Entretanto, também é possível que a Administração Pública seja instada a manifestar-se, inclusive, em decorrência do direito de petição, estampado no art. 5º, XXXIV, da Constituição Federal. **Todavia, o início do processo, na esfera administrativa, pode decorrer de vontade originária do Poder Público, no exercício de suas atividades.**

Ainda que o processo administrativo tenha se iniciado por iniciativa do particular, não depende da manifestação deste para seu impulso, ou seja, **em face do princípio da oficialidade**, a movimentação do processo incumbe ao poder público que deve atuar, independente de provocação do interessado. Com efeito, o processo administrativo se desenvolve em uma série concatenada, lógica e legalmente definida de atos administrativos, e, para a prática desses atos, o particular não precisa ser questionado por qualquer interessado.

> **QUESTÃO 232.** Considere a seguinte situação hipotética: o Tribunal Regional do Trabalho da 3ª Região instaurou processo disciplinar contra dois servidores públicos do Tribunal, Mauricio e Rafael, para apurar responsabilidade por prática de conduta grave, passível da penalidade de demissão. Após iniciada a fase do inquérito e tipificada a infração disciplinar com a indiciação dos servidores, ambos foram citados para apresentar defesa escrita. O prazo para a apresentação das defesas será

a) individual, sendo de quinze dias para cada servidor.

b) individual, sendo de dez dias para cada servidor.

c) comum e de trinta dias.

d) comum e de vinte dias.

e) comum e de quinze dias.

RESPOSTA:

A Lei 9.784/99 se preocupa, ainda, em definir a forma de contagem dos prazos nos procedimentos sujeitos às suas normas. Assim, como no processo civil, os prazos começam a correr a partir da data da cientificação oficial, excluindo-se da contagem o dia do seu início e incluindo-se o do vencimento. No mesmo sentido, considera-se prorrogado o prazo até o primeiro dia útil seguinte, se o vencimento cair em dia em que não houver expediente ou este for encerrado antes da hora normal.

Visto que no caso apresentando, existem dois indiciados, Maurício e Rafael, o art. 161, § 2º da Lei 8.112/90 prevê que o prazo será comum e de 20 dias. Vejamos:

> "**Art. 161.** Tipificada a infração disciplinar, será formulada a indiciação do servidor, com a especificação dos fatos a ele imputados e das respectivas provas.
>
> **§ 2º** Havendo dois ou mais indiciados, o prazo será comum e de 20 (vinte) dias".

> **QUESTÃO 233.** De acordo com a Lei do Processo Administrativo Federal, é correto afirmar que:

a) A *reformatio in pejus* é vedada nos processos administrativos em geral.

b) A *reformatio in pejus* é permitida nas revisões de processos administrativos sancionadores.

c) A *reformatio in pejus* é permitida desde que respeitado o contraditório, não sendo admitida nas revisões de processos administrativos sancionadores.

d) A *reformatio in pejus* é admitida em razão do princípio da supremacia do interesse público.

e) A *reformatio in pejus* é admitida em razão do princípio da autotutela administrativa, independentemente da matéria envolvida.

RESPOSTA:

Em sede de processo jurisdicional, vigora o princípio que impede o agravamento da situação do recorrente em sede de recurso, ou seja, interposto o recurso, a sua decisão não pode reformar a decisão impugnada para pior. A doutrina processualista designa este princípio de "proibição da *reformatio in pejus*".

Na seara administrativa, não há vedação da *reformatio in pejus* e uma decisão de recurso administrativo poderá piorar a situação do recorrente, em respeito ao princípio da verdade material e da legalidade estrita da atuação administrativa. Nestes casos, se, do julgamento do recurso, puder decorrer gravame à situação do recorrente, este deverá ser cientificado para que formule suas alegações antes da decisão, conforme disposição do art. 64, parágrafo único, da Lei 9.784/99. Acerca da temática já se manifestou José dos Santos Carvalho Filho, no sentido de que *"a lei admitiu a reformatio in pejus, atenuando-a, porém, com a possibilidade de manifestação prévia do recorrente"*.

Frise-se que a supracitada lei expressamente determina no seu art. 65, parágrafo único, que, do julgamento da revisão, NÃO pode haver agravamento da penalidade que o servidor havia sofrido no processo originário. Nesta situação, a lei veda a *reformatio in pejus*.

> **QUESTÃO 234.** No que concerne aos bens públicos e ao processo administrativo, assinale a opção correta.

a) O órgão competente para apreciar recurso administrativo em processo disciplinar está autorizado a modificar a decisão recorrida, inclusive para agravar a situação do recorrente.

b) Segundo a jurisprudência do STJ, são impenhoráveis os bens pertencentes à sociedade de economia mista que presta serviço público, independentemente de sua finalidade e do fato de esses bens estarem ou não afetados à prestação de serviço público.

c) Ao contrário do que ocorre no processo judicial, em um processo administrativo para apuração de suposta infração cometida por servidor, a declaração de nulidade do processo independe da comprovação de prejuízos à defesa do servidor.

d) Segundo a jurisprudência do STJ, devido à autonomia legislativa de estados e municípios, é vedada a aplicação a esses entes da Federação das regras que regulam o processo administrativo no âmbito federal.

e) É dotado de efeito suspensivo o recurso cabível contra a decisão que, em processo administrativo federal, indefere a alegação de suspeição de determinado servidor ou autoridade.

RESPOSTA:

Na seara do processo administrativo, não há vedação da *reformatio in pejus* e uma decisão de recurso administrativo poderá piorar a situação do recorrente, em respeito ao princípio da verdade material e da legalidade estrita da atuação administrativa. Nestes casos, se, do julgamento do recurso, puder decorrer gravame à situação do recorrente, este deverá ser cientificado para que formule suas alegações antes da decisão, conforme disposição do art. 64, parágrafo único, da Lei 9.784/99.

› **QUESTÃO 235.** Com base nas disposições constitucionais e na jurisprudência do STF acerca da ordem econômica e financeira, assinale a opção correta.

a) Será materialmente inconstitucional, por ofender o princípio da livre concorrência, lei municipal que, a pretexto de realizar zoneamento urbano, estabeleça distância mínima de quinhentos metros entre uma farmácia e outra.

b) A concessão de serviços públicos de transporte urbano depende de prévia licitação, a qual será dispensável se o serviço for prestado sob o regime de permissão.

c) Será inconstitucional lei que fixe piso salarial regional para determinada categoria por violar o princípio do pleno emprego e da livre iniciativa.

d) As sociedades de economia mista em regime de concorrência não gozam, em regra, dos benefícios deferidos à fazenda pública, salvo o pagamento por precatório.

e) A consagração do princípio da livre iniciativa impõe que a intervenção estatal na economia mediante regulação e fiscalização ocorra excepcionalmente.

RESPOSTA:

A assertiva encontra-se em consonância com o posicionamento do Supremo Tribunal Federal, que já editou a Súmula Vinculante nº 49 dispondo que Lei municipal que impeça a instalação de estabelecimentos comerciais do mesmo ramo em determinada área ofende o princípio constitucional da livre concorrência. Vejamos.

> "**Súmula Vinculante 49. STF.** Ofende o princípio da livre concorrência lei municipal que impede a instalação de estabelecimentos comerciais do mesmo ramo em determinada área".

Frise-se que a **livre concorrência**, trata-se de princípio, norteador do sistema da ordem econômica no país, previsto no art. 170 da CF/88, pelo qual deve o Estado permitir a atuação livre dos cidadãos no cenário econômico e, ao mesmo tempo, reprimir qualquer abuso que possa causar prejuízos aos menos favorecidos em razão do abuso do poder econômico.

> **QUESTÃO 236.** As normas constitucionais sobre a ordem econômica determinam que

a) somente mediante concessão ou autorização é possível o aproveitamento de potencial de energia renovável.

b) é vedado à União ceder ou conceder qualquer tipo de participação, em espécie, na exploração de gás natural.

c) a pesquisa e a lavra de recursos minerais somente podem ser desenvolvidas por brasileiros ou por empresas controladas por brasileiros

d) os potenciais de energia hidráulica constituem, para efeito de aproveitamento, propriedade distinta da do solo.

e) as autorizações ou concessões de lavra são conferidas intuito personae, não se admitindo sua cessão ou transferência.

RESPOSTA:

Os **recursos minerais e potenciais de energia hidráulica,** ainda que estejam localizados em rios estaduais, pertencem à União.

Nesse sentido, Marçal Justen Filho conceitua potenciais de energia hidráulica estabelecendo que *"a expressão potencial de energia hidráulica indica uma manifestação de energia natural, produzida pelo deslocamento físico de massas de água, que comporta transformação em energia elétrica mediante a utilização de equipamentos adequados"*. O autor completa definindo que *"sob o prisma natural, o potencial de energia hidráulica é indissociável da existência das águas. Para fins jurídicos, no entanto, o potencial de energia hidráulica não se confunde com a massa de água propriamente dita"*.

Em se tratando de minas e jazidas, estas são bens pertencentes à União e não ao proprietário do solo. Com efeito, o art. 176, da CF, estabelece que as jazidas, em lavra ou não, e demais recursos minerais **são propriedades distintas do solo para efeito de exploração ou aproveitamento. Vejamos:**

> **"Art. 176.** As jazidas, em lavra ou não, e demais recursos minerais e os potenciais de energia hidráulica constituem propriedade distinta da do solo, para efeito de exploração ou aproveitamento, e pertencem à União, garantida ao concessionário a propriedade do produto da lavra".

› **QUESTÃO 237.** Ressalvados os casos previstos na própria Constituição, a exploração direta de atividade econômica pelo Estado

a) não será permitida.

b) será permitida exclusivamente às empresas públicas da União.

c) só será permitida às empresas públicas e às sociedades de economia mista em assuntos estratégicos para o desenvolvimento do país.

d) só será permitida quando necessária aos imperativos da segurança nacional ou a relevante interesse coletivo, conforme definidos em lei.

e) será permitida desde que as empresas públicas autorizadas a fazê-lo não recebam investimentos estrangeiros.

RESPOSTA:

Além da regulação da atividade econômica, por meio do tabelamento de preços, controle e sancionamento dos atos contrários à livre concorrência, entre outras medidas, **o ente público também atua diretamente na execução da atividade econômica ao lado dos particulares.**

Por óbvio, as atividades primordiais do Estado são apresentadas por meio da prestação de serviços públicos, execução de obras e aplicação de normas de polícia. Todavia, **excepcionalmente, admite-se a exploração direta de atividade econômica,** desde que respeitados os limites travados na própria Constituição Federal, conforme se verifica do art. 173, da Carta Magna, abaixo transcrito.

> **"Art. 173.** Ressalvados os casos previstos nesta Constituição, a exploração direta de atividade econômica pelo Estado

> só será permitida quando necessária aos imperativos da segurança nacional ou a relevante interesse coletivo, conforme definidos em lei".

Frise-se que o exercício estatal dessas atividades não pode constituir-se em regra geral, mas, somente, quando **necessária aos imperativos da segurança nacional ou a relevante interesse coletivo.**

Neste sentido, o Estado pode criar pessoas jurídicas a ele vinculadas, destinadas mais apropriadamente à execução de atividades econômicas. De fato, a Carta Magna, em seu art. 37, XIX, prevê a possibilidade de criação, mediante autorização legislativa, de empresas públicas e sociedades de economia mista que podem atuar explorando atividade de mercado, desde que na busca do interesse público.

Pode-se, portanto, definir que o Estado executa atividade econômica por meio de entidades da Administração Indireta, integrante da estrutura da organização administrativa, vinculada aos entes federativos por meio de controle ministerial. Trata-se, portanto, de exploração direta de atividade econômica pelo Estado.

› **QUESTÃO 238.** No âmbito do regime constitucional brasileiro em matéria de intervenção do Estado no domínio econômico, considere:

I. Como agente normativo e regulador da atividade econômica, o Estado exercerá, na forma da lei, as funções de fiscalização, incentivo e planejamento.

II. O planejamento exercido como função do Estado é determinante para o setor público e para o setor privado.

III. A lei estabelecerá as diretrizes e bases do planejamento do desenvolvimento nacional equilibrado, o qual incorporará e compatibilizará os planos nacionais e regionais de desenvolvimento.

Está correto o que se afirma em

a) I e III, apenas.
b) II e III, apenas.
c) I, apenas.
d) I e II, apenas.
e) I, II e III.

RESPOSTA:

Item I: correto. Item II: incorreto; o ente público tem o dever de atuar regulando a atividade econômica de forma a evitar atuações abusivas do poder econômico e proteger a sociedade da busca desenfreada pelo lucro.

O art. 174, da Carta Magna, dispõe que "*Como agente normativo e regulador da atividade econômica, o Estado exercerá, na forma da lei, as funções de fiscalização, incentivo e planejamento, sendo este determinante para o setor público e indicativo para o setor privado.*".

Pelo exposto, o erro da assertiva "II" é afirmar que o planejamento exercido como função do Estado é determinante para o setor público e para o setor privado. Em verdade, o planejamento é determinante ao setor público e indicativo ao setor privado.

No entanto, verifica-se que a assertiva I, encontra-se correta visto que é possível destacar do texto do dispositivo transcrito que o ente público pode se manifestar de **três formas diversas** na regulação da atividade econômica, quais sejam, **a fiscalização, o incentivo e o planejamento**.

A **fiscalização** se manifesta por meio da verificação dos setores econômicos com a intenção de evitar comportamentos abusivos dos particulares, valendo-se do seu poder econômico, causando prejuízos a empregados, consumidores, pequenas empresas, entre outros hipossuficientes.

O **incentivo ou fomento** pode ser ilustrado por medidas como isenções fiscais, subsídios, aumentos de tributos de importação de determinados produtos, assistência tecnológica e incentivos creditícios do poder público que visam a auxiliar no desenvolvimento econômico e social do país.

O **planejamento,** por seu turno, se apresenta por meio da estipulação de metas a serem alcançadas pelo governo no ramo da economia.

É possível, então, verificar que estas atividades pautam a **intervenção direta do Estado no domínio econômico.**

Item III: correto; a assertiva encontra-se correta e nos exatos termos utilizados pela Constituição Federal de 1988 em seu art. 174, § 1º, abaixo transcrito:

> "**Art. 174.** *Omissis*
>
> **§ 1º** A lei estabelecerá as diretrizes e bases do planejamento do desenvolvimento nacional equilibrado, o qual incorporará e compatibilizará os planos nacionais e regionais de desenvolvimento".

› **QUESTÃO 239.** Sobre a Ordem Econômica é correto afirmar, consoante posição do STF, que:

a) se a restrição ao direito de construir advinda da limitação administrativa causa aniquilamento da propriedade privada, resulta, em favor do proprietário, o direito à indenização. Todavia, o direito de edificar é relativo, dado que condicionado à função social da propriedade. Se as restrições decorrentes da limitação administrativa preexistiam à aquisição do terreno, assim já do conhecimento dos adquirentes, não podem estes, com base em tais restrições, pedir indenização ao Poder Público.

b) os privilégios da Fazenda Pública são inextensíveis às sociedades de economia mista que executam atividades em regime de concorrência ou que tenham como objetivo distribuir lucros aos seus acionistas, ressalvada a possibilidade de utilização do sistema de pagamento por precatório de dívidas decorrentes de decisões judiciais.

c) as empresas governamentais (sociedades de economia mista e empresas públicas) muito embora sejam qualificadas como pessoas jurídicas de direito privado, dispõem dos benefícios processuais inerentes à Fazenda Pública, notadamente da prerrogativa excepcional da ampliação dos prazos recursais.

d) o quantitativo cobrado dos usuários das redes de água e esgoto é tido como taxa.

e) é inconstitucional lei que concede passe livre às pessoas portadoras de deficiência, em face de nítida afronta aos princípios da ordem econômica, da isonomia, da livre iniciativa e do direito de propriedade.

RESPOSTA:

A assertiva A encontra-se correta e nos exatos termos do RE: 140436 SP, julgado pelo Supremo Tribunal Federal em 25/05/1999, conforme se verifica na transcrição abaixo:

> CONSTITUCIONAL. ADMINISTRATIVO. CIVIL. LIMITAÇÃO ADMINISTRATIVA. INDENIZAÇÃO. I – Se a restrição ao direito de construir advinda da limitação administrativa causa aniquilamento da propriedade privada, resulta, em favor do proprietário, o direito à indenização. Todavia, o direito de edificar é relativo, dado que condicionado à função social da propriedade. Se as restrições decorrentes da limitação administrativa preexistiam à aquisição do terreno, assim já do conhecimento dos adquirentes, não podem estes, com base em tais restrições, pedir indenização ao poder público. II. – R.E. não conhecido.
>
> (STF – RE: 140436 SP, Relator: CARLOS VELLOSO, Data de Julgamento: 25/05/1999, Segunda Turma, Data de Publicação: DJ 06-08-1999)

> **QUESTÃO 240.** A respeito do regime jurídico estabelecido para a Ordem Econômica na Constituição Federal de 1988, considere:

I. A lei reprimirá o abuso do poder econômico que vise à dominação dos mercados, à eliminação da concorrência e ao aumento arbitrário dos lucros.

II. Como agente normativo e regulador da atividade econômica, o Estado exercerá, na forma da lei, as funções de fiscalização, incentivo e planejamento, sendo este indicativo para o setor público e determinante para o setor privado.

III. A lei apoiará e estimulará o cooperativismo e outras formas de associativismo.

IV. As empresas públicas e as sociedades de economia mista poderão gozar de privilégios fiscais não extensivos às do setor privado.

Está correto o que se afirma APENAS em

a) III e IV.

b) II e III.

c) I e III.

d) II, III e IV.

e) I, II e III.

RESPOSTA:

Item "I": correta; como forma de manter a justiça no bojo da sociedade, o poder público se vale de algumas estratégias de intervenção reguladoras do mercado e impeditivas de condutas abusivas por parte dos detentores do poder no cenário econômico.

Nesta esteira, corroborando com a veracidade da assertiva, o art. 173, § 4º, assim disciplina:

> **Art. 173.** Ressalvados os casos previstos nesta Constituição, a exploração direta de atividade econômica pelo Estado só será permitida quando necessária aos imperativos da segurança nacional ou a relevante interesse coletivo, conforme definidos em lei.

> § 4º – lei reprimirá o abuso do poder econômico que vise à dominação dos mercados, à eliminação da concorrência e ao aumento arbitrário dos lucros.

Item "II": incorreta; a implantação de um Estado que atua de forma a regular a atividade econômica propiciou o estabelecimento de regras jurídicas reguladoras da ordem econômica dentro do texto constitucional. Trata-se do fenômeno da constitucionalização normativa, em que regras jurídicas insculpidas em leis passam a ter alcance normativo mais amplo, por meio de sua inserção dentro da Carta Política.

Neste sentido, o Estado, como agente normativo e regulador da atividade, exercerá na forma da lei, as funções de fiscalização, incentivo e planejamento, sendo este determinante para o setor público e indicativo para o setor privado, e não vice-versa, conforme se verifica da dicção do art. 174 abaixo transcrito:

> **Art. 174.** Como agente normativo e regulador da atividade econômica, o Estado exercerá, na forma da lei, as funções de fiscalização, incentivo e planejamento, sendo este determinante para o setor público e indicativo para o setor privado.

Item "III": correta; a assertiva encontra-se correta visto que, de fato, a lei apoiará e estimulará o cooperativismo e outras formas de associativismo, nos exatos termos do art. 174, § 2º da CF/88. *Litteris:*

> **Art. 174.** (...)
>
> § 2º A lei apoiará e estimulará o cooperativismo e outras formas de associativismo.

Item "IV": incorreta; em sentido oposto ao afirmado pela assertiva, as empresas públicas e as sociedades de economia mista não poderão gozar de privilégios fiscais não extensivos às do setor privado. Trata-se de previsão expressa do art. 173, § 2º, da CF/88. Observe:

> **Art. 173.** (...)
>
> § 2º As empresas públicas e as sociedades de economia mista não poderão gozar de privilégios fiscais não extensivos às do setor privado.

GABARITO

1	B	25	D	49	C	73	E	97	E
2	C	26	A	50	C	74	A	98	E
3	E	27	E	51	A	75	E	99	B
4	A	28	B	52	B	76	A	100	A
5	C	29	A	53	C	77	C	101	A
6	A	30	D	54	C	78	C	102	E
7	B	31	A	55	C	79	D	103	C
8	C	32	A	56	D	80	A	104	C
9	B	33	C	57	C	81	C	105	A
10	C	34	A	58	E	82	E	106	B
11	D	35	B	59	A	83	C	107	E
12	C	36	A	60	C	84	B	108	C
13	E	37	D	61	A	85	A	109	B
14	D	38	E	62	D	86	B	110	D
15	A	39	A	63	A	87	B	111	C
16	D	40	C	64	A	88	D	112	D
17	C	41	B	65	A	89	D	113	A
18	D	42	A	66	A	90	D	114	A
19	C	43	C	67	B	91	C	115	B
20	D	44	B	68	C	92	B	116	B
21	B	45	C	69	A	93	D	117	C
22	E	46	A	70	A	94	C	118	D
23	C	47	D	71	A	95	C	119	D
24	C	48	D	72	B	96	C	120	B

121	D	145	A	169	D	193	C	217	E
122	C	146	B	170	B	194	B	218	B
123	A	147	C	171	A	195	E	219	D
124	A	148	A	172	D	196	A	220	C
125	D	149	E	173	B	197	E	221	A
126	A	150	B	174	A	198	A	222	B
127	E	151	C	175	E	199	E	223	A
128	D	152	E	176	A	200	C	224	A
129	C	153	A	177	E	201	C	225	B
130	A	154	E	178	E	202	D	226	C
131	C	155	E	179	E	203	C	227	B
132	D	156	E	180	C	204	C	228	D
133	C	157	B	181	C	205	E	229	A
134	D	158	E	182	B	206	B	230	C
135	B	159	A	183	E	207	D	231	C
136	D	160	B	184	D	208	A	232	D
137	A	161	A	185	D	209	A	233	C
138	E	162	E	186	A	210	D	234	A
139	A	163	B	187	D	211	B	235	A
140	C	164	B	188	D	212	C	236	D
141	C	165	D	189	A	213	C	237	E
142	B	166	D	190	A	214	B	238	A
143	D	167	C	191	D	215	C	239	A
144	E	168	D	192	A	216	E	240	C

PARTE II

QUESTÕES **DISCURSIVAS**

› **QUESTÃO 1.** São várias as áreas de atuação do Estado, entre elas o exercício do poder de polícia. Nesse sentido, aponte as diferenças entre a polícia administrativa e a polícia judiciária.

RESPOSTA:

O Poder de Polícia, objeto de estudo do Direito Administrativo, não se confunde, em nenhum momento, com a polícia judiciária que visa a prevenção e a repressão à prática de ilícitos criminais e que tem seu estudo situado nas disciplinas de Direito Penal e Direito Processual Penal.

Com efeito, a polícia judiciária incide sobre pessoas, de forma ostensiva ou investigativa, evitando e punindo infrações às normas penais. Por sua vez, a polícia administrativa incide sobre bens (uso da propriedade) e direitos (exercício de liberdades), condicionando esses bens e direitos à busca pelo interesse da coletividade.

Nesse sentido, o poder de polícia administrativa se manifesta por meio de atos preventivos ou repressivos para alcançar o seu mister, qual seja, adequar os direitos dos particulares ao interesse geral.

› **QUESTÃO 2.** Redija um texto dissertativo que responda, com fundamento na doutrina majoritária, se o poder de polícia do Estado pode ser delegado a pessoa física ou jurídica de direito privado.

RESPOSTA:

A doutrina e jurisprudência pátria possuem entendimento sedimentado no sentido de que os atos que manifestem expressão do Poder Público, de autoridade pública, como a Polícia Administrativa, não podem ser delegados porque ofenderiam o equilíbrio entre os particulares em geral e colocariam em risco a ordem social.

De fato, o Poder de Polícia é considerado atividade típica de Estado e, portanto, somente pode ser exercido pelas pessoas jurídicas de direitos público componentes da Administração Direta ou da Administração Indireta. Nesta esteira, o Supremo Tribunal Federal, ao julgar a Ação Direta de Inconstitucionalidade n. 1717, que analisava a constitucionalidade do art. 58 da lei 9.649/98, declarou que os conselhos reguladores de profissão têm natureza jurídica de autarquia, uma vez que atuam no exercício do poder de polícia, ao estabelecer restrições ao exercício da liberdade profissional e que tal poder é indelegável a particulares.

Parte da doutrina, entretanto, admite delegação em situações especiais, a exemplo dos poderes que são reconhecidos aos capitães de navio. Desta forma, certos atos materiais que precedem a atos jurídicos de polícia podem ser praticados por particulares, por delegação ou simples contrato de prestação de serviços. Nesses casos, não seriam delegados os atos de polícia em si, mas tão somente atividades materiais de execução, não se transferindo ao particular contratado qualquer prerrogativa para emissão de atos decisórios ou atos que gozem de fé pública, mas tão somente a execução material das ordens postas pela Administração do ato. Isto é, delega-se apenas a execução, mas não o poder de polícia em si.

Os doutrinadores, em sua maioria, considera a impossibilidade da delegação do poder de polícia, propriamente dito, inclusive para as pessoas jurídicas de direito privado da administração indireta. Nesses casos, é possível transferir a esses entes somente o poder de fiscalizar e de emanar atos de consentimentos (como carteiras de habilitação), não podendo legislar acerca da matéria ou aplicar sanções a particulares.

> **QUESTÃO 3.** Explique, de forma objetiva, em que consiste o poder de polícia sanitária e analise, em tese, a vaidade de contrato administrativo em que tal atividade tenha sido objeto de delegação a empresa particular.

RESPOSTA:

O poder de polícia sanitária consiste no poder que a Administração Pública tem de fiscalizar produtos, estabelecimentos, residências, entre outros, a fim de preservar a saúde pública da população no que diz respeito às questões sanitárias. É também o poder de normatizar e limitar atividades que possam trazer problemas sanitários à população. Assim, por exemplo, a Administração pode fiscalizar a cozinha de um restaurante, para verificar se as normas de higiene estão sendo respeitadas.

A questão que surge é quanto à possibilidade de delegação de atividades de polícia administrativa a terceiros. A doutrina entende ser possível a delegação dessas atividades de mera execução do poder de polícia. São os chamados aspectos materiais do poder de polícia que podem ser delegados aos particulares. A colocação dos radares e encaminhamento das multas ao ente público não se configuram atos de polícia propriamente ditos. Nesse caso, a justificativa é de que a medida assegura igualdade de tratamento aos administrados, não provocando nenhum tipo de desequilíbrio. Em suma, delega-se apenas a execução, mas não o poder de polícia em si.

No mesmo sentido, os atos de execução sucessivos aos atos de polícia e que decorram de uma ordem emanada pelo Estado. Por exemplo, ao determinar a demolição de um logradouro privado, prestes a ruir, o ente público está atuando no exercício do poder de polícia. Depois de emanado o ato que determina a demolição, é possível a contratação de uma empresa que ficaria responsável pela execução.

A doutrina majoritária considera a impossibilidade da delegação do poder de polícia, propriamente dito, inclusive para as pessoas jurídicas de direito privado da administração indireta. Nesses casos, é possível transferir a esses entes somente o poder de fiscalizar e de emanar atos de consentimentos (como carteiras de habilitação), não podendo legislar acerca da matéria ou aplicar sanções a particulares.

Nesse sentido, empresa particular não poderia ser delegatária da atividade de polícia sanitária em si. É possível, porém, haver um contrato administrativo com determinado laboratório particular para que este proceda à análise de alimentos apreendidos pela vigilância sanitária, por exemplo, pois essa análise é um ato meramente material. O que não pode é o particular fiscalizar diretamente a atividade ou expedir comandos jurídicos.

> **QUESTÃO 4.** No que diz respeito aos atos administrativos, explique os seguintes aspectos: a) teoria dos motivos determinantes; b) momento adequado para motivar os atos administrativos vinculado e discricionário.

RESPOSTA:

Vejamos os aspectos apresentados pela questão de forma detalhada:

a) A motivação, que é a exteriorização dos motivos e, uma vez realizada, passa a fazer parte do ato administrativo, vinculando, portanto, a validade do ato. Assim, mesmo sendo a motivação (explicitação dos motivos do ato) dispensável, uma vez expostos os motivos que conduziram à prática do ato, estes passam a vincular o administrador público.

Diante disso, os motivos expostos devem corresponder à realidade, sob pena de nulidade do ato. A Teoria dos Motivos Determinantes, apontada pela doutrina brasileira, define que os motivos apresentados como justificadores da prática do ato administrativo vinculam este ato e, caso os motivos apresentados sejam viciados, o ato será ilegal.

b) Em regra, a motivação dos atos administrativos deve ser formulada concomitantemente com o próprio ato ou antes da edição deste. A motivação ulterior é bastante discutível e aceita com muitas reservas pela doutrina.

A respeito do tema, Celso Antônio Bandeira de Melo defende a posição de que nos atos vinculados a motivação não tem que ser necessariamente prévia ou concomitante, já que "o que mais importa é haver ocorrido o motivo perante o qual o comportamento era obrigatório, passando para segundo plano a questão da motivação". Contudo, em relação aos atos discricionários, o autor é enfático ao entender que "o ato não motivado está irremissivelmente maculado de vício e deve ser fulminado por inválido". Nessa última hipótese, ainda segundo Bandeira de Melo, o ato somente poderá ser convalidado excepcionalmente, nos casos em que a lei não exija motivação expressa e que a Administração possa demonstrar que "a) o motivo extemporaneamente alegado preexistia; b) que era idôneo para justificar o ato e c) que tal motivo foi a razão determinante da prática do ato".

› **QUESTÃO 5.** No que tange à regularidade dos atos administrativos, é possível o reconhecimento de atos anuláveis, ou somente atos administrativos nulos? Fundamente sua resposta, abordando, necessariamente, as teorias existentes (se houver), bem assim a legislação federal eventualmente aplicável ao enfrentamento da matéria.

RESPOSTA:

Segundo a teoria monista, não há dicotomia de nulidades, isto é, ou o ato é nulo ou é válido e a existência de vício de legalidade produz todos os efeitos de um ato nulo.

A teoria dualista, entretanto, preconiza a existência de atos nulos e anuláveis, de acordo com a maior ou menor importância do vício no mundo jurídico.

Desta forma, os atos nulos são aqueles declarados em lei como tais. Com efeito, a nulidade decorre do desrespeito à lei em algum de seus requisitos, ensejando a impossibilidade de convalidação, por não admitirem conserto. Já os atos anuláveis são aqueles que possuem vícios que admitem conserto, não obstante tenham sido praticados em desacordo com a legislação aplicável. Em tais casos, por se tratar a ilegalidade presente no ato de vício sanável, ele pode ser convalidado, passando a produzir efeitos regularmente.

Nesse sentido, a anulação é retirada do ato administrativo por motivo de ilegalidade, ou seja, o ato é extinto por conter vício, em virtude de sua expedição em desconformidade com o ordenamento jurídico.

A anulação opera efeitos *ex tunc* (retroage à data de origem do ato, aniquilando todos os efeitos produzidos, ressalvados os direitos adquiridos de terceiros de boa-fé). Sendo assim, como forma de garantia do princípio da segurança jurídica e, com o intuito de evitar enriquecimento ilícito por parte da Administração Pública em detrimento de particulares que estejam de boa-fé, alguns efeitos do ato nulo serão mantidos, mesmo depois de declarada a sua nulidade.

A Lei nº 9.784/99 estabelece que a Administração Pública tem o prazo decadencial de 5 (cinco) anos para anular atos administrativos ampliativos, salvo no caso de má-fé do beneficiário.

Em determinadas situações, é possível a correção do vício de ato administrativo. Nestas situações, diz-se ser caso de nulidade relativa, pois o vício é sanável. Por sua vez, o ato é tido por anulável e não nulo, consoante previamente analisado. A correção do vício e consequente manutenção do ato deve sempre atender ao interesse público e, caso isso se configure, será possível a convalidação do ato viciado.

Com efeito, se o interesse público exigir e for sanável o vício, o ato administrativo pode ser convalidado, em razão da oportunidade e conveniência, desde que a convalidação não cause prejuízos a terceiros. Dessa forma, para que se admita a convalidação de um ato administrativo, devem-se fazer presentes os dois requisitos, a saber, o vício do ato se tratar de vício sanável e a convalidação não causar prejuízos a terceiros interessados no processo nem à própria Administração Pública.

Neste sentido, o art. 55, da Lei 9.784/99 dispõe que "Em decisão na qual se evidencie não acarretarem lesão ao interesse público nem prejuízo a terceiros, os atos que apresentarem defeitos sanáveis poderão ser convalidados pela própria Administração".

Assim, a doutrina passou a entender que, quando é o caso de nulidade sanável, ou seja, vícios de forma e de competência, devem ser corrigidos se for mais interessante ao interesse público e causar menos prejuízo do que a sua anulação.

Registre-se que, a Suprema Corte já se posicionou, adotando ao ordenamento pátrio a teoria dualista, editando súmulas de observância obrigatória. Veja-se: Súmula 346/STF "A Administração Pública pode declarar a nulidade dos seus próprios atos." Súmula 473/STF "A Administração pode anular seus próprios atos, quando eivados de vícios que os tornam ilegais, porque deles não se originam direitos; ou revogá-los, por motivo de conveniência ou oportunidade, respeitos os direitos adquiridos e ressalvados, em todos os casos, a apreciação judicial."

> **QUESTÃO 6.** A Administração vem a constatar, após o recebimento de uma denúncia, que um professor da rede pública de ensino havia falsificado o certificado de conclusão de graduação em curso de nível superior, necessário à titulação do cargo efetivo por ele ocupado. Sabe-se que referido professor tomou posse no cargo há mais de dez anos e que posteriormente à posse concluiu o curso de graduação exigido para titulação do cargo. Que procedimento deve a Administração adotar no caso em questão?

RESPOSTA:

A Administração Pública possui poder de autotutela, que consiste no poder de rever, de ofício, os seus atos viciados, conforme já entendimento já sumulado pelo Supremo Tribunal Federal, quando da edição da Súmula 473, transcrita abaixo:

> Súmula 473 "A administração pode anular seus próprios atos, quando eivados de vícios que os tornam ilegais, porque deles não se originam direitos; ou revogá-los, por motivo de conveniência ou oportunidade, respeitados os direitos adquiridos, e ressalvada, em todos os casos, a apreciação judicial.

No caso em análise, a posse do servidor em cargo efetivo se deu sem o preenchimento dos requisitos exigidos, portanto, o ato administrativo de empossamento é nulo. O fato de o professor ter concluído o curso posteriormente à sua posse, não tem o condão de sanar a investidura defeituosa, isto é, em desconformidade aos requisitos legais e do edital do concurso público.

Assim, mesmo após transcorridos dez anos do ato eivado de nulidade, o mesmo pode ser revisto pela Administração, na medida em que a conduta foi praticada com má fé do servidor. Inaplicável, na espécie, o prazo decadencial previsto no art. 54 da Lei nº 9.784/99, uma vez que se trata de ato praticado de má fé.

> **QUESTÃO 7.** Disserte, de forma clara e precisa, acerca da Teoria dos Motivos Determinantes e exemplifique sua aplicação.

RESPOSTA:

A Teoria dos Motivos Determinantes, apontada pela doutrina brasileira, define que os motivos apresentados como justificadores da prática do ato administrativo vinculam este ato e, caso os motivos apresentados sejam viciados, o ato será ilegal.

O motivo deve ser verdadeiro e compatível com a lei que, em regra, estabelece os seus limites. Sendo assim, ainda que a lei não estabeleça o dever de motivar o ato administrativo, uma vez apresentados os motivos, eles passam a integrar a conduta praticada e, caso estes motivos expostos não correspondam à realidade, o ato será viciado.

Como por exemplo a exoneração de cargo *ad nutum*, que é ato discricionário, no qual não é indispensável a motivação para a exoneração do servidor, entretanto, quando realizada por motivo inverídico, o ato de exoneração será anulável.

Ressalte-se que, o motivo é elemento do ato administrativo que geralmente possui feição discricionária, ensejando uma margem de escolha ao agente público, desde que observados, apenas, os limites impostos pela norma, ressalvados os atos vinculados, nos quais todos os elementos estão postos na lei de forma objetiva.

› **QUESTÃO 8.** Atos administrativos e atos do Poder Público. Resumidamente, explique os pontos seguintes: a) ato administrativo em sentido formal e ato administrativo em sentido material; b) os atos administrativos no confronto dos atos políticos e dos atos de gestão; c) os atos políticos e a responsabilidade civil do Estado; d) ato administrativo e fato administrativo; e) o ato administrativo e o problema do silêncio da Administração.

RESPOSTA:

Vejamos os pontos apresentados pela questão de forma detalhada:

a) O ato administrativo formal é aquele que, originando-se do Poder Executivo, encerra matéria de natureza administrativa.

Já o ato administrativo material consiste naquele que, embora provenha do Legislativo ou Judiciário, consubstancia na sua essência realidade de caráter eminentemente administrativo.

b) Os atos políticos ou de governo são aqueles em que há o exercício da função política e podem exercê-la os membros do Legislativo, do Judiciário, do Executivo. Na prática, não podem, sequer, ser considerados atos da Administração, porque são exercidos pelo Estado no exercício da função política. Por seu turno, os atos de gestão são executados pelo poder público sem as prerrogativas de Estado, atuando a Administração em situação de igualdade com o particular. Em tais casos, a atividade é regida pelo direito privado, não se valendo o ente estatal das prerrogativas inerentes à supremacia do interesse público.

c) Segundo Hely Lopes Meirelles, os atos políticos, em princípio, não geram responsabilidade civil do Estado, tendo em vista que os atos políticos ou de governo são aqueles inerentes ao exercício da função política.

d) Os fatos administrativos são aqueles que não manifestam a vontade do Estado. São atos de mera execução de atividade. Por exemplo, o ato que determina a demolição de um prédio é ato administrativo, mas a demolição em si é mero ato material, fato administrativo, podendo, inclusive, ser executado por qualquer particular contratado pelo poder público. Já os atos administrativos são aqueles em que a Administração Pública atua, no exercício da função administrativa, sob o regime de direito público e ensejando manifestação de vontade do Estado ou de quem lhe faça as vezes.

e) O silêncio da administração é verificado quando a administração deveria expressar uma pronuncia quando provocada por administrado, ou para fins de controle de outro órgão e, não o faz. Para Celso Antônio Bandeira de Mello, o silêncio da administração não é um ato jurídico, mas quando produz efeitos jurídicos, pode ser um fato jurídico administrativo. Entretanto, quando o silêncio é uma forma de manifestação de vontade, produz efeitos de ato administrativo. Isto porque a lei pode atribuir ao silêncio determinado efeito jurídico, após o decurso de certo prazo. Ressalte-se que, na ausência de lei que atribua determinado efeito jurídico ao silêncio, estaremos, novamente, diante de um fato jurídico administrativo.

› **QUESTÃO 9.** Discorra sobre anulabilidade, nulidade, invalidação e convalidação dos atos administrativos.

RESPOSTA:

Para a doutrina majoritária a invalidação ou anulação do ato administrativo decorre da dissonância desta conduta em relação às normas postas no ordenamento jurídico, ensejando a possibilidade de retirada destes atos.

Desta forma, pode-se afirmar que atos nulos são aqueles declarados em lei como tais. Com efeito, a nulidade decorre do desrespeito à lei em algum de seus requisitos, ensejando a impossibilidade de convalidação, por não admitirem conserto.

Nestes casos, diferente do que ocorre com os atos inexistentes, não obstante a anulação do ato praticado, poderão ser garantidos alguns efeitos pretéritos produzidos em relação a terceiros de boa-fé, para se evitar a ocorrência de prejuízos injustos ou enriquecimento ilícito ao poder público. A retirada produz efeitos *ex tunc*, ou seja, retroativos, ensejando a retirada do ato desde a sua origem, a despeito das garantias dos beneficiados pela conduta estatal viciada.

Já os atos anuláveis são aqueles que possuem vícios que admitem conserto, não obstante tenham sido praticados em desacordo com a legislação aplicável. Em tais casos, por se tratar a ilegalidade presente no ato de vício sanável, ele pode ser convalidado, passando a produzir efeitos regularmente. Nesse sentido, a anulação é retirada do ato administrativo por motivo de ilegalidade, ou seja, o ato é extinto por conter vício, em virtude de sua expedição em desconformidade com o ordenamento jurídico.

A anulação opera efeitos *ex tunc* (retroage à data de origem do ato, aniquilando todos os efeitos produzidos, ressalvados os direitos adquiridos de terceiros de boa-fé). Sendo assim, como forma de garantia do princípio da segurança jurídica e, com o intuito de evitar enriquecimento ilícito por parte da Administração Pública em detrimento de particulares que estejam de boa-fé, alguns efeitos do ato nulo serão mantidos, mesmo depois de declarada a sua nulidade.

Ressalte-se que não existe direito adquirido à manutenção de um ato nulo no ordenamento jurídico, mas tão somente a manutenção de determinados efeitos deste ato, como ocorre, por exemplo, com uma Certidão Negativa de Débitos expedida por um agente público cujo ato de nomeação é posteriormente anulado. Não obstante a anulação retroaja à data do ato e o sujeito perca a qualidade de agente desde a sua origem, o ato emanado produzirá efeitos, em virtude da aparência de ilegalidade que possuía. Pode-se exemplificar esta situação de manutenção dos efeitos garantidores de direitos adquiridos da seguinte forma. Consoante a Teoria da Aparência, a nomeação de servidor sem concurso público é nula, mas os atos praticados são válidos, em atenção ao princípio da segurança jurídica. Ademais, não há devolução dos salários, sob pena de enriquecimento da Administração Pública já que os serviços foram prestados. E não se faz possível retornar ao *status quo ante*.

Com efeito, a despeito de o ato administrativo não produzir efeitos, os direitos adquiridos por terceiros de boa-fé, por sua vez, são resguardados, não podendo ser atingidos pela anulação do ato que ensejava benefícios aos seus destinatários.

Outrossim, por se tratar de análise acerca da conformidade do ato com a lei, a anulação poderá ser feita pela própria Administração Pública ou pelo Poder Judiciário, desde que provocado por particular interessado. A Administração Pública pode anular seus atos de ofício ou mediante provocação, em virtude do princípio da autotutela. A Súmula n. 473 do STF trata do assunto e, inclusive, ressalva direitos dos terceiros de boa-fé conforme já explicitado.

No mesmo sentido, o art. 53, da Lei 9.784/99 define o poder de autotutela conferido à própria Administração para determinar a nulidade de seus atos viciados. Ocorre que a anulação configura ato administrativo constitutivo, com o poder de aniquilar os efeitos de ato anterior, em virtude dos vícios de ilegalidade apontados e, em razão desta natureza, a nulidade da conduta deve ser feita mediante a realização de processo administrativo prévio, em que se respeite o contraditório e ampla defesa, sempre que puder interferir na esfera individual de particulares.

Além do poder conferido à própria administração, consoante explicitado, o Poder Judiciário também pode anular os atos administrativos com vícios de ilegalidade, desde que o faça mediante provocação, uma vez que o ordenamento jurídico brasileiro adotou o sistema de jurisdição única, estampado no art. 5°, XXXV da Constituição Federal, que dispõe acerca do princípio da inafastabilidade de jurisdição.

Anote-se, ainda que, no âmbito federal, a Lei 9.784/99 estabelece que a Administração Pública tem o prazo decadencial de 5 (cinco) anos para anular atos administrativos ampliativos, salvo no caso de má-fé do beneficiário.

Nas situações em que é possível a correção do vício de ato administrativo, diz-se ser caso de nulidade relativa, pois o vício é sanável. Por sua vez, o ato é tido por anulável e não nulo, consoante previamente analisado. A correção do vício e consequente manutenção do ato deve sempre atender ao interesse público e, caso isso se configure, será possível a convalidação do ato viciado.

Com efeito, se o interesse público exigir e for sanável o vício, o ato administrativo pode ser convalidado, em razão da oportunidade e conveniência, desde que a convalidação não cause prejuízos a terceiros. Dessa forma, para que se admita a convalidação de um ato administrativo, devem-se fazer presentes os dois requisitos, a saber, o vício do ato se tratar de vício sanável e a convalidação não causar prejuízos a terceiros interessados no processo nem à própria Administração Pública.

Pode ser citada, a título de exemplo, a nomeação feita por autoridade incompetente. Neste caso, há vício no elemento competência do ato administrativo, no entanto, pode ser convalidado pela autoridade competente, por meio de ratificação do ato viciado. Nestes casos, o conserto decorre dos princípios da eficiência e economicidade, já que é mais útil para a Administração Pública convalidar do que anular, além de se garantir uma preservação da ordem jurídica, garantindo-se a segurança de relações previamente constituídas.

Neste sentido, o art. 55, da Lei 9.784/99 dispõe que "Em decisão na qual se evidencie não acarretarem lesão ao interesse público nem prejuízo a terceiros, os atos que apresentarem defeitos sanáveis poderão ser convalidados pela própria Administração".

Assim, a doutrina passou a entender que, quando é o caso de nulidade sanável, ou seja, vícios de forma e de competência, devem ser corrigidos se for mais interessante ao interesse público e causar menos prejuízo do que a sua anulação. Nestes casos, consertado o vício, o ato produz efeitos licitamente, desde a sua origem, podendo-se definir, portanto, que a convalidação opera efeitos *ex tunc*, retroagindo à data de edição do ato para que sejam resguardados os efeitos pretéritos desta conduta.

A doutrina costuma definir que a convalidação feita pela mesma autoridade que havia praticado o ato originariamente deve ser designada como confirmação, como ocorre se o agente público, verificando um vício na formalização do ato, determina o seu conserto. Por sua vez, a convalidação efetivada por ato de outra autoridade recebe o nome de ratificação.

No mesmo sentido, entende a doutrina, majoritariamente, que a convalidação deve ser praticada pela Administração Pública sempre que possível, não se configurando uma faculdade do Estado, mas sim um dever de sanar o vício que macula sua conduta. Ocorre que esta situação não se aplica nos casos de atos discricionários que sofram de vício de incompetência, haja vista, nestes casos, a autoridade deva exercer uma margem de escolha acerca da manutenção ou não do ato.

Ademais, costuma-se considerar que são passíveis de convalidação os atos que possuam, como regra, vícios de competência ou forma, haja vista o fato de que os vícios nestes elementos são sanáveis, seja pela instrumentalidade das formas, como princípio aplicável à atuação do Estado, seja em decorrência da possibilidade de se ratificar o ato pela autoridade competente.

Por fim, não se deve confundir convalidação com a conversão de atos administrativos. Nestes casos, o ato administrativo que sofre de um vício de forma pode ser convertido em outro mais simples, praticado para a produção dos mesmos efeitos jurídicos. Desse modo, o ato ilegal seria convertido em outro ato para cuja edição ele cumpria os requisitos definidos em lei.

› **QUESTÃO 10.** No decurso do ano de 2009, após regular fiscalização na sede da Empresa Esperança Ltda., auditores fiscais da Receita Federal do Brasil, cumprindo todas as formalidades previstas em lei, lavraram auto de infração em que, pontualmente, indicaram irregularidades contábeis e fiscais supostamente cometidas pela mencionada pessoa jurídica. Notificada tempestivamente, a aludida empresa apresentou impugnação ao referido auto de infração, elencando também pontualmente as razões pelas quais, a seu juízo, não havia cometido as irregularidades apontadas pela fiscalização. Examinada a impugnação pela autoridade administrativa fiscal competente, no ano de 2010, deu-se ciência à Empresa Esperança Ltda., na forma da lei de regência, de que o referido auto de infração havia sido mantido em sua integridade. Inconformada com a manutenção do auto de infração, a empresa manejou tempestivamente o competente recurso administrativo, oportunidade em que retificou as razões outrora deduzidas na impugnação. Posteriormente, a empresa foi regularmente cientificada de que o recurso apresentado não havia sequer encaminhado ao colegiado recursal administrativo, uma vez que não havia sido providenciado pela recorrente o prévio depósito da quantia correspondente a 30% do valor reclamado pela Receita Federal (conforme exigência constante da Lei nº 8.213/1991), valor este totalizado no bojo do aludido auto de infração. Inviabilizando o recurso, a empresa impetrou tempestivamente mandado de segurança perante a autoridade judicial competente, ocasião em que sustentou inconstitucionalidade e ilegalidade do ato administrativo que obstruiu a marcha procedimental da irresignação por ela dirigida ao competente colegiado administrativo recursal.

Considerando a situação hipotética exposta, redija, de modo fundamentado, um texto dissertativo que responda aos seguintes questionamentos.

O ato administrativo que obstrui a marcha procedimental do recurso administrativo apresentado pela empresa encontra respaldo na Constituição da República Federativa do Brasil?

Quais os dispositivos constitucionais aplicáveis para nortear a questão da obstrução do recurso administrativo nos termos em que foi exposta?

Qual é atualmente o comportamento da jurisprudência no Supremo Tribunal Federal e no Superior Tribunal de Justiça no que se refere à questão da viabilidade da marcha procedimental do recurso administrativo nos termos aqui expostos?

RESPOSTA:

O ato administrativo que obstrui a marcha procedimental do recurso administrativo apresentado pela empresa Esperança Ltda. não encontra fundamento constitucional. Ao contrário, tal ato viola os princípios constitucionais do contraditório e ampla defesa, estampados no artigo 5º, incisos LIV e LV da Carta Magna de 1988.

Ao exigir o depósito prévio para o andamento do recurso administrativo, o Poder Público estará criando embargos inconstitucionais ao direito de recorrer do particular. Neste sentido, o próprio direito de petição, previsto no inciso XXXIV do artigo 5º da Constituição Federal da República/88, restou transgredido, porquanto impossibilitou o particular de submeter a sua pretensão à uma decisão, no âmbito administrativo.

Destarte, o atual posicionamento dos Tribunais Superiores brasileiros – Supremo Tribunal Federal e Superior Tribunal de Justiça, sedimentados na súmula 373 do STJ e súmula vinculante nº 21 do STF, são no sentido de que o direito de recorrer na esfera administrativa não pode ficar condicionado ao prévio depósito ou arrolamento de bens.

Desta forma, com base no art. 103-A, §3º, da Constituição Federal, é cabível reclamação, dirigida ao Supremo Tribunal Federal, em face do ato administrativo que obstruiu a marcha procedimental, vez que contraria a súmula vinculante que dispõe sobre o tema, devendo ser anulado o mencionado ato.

> **QUESTÃO 11.** Discorra sobre a responsabilidade patrimonial do Estado por atos de seus agentes. As teorias subjetivas e objetivas da responsabilidade patrimonial do Estado. O direito de regresso.

RESPOSTA:

Foi adotada no ordenamento jurídico brasileiro a Teoria da Responsabilidade Objetiva, consagrada no art. 37, §6º da CF/88, em que diz que a responsabilidade patrimonial do Estado por atos provocados por seus agentes a terceiros dar-se-á, em regra, de forma objetiva. Neste contexto, é indispensável a presença da conduta, do dano e do nexo de causalidade entre eles para que haja a responsabilização estatal. Os elementos subjetivos de dolo ou culpa não são primordiais para a reparação do dano, bem como, não são objeto de análise neste contexto.

Em decorrência da responsabilidade civil objetiva do Estado, ainda temos a Teoria do Risco Administrativo e a Teoria do Risco Integral. A primeira diz que o Estado, por ser um sujeito político, jurídico e economicamente mais poderoso que o administrado, está sujeito a arcar com um risco maior, o responsabilizando por danos causados a terceiros. Essa Teoria admite a exclusão da responsabilidade estatal em casos de culpa exclusiva da vítima, caso fortuito e força maior.

Já a Teoria do Risco Integral, ao contrário da Teoria do Risco Administrativo, não admite a não responsabilização do Estado em nenhuma hipótese, considerando apenas a existência de um dano e do nexo causal. Essa teoria não é utilizada no Brasil, a não ser, em caráter de exceção diante de três circunstâncias: danos decorridos de atividade nuclear, danos ao meio ambiente e danos a bordo de aeronaves que estejam sobrevoando o território brasileiro ou decorrente de ataques terroristas.

Por outro lado, existem algumas exceções ao caráter objetivo da responsabilidade do Estado. A doutrina e a jurisprudência dominante reconhecem a aplicação da Teoria da Responsabilidade Subjetiva em casos de omissão do poder público, em que o dever de indenizar está condicionado ao elemento subjetivo da conduta. Neste momento, é preciso cautela pois isso não significa a demonstração de dolo ou culpa do agente público, mas sim a comprovação de que o serviço público não funcionou quando deveria funcionar, funcionou de forma atrasada ou de forma inadequada, sendo indiferente saber quem é o agente público (baseando-se na chamada Culpa Anônima).

A responsabilidade decorrente de omissão precisa estar pautada no dever de agir por parte do Estado e a possibilidade de agir para evitar o dano. Se não fosse assim, o Estado acabaria como garantidor universal de todos os fatos ocorridos em seu território, devendo por isso, sempre observar o Princípio da Reserva do Possível e da Razoabilidade nos casos concretos. Além disso, é preciso tratar-se de omissão ilícita para acarretar a responsabilidade do Estado, ou seja, situação em que o agente deixou de cumprir um dever legalmente estabelecido e que poderia ser evitado ou minorado caso o Estado tivesse agido.

Outra questão importante é que a Carta Magna afirma que, apesar da existência de dolo ou culpa do agente não interferir na reparação do dano pelo Estado, este por sua vez, poderá em ação de regresso, apurar a conduta do agente público e responsabilizá-lo por ela. Isso significa dizer que o Estado poderá apurar em ação própria a conduta do agente público e verificar a presença ou não de elementos subjetivos que acarretem a sua condenação ou absolvição.

› **QUESTÃO 12.** Durante investigação das ações de uma perigosa quadrilha, policiais federais receberam a informação de que, em determinado dia, os criminosos iriam reunir-se à noite, em um apartamento residencial, local onde, supostamente, estariam guardando um grande volume de drogas e armas.

No período previsto, os policiais dirigiram-se, então, ao referido local e, no momento oportuno, quando se preparavam silenciosamente para invadir o apartamento e fazer a abordagem do grupo, perceberam que as portas dos apartamentos não eram numeradas.

Enquanto discutiam a respeito do modo de identificar o apartamento que pretendiam invadir, ouviram um estampido alto, como de um tiro. Assustados, os policiais se precipitaram porta adentro de um dos apartamentos, onde imobilizaram o morador e, em seguida, procederam a revista do local.

Em cerca de cinco minutos, tendo verificado que aquele não era o apartamento do grupo criminoso, dirigiram-se ao apartamento vizinho, no qual apreenderam drogas e algumas armas e constataram a fuga dos criminosos.

Na investigação dos fatos, verificou-se que o ruído que assustara os policiais tinha sido de fato, um tiro, disparado pelo morador imobilizado, que mantinha a arma em casa e que, por ter ouvido barulhos, se aproximara da porta com a arma em punho, acionando-a sem querer.

A porta do apartamento arrombado bem como outros pequenos danos materiais causados pela ação policial foram devidamente reparados pelo morador, que ajuizou ação de danos morais contra a União Federal, pelo incômodo sofrido, pretendendo obter indenização de 20.000,00.

Em face dessa situação hipotética, disserte, com base na disciplina constitucional e legal, sobre a responsabilidade patrimonial do Estado por atos da administração pública, respondendo, de forma fundamentada, às indagações a seguir.

Que elementos da responsabilidade civil devem ser demonstrados no pedido de indenização por dano moral?

Eventual condenação da União no processo de indenização por danos morais implicará condenação dos policiais em ação regressiva que, porventura, seja impetrada conta eles?

No curso do processo de indenização por danos morais, será de algum proveito à fazenda pública, no contexto da responsabilidade objetiva do Estado, a invocação de culpa exclusiva ou parcial da vítima?

Deve a União pleitear a denuncia dos policiais à lide?

De quem é a competência para propor ações regressivas no âmbito da União?

RESPOSTA:

Considerando que o poder estatal brasileiro adotou, como regra, a responsabilidade civil objetiva do Estado, constata-se que os danos causados por seus agentes públicos no exercício de suas profissões a terceiros não depende da apuração de ilicitude ou elementos subjetivos de dolo e culpa. O morador, vítima da invasão domiciliar pelos policiais, deve comprovar somente três elementos, quais sejam: conduta dos agentes públicos, o dano causado e o nexo de causalidade.

Diferente ocorre nas ações regressivas do Estado em face dos servidores, ou seja, caso a União decida apurar a responsabilização dos agentes, deverá ser comprovado o dolo ou a culpa dos mesmos, conforme respaldado no art. 37, §6º da CF. Não havendo a comprovação de um desses elementos, não há que se falar em condenação dos policiais.

Cabe ressaltar que a Administração Pública está adstrita a duas teorias decorrentes da Responsabilidade Objetiva do Estado, sendo elas a Teoria do Risco Administrativo e a Teoria do Risco Integral. A primeira possui como característica a não responsabilização do Estado em casos que há a ruptura do nexo de causalidade entre o dano e a conduta, como: culpa exclusiva da vítima, caso fortuito e força maior. Já na segunda, não permite em nenhuma hipótese a exclusão da responsabilidade estatal, ou seja, leva em consideração apenas o dano e o nexo de causalidade. Na administração pública brasileira, esta última teoria apenas é aplicada em três casos: danos nucleares, danos ao meio ambiente e danos a bordo de aeronaves que estejam sobrevoando o território brasileiro ou decorrente de ataques terroristas.

Vê-se que a segunda teoria não se identifica com o quadro apresentado, não sendo necessário maior detalhes. No entanto, em atenção a Teoria do Risco Administrativo e diante de determinadas circunstâncias, a Fazenda Pública pode alegar a exclusão de sua responsabilidade por culpa exclusiva da vítima, ou ainda, requerer a atenuação da condenação se a vítima tenha concorrido parcialmente com o dano causado.

Quanto à denunciação a lide dos policiais pela União, há inúmeras controvérsias doutrinárias. Nas relações civis, a denunciação à lide enseja uma maior eficiência e economia processual, ou seja, quando o autor ou réu de determinada ação judicial chama um terceiro para o processo, evita que uma nova ação seja impetrada, tornando-se o processo mais célere. Todavia, quando se fala em responsabilidade civil do Estado é correto afirmar que a utilização de tal instituto poderá acarretar a maior morosidade do processo. Quando trazemos tal intervenção às ações em desfavor da Administração Pública, torna-se prejudicado o caráter objetivo da conduta estatal, ou seja, ao envolver a atuação do agente público, ter-se-á que analisar os elementos subjetivos de dolo e culpa, o que por sua vez, são dispensáveis à reparação dos danos ao terceiro. Por este motivo, é cediço pela doutrina majoritária a não utilização do instituto.

Por fim, importante destacar que caso haja ações regressivas no âmbito da União, a competência para propor as demandas é da Advocacia-Geral da União, conforme art. 131, da CFB.

> **QUESTÃO 13.** Com fundamento na Constituição, na jurisprudência dos Tribunais Superiores e na doutrina especializada, discorra sobre a responsabilidade civil do Estado nas hipóteses apresentadas. Fundamente o cabimento ou não de responsabilidade civil estatal e, caso existente, se é objetiva e/ou subjetiva.

a) responsabilidade civil das empresas prestadoras de serviço público em relação aos danos causados a terceiros, não usuários do serviço público;

b) responsabilidade civil da Administração Pública por danos nucleares;

c) responsabilidade civil da Administração Pública, por omissão de seus agentes, pelo dano causado ao presidiário morto dentro da penitenciária e ao aluno ferido dentro do estabelecimento escolar.

RESPOSTA:

a) Há a responsabilidade civil do Estado em caso de danos a terceiros provocados por empresas prestadoras de serviços públicos. É objetiva por não depender da apuração de dolo ou culpa por parte do agente público, mas sim do nexo causal entre o dano e a conduta. No entanto, respaldado pelo art. 37, §6º, CF/88, o Estado poderá, em ação de regresso, verificar a conduta do agente causador do dano, o que não interfere na reparação do dano causado a vítima.

b) Há a responsabilidade civil do Estado em caso de danos nucleares e trata-se de responsabilidade objetiva. A atividade nuclear é uma das exceções em que se utiliza a Teoria do Risco Integral no ordenamento jurídico brasileiro, não admitindo exclusão da responsabilidade estatal. São três os casos que recorrem a Teoria do Risco integral: atividades nucleares, danos ao meio ambiente e crimes ocorridos a bordo de aeronaves.

c) Há a responsabilidade civil do Estado em ambos os casos e ela se dá de forma objetiva. Ressalta-se que, por vezes, o Estado cria situações que geram riscos que possam provocar algum dano (Teoria do Risco Criado), que por sua vez, impõe a responsabilidade objetiva do Estado. No caso apresentado, basta comprovar que a custódia é uma condição sem a qual o dano não teria ocorrido, sendo que o poder estatal está em uma condição de garante tanto no caso do presidiário, quanto do aluno, com um dever especial de agir.

> **QUESTÃO 14.** "X" ajuizou ação de indenização contra o Estado do Y pleiteando indenização por danos materiais em razão de acidente automobilístico ocorrido na estrada estadual. Argumenta que o Estado teria deixado de realizar obras de recuperação asfáltica que poderiam ter evitado o fato. Sustenta que a responsabilidade civil do Estado seria objetiva, de modo que, comprovado o dano e a ausência do serviço, passaria a existir, para o Estado, o dever de indenizar.

Qual defesa, de mérito, formularia em favor do Estado do Y? Responda de forma fundamentada.

RESPOSTA:

Diz no art. 37, §6º, CF/88, que "as pessoas jurídicas de direito público e as de direito privado prestadoras de serviços públicos responderão pelos danos que seus agentes, nessa qualidade, causarem a terceiros, assegurado o direito de regresso contra o responsável nos casos de dolo ou culpa". A partir disso, conclui-se que, em regra, é adotada a Responsabilidade Objetiva do Estado (teoria que defende o dever de reparar o dano causado independente de culpa ou dolo do agente público).

No entanto, em casos de omissão de seus agentes, utiliza-se a Teoria Subjetiva para responsabilização estatal. Isso não significa dizer que se trata de comprovação da culpa do agente, como a ideia apresentada pela teoria civilista (em que há a responsabilização do poder público apenas quando comprovado dolo ou culpa do agente autor do dano), mas sim, a comprovação da má prestação do serviço ou a prestação ineficiente, surgida de um ato omissivo ilícito.

Sendo assim, no caso ora apresentado, em que foi alegado que o Estado deixou de realizar uma ação, ou seja, a realização de obras de recuperação asfáltica, não se deve falar em responsabilidade objetiva. Todavia, também não caracteriza a responsabilidade subjetiva pois o dano não ocorreu em decorrência da omissão ilícita do agente. Observa-se ainda que, o ente público pode alegar que não existem recursos suficientes para que o Estado preste todo e qualquer serviço, imunizando-o de indenização no caso em questão. Isso permite que o Estado não se torne um "garantidor universal", sendo responsável por todas as falhas ocorridas em seu território.

> **QUESTÃO 15.** Responda, fundamentadamente, ao seguinte questionamento: viola o princípio da autonomia universitária a competência do Tribunal de Contas da União para fiscalizar as contas das universidades públicas federais?

RESPOSTA:

A autonomia das universidades públicas está respaldada por matéria constitucional (art. 207), permitindo a liberdade para gerir seu pessoal, autonomia didático-científica, administrativa e de gestão financeira e patrimonial. No entanto, o exercício desta autonomia não pode ser traduzido como independência, uma vez que, não se dá de maneira absoluta.

É cediço no art. 71, II, da Constituição Federal, que é atribuição do Tribunal de Contas da União julgar as contas dos administradores e demais responsáveis por dinheiros, bens e valores públicos da administração direta e indireta, incluídas as fundações e sociedades instituídas e mantidas pelo Poder Público federal. As universidades públicas federais como entidades da administração indireta, podendo ser constituídas sob a forma de autarquias ou fundações públicas, estão sujeitas a controle interno pelo Ministério da Educação, bem como, a fiscalização do TCU.

Portanto, em observância aos preceitos legais e ao entendimento pacífico do STJ, a constitucionalização de sua autonomia não permite que o seu conceito seja alterado, ou que seu alcance seja ampliado, ou ainda, que afaste as universidades do poder normativo e de controle dos órgãos federais competentes. Não sendo assim, possível falar em violação da autonomia universitária em razão da fiscalização do Tribunal de Contas da União.

> **QUESTÃO 16.** Quanto ao controle judicial sobre os atos da Administração Pública, responda de forma fundamentada:

a) Quais são os limites deste controle?

b) Quais são os meios de controle judicial dos atos normativos do Poder Executivo?

c) Em que hipótese é usada a reclamação administrativa?

d) Admite-se o controle judicial dos atos políticos?

e) Quando os atos interna corporis são passíveis de apreciação pelo Poder Judiciário?

RESPOSTA:

a) O controle das atividades administrativas somente pode ser realizado mediante provocação do interessado, podendo ser prévio ou posterior, no que tange aos aspectos de legalidade, não sendo admitido que o Poder Judiciário intervenha nos aspectos de oportunidade e conveniência que justificaram a prática dos atos administrativos. Sendo assim, pode-se citar a atividade política de Estado, a qual não se submete a controle judicial *in abstratum*, e os atos interna corporis, aqueles praticados na estrutura interna dos tribunais ou das casas do Poder Legislativo.

b) Entende-se por atos normativos aqueles expedidos sem destinatários determinados, com finalidade normativa, ou seja, são comandos abstratos e impessoais. Eles são semelhantes a lei e por isso são revogáveis a qualquer momento pela Administração. Valoroso salientar que somente quando os preceitos abstratos dos atos gerais são convertidos pela Administração em providências concretas e específicas de execução é que se tornam impugnáveis por quem se sentir lesado pela atuação administrativa.

Ademais, pode ocorrer o questionamento da constitucionalidade desses atos, sendo competência do Supremo Tribunal Federal processar e julgar ação direta de inconstitucionalidade de lei ou ato normativo federal ou estadual, conforme estabelecido no art. 102, I, a, da Constituição Federal.

Sendo assim, em um primeiro momento e salvo nos casos acima mencionados, não há que se falar em controle judicial dos atos normativos, respeitando sempre os limites estabelecidos pelo princípio da separação dos três poderes.

c) A reclamação é um ato de impugnação que visa à retirada de conduta administrativa que viola direito preexistente do reclamante. Ocorre quando o particular prejudicado busca a anulação do ato administrativo que lhe causou prejuízos diretamente. Ex.: impugnação de edital de licitação que o desclassificaria do certame.

d) Os atos políticos são atos governamentais, de condução dos negócios públicos e não apenas atos de administração ou execução de serviços públicos. Apesar da sua maior discricionariedade, seus atos não são afastados a apreciação do Judiciário quando arguidos de aspectos lesivos a direito individual ou ao patrimônio público.

e) Os atos interna corporis devem ser praticados dentro dos limites de sua competência legal, geralmente utilizados para a instituição de normas internas. Em regra, por se tratar de matéria interna, apoiada nos regimentos destes órgãos, dificilmente afeta direitos individuais de terceiros e não se submetem a análise jurisdicional. No entanto, caso ocorra a prática de ato ilícito, que afronte direitos e garantias de particulares, como a lesão direta ou ameaça de lesão de direitos individuais, não se admite o afastamento do controle judicial e compete ao judiciário a sua análise e correção.

> **QUESTÃO 17.** Discorra sobre a possibilidade ou não da interrupção do fornecimento dos serviços públicos, em virtude do inadimplemento do usuário.

RESPOSTA:

Inicialmente, cumpre frisar que o serviço público está submetido ao regime de direito público e, consequentemente, deve obediência aos princípios de Direito Administrativo definidos, no texto constitucional, de forma expressa ou implícita, tais como os princípios da legalidade, impessoalidade, moralidade, publicidade e eficiência. Da mesma forma, deve atuar de modo a respeitar a razoabilidade e proporcionalidade, entre outros. Porém, alguns princípios são definidos pela Lei nº 8.987, de 13/02/1995, como o princípio da continuidade.

O princípio da continuidade traduz-se na ideia de prestação ininterrupta da atividade administrativa e dos serviços prestados à coletividade, evitando interrupções indevidas, sendo designado, por uma parcela da doutrina, como princípio da permanência.

Configura-se, portanto, na exigência de que a atividade do Estado seja contínua, não podendo parar a prestação dos serviços, não comportando falhas ou interrupções, já que muitas necessidades da sociedade são inadiáveis, como é o exemplo dos serviços de fornecimento de água, transporte público, iluminação pública e segurança pública, bem como energia elétrica à população em geral. Tal princípio está expressamente regulamentado, no art. 6°, §1°, da Lei 8.987/95, como necessário para que a atividade administrativa seja considerada adequada, em sua execução.

O art. 6°, §3°, da Lei 8.987/95, estabelece expressamente que é possível a interrupção das atividades estatais em algumas situações: *"Não se caracteriza como descontinuidade do serviço a sua interrupção em situação de emergência ou após prévio aviso, quando: I – motivada por razões de ordem técnica ou de segurança das instalações; e, II- por inadimplemento do usuário, considerado o interesse da coletividade"*.

A interrupção por inadimplemento do usuário, não obstante haja divergência na doutrina, a princípio a possibilidade de paralisação do serviço deve ser considerada constitucional, bastando que o usuário seja previamente avisado, nos moldes exigidos pela legislação. Com efeito, a maioria dos estudiosos entende que esta regra é não somente adequada ao texto da Constituição Federal como também garantidora do princípio da continuidade, uma vez que a manutenção de serviços públicos àqueles que estão inadimplentes pode ensejar a impossibilidade futura de que a atividade seja mantida a todos os que estão adimplentes com suas prestações, em virtude da inviabilidade econômica que será causada ao prestador.

Por fim, trata-se, ainda, de aplicação do princípio da supremacia do interesse público sobre o interesse privado, permitindo ao Estado que interrompa o serviço em relação a um determinado cidadão inadimplente, como forma de manter a prestação aos demais particulares que estão cumprindo regularmente com o dever de pagar a contraprestação pela atividade estatal, bem assim afastando o enriquecimento sem causa do particular que tiver garantida a manutenção da prestação do serviço público sem arcar com os custos dela decorrentes.

› **QUESTÃO 18.** O Estado tem o poder de intervir na propriedade. As formas de se realizar essa intervenção podem ser divididas em dois grupos: as que retiram algumas das faculdades relativas ao domínio do bem (intervenções restritivas) e as que geram a transferência da propriedade do particular para o Estado (intervenções supressivas). O Estatuto da Cidade (Lei n.º 10.257/2001) prevê tanto intervenções restritivas como supressivas.

Com relação ao tema acima apresentado, discorra acerca da intervenção do Estado na propriedade privada, abordando, necessariamente, os seguintes aspectos:

- fundamento(s) constitucional(is) que autoriza(m) a intervenção do Estado na propriedade;
- princípio da hierarquia federativa (ou ordem hierárquica) na realização da intervenção;
- aparente incompatibilidade entre o art. 8.º da Lei n.º 10.257/2001 e o art. 5.º, XXIV, da Constituição Federal de 1988;
- intervenções restritivas e supressivas constantes da Lei n.º 10.257/2001, identificando em quais situações e a forma como tais intervenções ocorrem;
- relação entre o direito de preempção previsto no Estatuto da Cidade e o previsto nos artigos de 513 a 520 do Código Civil de 2002.

RESPOSTA:

A Constituição Federal justifica a possibilidade de intervenção na propriedade privada pelo poder estatal em situações que o interesse público prevalece sobre o interesse particular. É uma prerrogativa estabelecida pelo Poder de Polícia do Estado, limitando o exercício de direitos individuais, na busca do interesse coletivo. O art. 5º, XXIV, da Carta Magna, admite a desapropriação de bens por razões de utilidade ou necessidade pública ou mesmo por motivo de interesse social, mediante o pagamento de indenização prévia, justa e em dinheiro. No mesmo dispositivo, inciso XXV, é previsto a possibilidade de requisição administrativa, modalidade de intervenção restritiva do Estado, além de desapropriações especiais (art. 182 e seguintes) e casos de expropriação de bens imóveis que são utilizados para a plantação de psicotrópicos (art. 243).

Apesar de não haver hierarquia entre os entes federativos, a doutrina vem entendendo que é possível a intervenção vertical, como por exemplo, a possibilidade da União em desapropriar bens do Estado, que poderá desapropriar bens do Município, incluindo nessa escala, suas respectivas entidades da Administração Indireta. O que não pode ocorrer, é a interferência de um Estado sobre outro Estado, ou de um município em outro município.

Como a própria questão diz, a intervenção estatal na propriedade privada pode ser dividida em dois tipos: a supressiva e a restritiva. A primeira se refere a transmissão da propriedade de terceiro ao patrimônio público, como no caso das desapropriações. Já a segunda, diz respeito a restrições e condicionamentos ao uso do bem privado, sem retirar o direito de propriedade do particular. A servidão administrativa, a requisição, a ocupação temporária, a limitação e o tombamento são modalidades de intervenção restritiva.

A Lei nº 10.257/01, em seu art. 4º, V, apresenta todo esse rol de instrumentos de intervenção, tanto supressiva, quanto restritiva. Valendo assim, um comentário sucinto de cada uma delas.

A desapropriação irá ocorrer em casos que o proprietário não venha cumprir com a função social da propriedade estabelecida pelo plano diretor da cidade, tendo que dispor da coisa segundo sua vontade, implicando na transferência compulsória, mediante indenização, ao poder público. A servidão administrativa, pode ser definida como o direito de uso sobre o bem particular, por tempo indeterminado, em benefício de entidade diversa, como por exemplo, para a execução de uma obra pública.

A requisição visa solucionar situações de iminente perigo, mediante a utilização de bens privados pelo ente estatal, enquanto durar a situação de risco. A ocupação temporária se refere aquela em que a administração pública utiliza determinado bem privado, por prazo determinado, para satisfazer certas necessidades de interesse público, como utilizar bens privados vizinhos a uma obra pública como meio de apoio aos maquinários e assentamento dos funcionários da obra.

Já a limitação trata-se de uma intervenção de caráter geral, ou seja, não recai sobre um bem específico, mas sim enseja uma limitação de bens privados como forma de os adequarem às necessidades públicas. Por último, o tombamento se refere a uma intervenção com o objetivo de proteger o patrimônio histórico, artístico e cultural da cidade.

O particular, possuindo algum prejuízo decorrente de tais intervenções, terá direito à justa indenização e paga em dinheiro, inclusive nos casos de desapropriações, conforme estabelecido no texto constitucional.

Quanto ao pagamento em dinheiro, não há que se confundir com o que se estabelece o art. 8º, da Lei 10.257/01, em que diz que o pagamento ocorrer-se-á em títulos da dívida pública. Este último caso apenas ocorrerá quando o particular deixar escoar o prazo concedido pelo poder público de cinco anos, sem tomar as devidas providências, não dando qualquer função social ao bem. Neste caso, o sujeito estará diante de uma desapropriação especial urbana, com caráter sancionatório, ou seja, uma desapropriação sanção, não sendo a regra no ordenamento jurídico brasileiro.

Para finalizar, referente ao direito de preempção, é preciso frisar a diferença entre o estabelecido no Estatuto da Cidade em detrimento do Código Civil. O art. 25 do Estatuto (Lei nº 10.257/01) dispõe sobre o instituto equiparando-o a uma limitação administrativa. É entendido como o direito de preferência do poder público municipal em adquirir determinadas áreas do município. Isso significa dizer que certos imóveis urbanos, ao serem colocados à venda pelos particulares, deverão ser oferecidos primeiramente ao Poder Público.

Essas áreas são determinadas por lei municipal e tem por objetivo a execução de programas e projetos de interesse coletivo. A preempção civil, por sua vez, é feita por acordo entre particulares, baseada na autonomia de vontade das partes, não sendo unilateral ou voltada a interesse público como a preempção administrativa.

› **QUESTÃO 19.** O proprietário de imóvel rural tem direito de ser indenizado pela existência, em sua propriedade, de área de preservação permanente descrita no artigo 2º da Lei Federal nº 4.771/65 (Código Florestal)? Com relação à existência em sua propriedade de área de preservação permanente descrita no artigo 3º do mesmo diploma legal, há direito à indenização? Fundamente sua resposta.

RESPOSTA:

A área de preservação permanente constante no artigo 2º do Código Florestal (atualmente art. 3º da Lei nº 12.651/12), trata-se de uma norma geral e abstrata, ou seja, uma limitação administrativa voltada a propriedades indeterminadas. Sendo a limitação uma intervenção do poder público que não esvazia o direito de propriedade, não há ao proprietário o direito a indenização, uma vez que o direito de propriedade deve ser exercido em conformidade com o Princípio da Função Social da Propriedade, positivado na Carta Magna Brasileira e no Código Civil.

No entanto, em casos em que o Poder Público direcione determinada obrigação a propriedade específica, sendo que a limitação imposta atinge somente alguns particulares e abandona seu caráter geral e abstrato, poderá surgir o direito de indenização, possibilitando que a igualdade com os demais proprietários de imóveis não atingidos pelo polo ativo seja mantida, diante do ônus por ela gerado.

› **QUESTÃO 20.** Posicione-se a respeito da possibilidade de abertura de processo administrativo disciplinar e de aplicação de demissão em face de servidor público em estágio probatório, e esclareça, com base no entendimento do STJ, se é possível a utilização, em processo administrativo disciplinar, de prova emprestada produzida em processo criminal.

RESPOSTA:

O processo administrativo disciplinar se trata de uma série concatenada de atos dispostos por lei, com a finalidade de aplicar sanções administrativas, nos casos de infrações praticadas por agentes na prestação do serviço público. Ele será instaurado com a designação de uma comissão processante, composta por três servidores estáveis, que darão início a apuração dos fatos, respeitando o prazo de 60 dias, prorrogáveis por mais 60, para a finalização do PAD.

No caso dos servidores públicos em estágio probatório, é obrigatório o processo disciplinar para a apuração de faltas disciplinares, sendo plenamente cabível, aplicar-lhes a penalidade de demissão se cometida alguma infração prevista na Lei nº 8.112/90, art. 32.

Quanto a prova emprestada produzida em processo criminal, o STJ vem-se manifestando reiteradamente no sentido de admitir a utilização de provas emprestadas no processo administrativo, desde que tenha sido produzida regularmente no processo judicial. Importante frisar que, a interceptação telefônica, mesmo produzida licitamente no processo judicial, não é utilizada no processo administrativo.

EDITORA *Jus*PODIVM
www.editorajuspodivm.com.br

RENOVA GRAF
www.renovagraf.com.br

JUS2681

EDITORA
JusPODIVM
www.editorajuspodivm.com.br